D1676687

UN LUGAR TRANQUILO

Amy Saltzman

UN LUGAR TRANQUILO

Programa de mindfulness
para enseñar a niños
y adolescentes a manejar
el estrés y las emociones difíciles

Prólogo del profesor Saki Santorelli

Traducción del inglés al castellano de Elsa Gómez

Incluye enlaces a prácticas y hojas de trabajo

editorial Kairós

Título original: A STILL QUIET PLACE: A Mindfulness Program for Teaching
Children and Adolescents to Ease Stress and Difficult Emotions

© 2014 by Amy Saltzman
New Harbinger Publications, Inc.
5674 Shattuck Avenue
Oakland, CA 94609
www.newharbinger.com

Fragmento de *Padres conscientes, hijos felices* de Jon Kabat-Zinn y Myla Kabat-Zinn.
© 1997 by Jon Kabat-Zinn y Myla Kabat-Zinn. Reproducido con permiso de Hyperion.
Todos los derechos reservados.

«Autobiografía en cinco capítulos breves» en *There's a Hole in My Sidewalk: The Romance of Self-Discovery*
de Portia Nelson. © 1993 by Portia Nelson. Reproducido con permiso de Beyond Words/Atria Books,
un sello de Simon & Schuster, Inc. Todos los derechos reservados.

© de la edición en castellano
2020 by Editorial Kairós, S.A.
www.editorialkairos.com

© Traducción del inglés al castellano: Elsa Gómez

Primera edición: Abril 2020
ISBN: 978-84-9988-756-2
Depósito legal: B 7.086-2020

Fotocomposición: Grafime 08014 Barcelona
Tipografía: Minion y TheSans, cuerpo 11, interlineado 14
Diseño de cubierta: Katrien Van Steen
Foto de cubierta: Nyrelle Hawkins

Impresión y encuadernación: Litogama. 08030 Barcelona

SUMARIO

PRÓLOGO

Nuestros hijos son nuestro mayor tesoro. Sin embargo, ellos desconocen el tesoro que se oculta en ellos esperando a ser descubierto. Como padres, madres, profesores y seres humanos, nuestra tarea es conducirlos al descubrimiento de su riqueza y esplendor innatos e imperecederos.

Si te importa de verdad que los niños recuperen y personifiquen su herencia —que desarrollen la capacidad innata de entender su cuerpo, su mente y su corazón, que aprendan a tomar decisiones sensatas y cultiven los dones que les permitirán ocupar plenamente su lugar en el mundo—, sumérgete en este libro y saborea tú mismo lo que la doctora Amy Saltzman nos transmite en él.

Todo parece indicar que en Estados Unidos el estrés infantil es cada día más preocupante; buena parte de él es un estrés muy dañino, que está robándole a nuestra nación su mayor riqueza: unos jóvenes vitales y comprometidos. Los datos revelan sin ambigüedades que los niños norteamericanos están en peor situación en 2010 de lo que lo estaban en 1980. Según el informe de la Fundación en Defensa de los Derechos de los Niños presentado en 2010 con el título «El estado de los niños estadounidenses» [«The State of America's Children»], Estados Unidos está a la cabeza de los países industrializados en producto interior bruto, gastos sanitarios y número de milmillonarios, aunque ocupa un puesto muy bajo en lo que concierne a las calificaciones de asignaturas como matemáticas y ciencias entre los estudiantes de quince años, y el último puesto de la lista en temas como pobreza infantil, violencia armada, así como en la tasa de natalidad entre las adolescentes. Cada segundo, hay un niño al que se expulsa temporalmente del colegio; cada once segundos, un estudiante de enseñanza secundaria deja los estudios; cada tres horas, un niño o un adolescente muere por herida de bala; cada cinco horas, un niño o un adolescente se suicida, y cada seis horas, un niño o un adolescente muere a consecuencia de los malos tratos o el abandono.

Podemos negar que sea verdad, o quedarnos sobrecogidos o paralizados al leerlo; o podemos empezar a actuar. Como madre, médica, científica y profesora, Amy Saltzman ha elegido actuar con inteligencia. Ha hecho cuanto ha sido necesario para crear una perspectiva y una metodología que enseñen a nuestros pequeños a prestar atención intencionadamente, a estar presentes y ser amables con lo que ven y sienten y descubren. Como los grandes educadores de todos los tiempos, Amy se ha comprometido a despertar en los niños el interés por la aventura de la vida: a aprender a vivir cada día con mayor consciencia.

Amy entiende que el mindfulness es «la capacidad universal que tenemos los seres humanos de prestar atención con amabilidad y curiosidad». Las palabras *amabilidad y curiosidad* son importantes. Sospecho que, salvo alguna excepción contada, cuando nuestros padres o nuestros profesores nos alentaban a «prestar atención» no incluían «con amabilidad y curiosidad». Y, sin embargo, esas cuatro palabras lo cambian todo. El siguiente diálogo entre Amy y una alumna de cuarto de primaria (después de una semana dedicada a explorar experiencias desagradables) es un ejemplo del enfoque amable y curioso de Amy y de la sutileza necesaria para hacer este trabajo con destreza.

Yo: Cuéntame, Ángela. ¿Cuál ha sido tu experiencia desagradable?

Ángela: Quería ir a jugar con mi amiga, y mi madre me hizo recoger mi habitación antes de salir.

Yo: Sí, no poder hacer lo que queremos y cuando queremos puede ser desagradable. ¿Qué pensaste en esos momentos?

Ángela: Odio a mi madre. Es mala. *Nunca* me deja hacer lo que quiero. Es *muy* injusta.

Yo: ¡Excelente atención! Te diste cuenta de muchos pensamientos. ¿Y de los sentimientos?

Ángela: Estaba enfadada y triste.

Yo: ¿Algo más?

Ángela: Sí. La verdad es que estaba también enfadada conmigo, porque mi madre me había dicho hacía rato que recogiera mi habitación, y se me había olvidado.

Yo: Muy atenta, otra vez. Suele ser mucho más fácil enfadarse con otra persona que responsabilizarnos de lo que elegimos hacer. ¿Y en el cuerpo qué pasaba, mientras tenías esos pensamientos y esos sentimientos?

Ángela: Um… Notaba los brazos y las manos como tensos, y la cara un poco arrugada y enfurruñada.

Yo: Gracias, Ángela, por contarnos tu experiencia con tanta valentía. ¿Alguien más quiere contarnos una experiencia desagradable?

Como ves, hay muchos elementos en este diálogo que pueden serle de ayuda a Ángela (y a sus compañeros de clase) ahora y en el futuro. Amy ha ayudado a Ángela a desentrañar la simple realidad de su experiencia al haberle enseñado a atender con interés y afecto a toda la diversidad de pensamientos, emociones y sensaciones corporales que experimentaba.

¿Por qué es importante hacerlo? Porque los estudios indican actualmente que el control de los impulsos y la capacidad para lidiar con las emociones determinan en buena medida el que nuestros hijos sean capaces de elegir cómo comportarse. Los estudios científicos sugieren que la capacidad de autorregulación influye más en los logros académicos que el coeficiente intelectual, el nivel inicial de lectura o la puntuación obtenida en los ejercicios de matemáticas, y que enseñar a los estudiantes a autorregularse podría ser una manera efectiva de reducir el fracaso escolar.

Parece ser que el mindfulness, o atención plena, mejora la función ejecutiva (es decir, la autorregulación) y fortalece la inteligencia emocional, a la vez que facilita el tomar perspectiva y elegir después, por lo que favorece la acción empática y compasiva.

Aunque seguimos necesitando que nuevos estudios científicos nos ayuden a entender el papel de la atención plena en la vida de nuestros hijos, las pruebas preliminares apuntan firmemente a sus efectos positivos.

Y recordemos que el mindfulness no es una religión; es una facultad humana universal que se fortalece con una educación deliberada. El gran educador estadounidense John Dewey dijo: «Vale más un gramo de experiencia que una tonelada de teoría», y Amy lo sabe. Sus clases y sus comentarios hacen hincapié en esto una y otra vez: básicamente, Amy les pide a sus alumnos que estén presentes y sean testigos de la manifestación y evolución de sus vidas, que pasen de lo conceptual a lo encarnado. En el diálogo anterior, Ángela describe una experiencia de la vida real. Al convertirse en estudiante de su experiencia, tiene ahora la oportunidad de entender mejor sus actos y, como consecuencia, de empezar a dar forma a nuevas respuestas posibles. ¿Y puede haber mejor motivación para cualquiera de nosotros que la de aprender a aceptar y moldear nuestra vida?

Este libro expresa un profundo respeto hacia nuestros hijos, una sincera reverencia al tesoro que son sus vidas, y un plan de trabajo para que la atención plena ocupe un lugar prioritario en las clases, los centros comunitarios y los hogares en los que viven. A pesar de nuestras buenas intenciones, corremos el riesgo de traicionar la confianza que nuestros hijos han depositado en nuestras manos y en nuestro corazón. No queremos fallarles. No vamos a fallarles. Estamos a la altura de la misión que hemos asumido. El esplendor y belleza que *son* nuestros hijos espera nuestra atención y afecto constantes.

Amy nos ofrece una manera.

SAKI F. SANTORELLI, catedrático de medicina, retirado
recientemente como director de la Clínica de Reducción de Estrés
y del Center for Mindfulness in Medicine, Health Care, and
Society del Centro Médico de la Universidad de Massachusetts,
miembro del Mind and Life Institute y uno de los formadores de
Mindfulnes más influyentes a nivel mundial.

AGRADECIMIENTOS

La verdad pura y simple es que esta propuesta no habría sido posible sin el trabajo original y pionero, y el afectuoso apoyo, de las siguientes personas, así como de todas las que, a su vez, las apoyaron a ellas.

A Georgina Lindsey, *coach* ontológica, mentora, colega, socia y amiga desde hace veinticinco años. La extraordinaria e incomparable combinación de sabiduría, gracia, rigor y compasión que hay en ella vive en lo más profundo de mí y me inspira en todos los aspectos de mi vida. Su pasión por compartir la gran diversidad de enseñanzas ancestrales y modernas que ha estudiado e integrado en su vida ha sido para mí y para todos sus clientes y amigos un regalo inestimable. Su devoción a la verdad, a la libertad y al amor ha influido poderosamente en mí y está presente en cada aspecto de mi trabajo y de mi vida. Me ha ayudado a responsabilizarme de mi tendencia a la arrogancia y a la ambición, ha fortalecido mi parte más auténtica y ha evocado las propuestas que explico en estas páginas. Ella es el sol que las ha hecho florecer.

A Eric, mi marido, que con la mayor discreción y naturalidad me ha apoyado y me ha animado a redactar este libro. Nos hemos amado a pesar, y quizá a causa, de nuestras imperfecciones y peculiaridades durante veintinueve años.

A Jack y Nicole, mi hijo y mi hija, gran fuente de alegría —y ocasionalmente de irritación—, porque me han dado el ímpetu y la inspiración para escribir estas páginas, y a veces me hacen ver la discrepancia que hay entre la persona que soy como madre y la que intento ser.

A Jon Kabat-Zinn, Saki Santorelli, Florence Melo-Myer, Ferris Urbanowski, George Mumford, Elana Rosenbaum y los demás pioneros del Centro para la Integración del Mindfulness, que crearon una de las principales bases en que se sustenta este libro.

A la doctora Amishi Jha, que puso a mi servicio su tiempo y sus conocimientos científicos y tuvo la generosidad de revisar los datos preliminares de este manuscrito.

A los niños y niñas, padres y madres, profesores, asesores, médicos y otros profesionales de la salud que han participado en las propuestas que presento en este libro y me han ayudado a pulirlas.

A Susan Kaiser Greenland, Gina Biegel, Wynne, Midge y Rick Kinder, Megan Cowan, Betsy Rose, Chris McKenna, Sam Himelstein, Deborah Schoeberlein, Richard Brady, Heather Sundberg, Cator Schachoy, David Forbes, Teah Stozer, Robert Wall, Laurie Grossman y Chris Willard, comprometidos en todo momento con la aleccionadora y gratificante tarea de colaborar sobre el terreno con los niños y los adolescentes, y que compartieron generosamente su creatividad, sus conocimientos, sus inseguridades y su risa.

A Margaret Cullen, Nancy Bardake y los «veteranos» de la comunidad de profesores del Norte de California a los que debemos la integridad y difusión del Programa de reducción del estrés basado en la atención plena (MBSR). A ellos, y a otros amigos más recientes de todas las partes del mundo, les doy las gracias por encarnar el mindfulness y por su inspiración, claridad y maravilloso compañerismo.

A Bob Stahl y el Programa de Mindfulness del Hospital El Camino, en California; Gil Fronsdal y el programa familiar del Insight Meditation Center de Redwood City, California; Kris Goodrich y Josetta Walsh del Child and Family Institute; Jon Kulhaneck, Claire Ward, Beth Passi y Steven Murray del Henry Ford Elementary School, y su directora Kimberly Attell; Ceil Kellogg, Karen Clancy y Theresa Fox del Oak Knoll Elementary School; Susan Brochin, James Green, Laura Delaney y Amy Methenia del Hillview Middle School; y al director Matt Zito y a Julie Brody del Menlo Atherton High School: gracias por vuestro apoyo y la fe que habéis depositado en vuestro trabajo.

A Jess Beebe y a todo el equipo de New Harbinger Publications, por demostrar lo que es mucho más que una corrección de estilo. Jasmine Star, la talentosa editora que me ayudó a ver lo que faltaba en el texto, y a organizar luego las piezas para formar un todo coherente. Rob Roeser y Barbara Burns, que tuvieron la amabilidad de leer y pulir el capítulo sobre función ejecutiva, inteligencia emocional y desarrollo social. Mi *coach*, Georgina; mi hermana Suzanne, y mi madre, Linda, las revisoras por excelencia, que leyeron este libro con la mente atenta y el corazón abierto, y afectuosamente me sugirieron ajustes y simplificaciones.

Y por encima de todo, gracias al propio Lugar tranquilo y a cada persona que ha decidido habitar este espacio expansivo y exquisito.

INTRODUCCIÓN

Este libro ofrece una guía sencilla y detallada de cómo poner en práctica durante ocho semanas el programa Un lugar tranquilo. La intención del libro es entablar una conversación sincera entre colegas y amigos sobre la importancia de compartir el mindfulness, o atención o consciencia plena, a los jóvenes. En esa conversación, nos animaremos y retaremos unos a otros mientras exploramos las diversas maneras de compartir el Lugar tranquilo (también conocido como consciencia) y el mindfulness con niños y adolescentes.

El libro está pensado para ayudar a los padres y madres, a los profesores, a los orientadores, terapeutas, médicos, *coaches* escolares y otros profesionales relacionados —a cualquiera que trabaje, juegue y conviva con los jóvenes, que disfrute de su compañía y tenga verdadero interés por ellos— a presentar a los niños y a los adolescentes las prácticas de atención plena cuyos beneficios han demostrado repetidamente los estudios científicos. Dado que el grupo es el formato más habitual en que suele compartirse el mindfulness con los pequeños, este libro se centra en el trabajo con grupos. Ahora bien, las técnicas que encontrarás en estas páginas pueden aplicarse igualmente a una diversidad de contextos, desde la infravalorada consulta del terapeuta y las austeras salas embaldosadas o ruinosas de muchos colegios, hasta la comodidad del sofá de la sala de estar. El libro está ideado para que lo utilice gente como tú, que tiene (o está deseando establecer) una práctica de mindfulness seria y constante, y que siente un profundo afecto por los jóvenes.

El término «Lugar tranquilo» abarca muchas dimensiones de la atención plena. Desde el punto de vista físico, es la sensación en sí de silencio y tranquilidad, las breves pausas que hacemos entre la inspiración y la exhalación y entre la exhalación y la inspiración. Para conectar con el Lugar tranquilo, párate un momento ahora mismo y simplemente nota el ritmo natural de la respiración. Sin ralentizar ni contener la respiración, mira a ver si eres capaz de percibir ese Lugar tranquilo entre la inspiración y la exhalación, y de nuevo entre la exhalación y la inspiración.

Cuando los niños y adolescentes prestan atención a la respiración y descansan en las breves pausas que espontáneamente se crean entre una y otra respiración, experimentan en su interior un silencio y una tranquilidad natural y estable. Con el tiempo, descubren que esa calma y esa tranquilidad están siempre dentro de ellos: cuando la respiración se detiene después de inspirar; cuando la respiración se detiene después de exhalar; cuando hacen los deberes, cuando cantan, cuando discuten… Con la práctica, pueden aprender a descansar en ese silencio y quietud, y a observar con amabilidad y curiosidad los pensamientos, los sentimientos, las sensaciones físicas, los impulsos y las reacciones que surgen en ellos, y también a estar atentos a las señales que reciben de aquellos con quienes interactúan. En última instancia, la observación de su mundo interior y exterior les aportará el conocimiento necesario para tomar decisiones más sensatas, más compasivas y que les beneficien más, sobre todo cuando se encuentran con las dificultades típicas de su edad, como un compañero que los acosa en el patio del colegio, un problema de matemáticas complicado o la tentación de hacer algo peligroso.

En lenguaje adulto, el Lugar tranquilo puede traducirse por mindfulness, o consciencia pura y compasiva momento a momento. A medida que avances en la lectura, verás que cada capítulo se extiende sobre estos términos, y muy especialmente sobre las experiencias y las aplicaciones más relevantes del Lugar tranquilo y del mindfulness en el día a día de los jóvenes.

El libro ofrece variantes adaptadas a cada edad, desde los cuatro años hasta los dieciocho, y también sugerencias dirigidas a terapeutas, padres y madres para que ajusten el programa en caso de querer aplicarlo individualmente. Se ha demostrado que las prácticas que presento en este libro reducen la ansiedad de los estudiantes (Saltzman y Goldin, 2008). Los niños que han participado en este curso han contado por escrito que se sienten más tranquilos, más centrados y menos agobiados por los deberes y los exámenes. Y lo que es más importante, dicen haber notado también que tienen menos reacciones emocionales y son más compasivos consigo mismos y con los demás.

El trabajo que han realizado Jon Kabat-Zinn, Saki Santorelli y sus colegas del Centro para la Integración del Mindfulness en la Medicina, la Sanidad y la Sociedad es uno de los fundamentos de este libro, y les estoy agradecida por él. Sin embargo, la mayor parte de lo que se ofrece en esta propuesta —en estas páginas, en mi consulta médica y en las diversas clases— está basado en mi propia experiencia como médica holística, esposa, madre, profesora de mindfulness, deportista, poeta, y estudiante de ontología (el estudio del ser) desde hace muchos años en la escuela de *coaching* y consultoría Naked Grace. Este libro es una invitación a que explores tu propia experiencia de la vida y confíes en ella, y a que ofrezcas todo lo que eres a aquellos con quienes tienes el privilegio de compartir ese Lugar tranquilo.

La historia del Lugar tranquilo

El interés que tengo por poner al alcance de niños y adolescentes las prácticas para descubrir el Lugar tranquilo es tanto profesional como sumamente personal. Como médica, veo con frecuencia a niños, adolescentes y adultos que sufren los efectos físicos, mentales y emocionales del estrés. Como profesora de mindfulness, he visto a gente de todas las edades, y en las más diversas circunstancias, utilizar la práctica del mindfulness para descubrir en su interior el Lugar tranquilo, reducir el estrés y llevar una vida más agradable y más plena.

A nivel personal, la práctica del mindfulness (prestar atención, aquí y ahora, con amabilidad y curiosidad, y luego decidir cómo comportarme) es una fuente de cordura, gracia y deleite en mi vida. Incluso en momentos muy difíciles —o especialmente en esos momentos— me permite darme cuenta con más precisión de lo que está sucediendo dentro y fuera de mí; a veces, ese darme cuenta es suficiente para que pueda pararme y descubrir qué es lo que realmente está exigiendo el momento. Con esto no quiero dar a entender, ni mucho menos, que sea siempre consciente de todo o viva en estado de gracia. Pese a los años de práctica, a veces me decepciona ver lo inconsciente y desconsiderada que puedo llegar a ser; tengo muchos momentos de torpeza.

A pesar —o quizá a causa— de esos momentos de torpeza, cuando mi hijo Jason tenía poco menos de tres años me preguntó si podía meditar (practicar mindfulness) conmigo. Por aquel entonces, mi hija Nicole tenía seis meses y estábamos todos adaptándonos a lo que era vivir con una niña pequeña. Tuve la impresión de que Jason sabía que durante un rato le dedicaría con calma toda mi atención si practicábamos juntos. Algunas de las prácticas que empezamos a hacer, y que también están incluidas en el libro, se fundamentan en prácticas básicas de mindfulness muy conocidas. Entre ellas están el prestar atención plena al comer y el escaneo corporal. Otras, como la práctica de los sentimientos, que explico a continuación, surgieron del modo más natural estando juntos, sentados uno al lado del otro en el pasillo del piso de arriba o tumbados en la cama por la noche.

Creando espontáneamente la práctica del mindfulness de los sentimientos

Una tarde Jason quería algo insistentemente, y le dije que no. Se quedó muy triste y muy disgustado. Sin saber exactamente lo que le estaba proponiendo, le pregunté si quería hacer una «meditación de las tristezas». Me contestó que sí. Así que, improvisando sobre la marcha, le hice la siguiente secuencia de preguntas, despacio, dándole tiempo para que examinara poco a poco su tristeza.

- *¿Dónde crees que viven las tristezas en tu cuerpo?*
- *¿Cómo se sienten?*

- *¿Son grandes o pequeñas?… ¿Duras o blandas?… ¿Calientes o frías?*
- *¿Son de algún color, o de colores?*
- *¿Tienen algún sonido?*
- *¿Qué quieren de ti?*

Para ser sincera, solo me acuerdo de la respuesta a la última pregunta. Dijo: «amor», y un instante después me preguntó: «¿Podemos jugar?». Y allí acabó todo. Se había hecho amigo de su sentimiento y estaba listo para pasar a otra cosa.

Cómo creé el programa

Después de compartir prácticas con mis hijos y de leer repetidamente sobre el estrés infantil, tanto en publicaciones médicas como en textos de otro tipo, empecé a preguntarme:

- ¿Beneficiarían a los niños y a los adolescentes aprender mindfulness, incorporarlo a sus vidas y estar en contacto con ese Lugar tranquilo interior al ir haciéndose mayores?
- Si los niños aprenden de pequeños a observar sus pensamientos, sentimientos y sensaciones corporales, ¿es posible que sean menos vulnerables a los efectos dañinos del estrés?
- Si los niños y los adolescentes pueden conectar con ese sentimiento natural de paz y confiar en su sabiduría interior, ¿serán menos susceptibles de recibir la influencia perjudicial de ciertos compañeros, y menos propensos a buscar alivio en conductas potencialmente peligrosas?
- ¿Es posible que practicar mindfulness fortalezca la inteligencia emocional innata de los niños? ¿Es posible que aumente su capacidad para comunicarse con respeto y actuar con compasión? ¿Les ayudará a establecer relaciones más armoniosas y a aportar al mundo lo mejor de sí mismos?

En un principio, traté de responder a estas preguntas de un modo informal compartiendo prácticas de mindfulness con niños, en la escuela de enseñanza primaria y otros centros comunitarios. A los niños mayores de cuatro años, les gustaban mucho y parecía que les sentaban bien. En general, los docentes comentaban que los alumnos estaban más tranquilos durante el día y se concentraban con más facilidad cuando empezaban la mañana haciendo una «visita» al Lugar tranquilo. Los profesores de los adolescentes, por su parte, decían que sus alumnos eran más conscientes de sus pensamientos y emociones, y estaban por tanto más preparados para hacer frente a la complejidad creciente característica de su edad.

Esta exploración informal dio lugar a un estudio científico formal que se llevó a cabo en el laboratorio de Neurociencia afectiva clínicamente aplicada del departamento de Psicología de la Universidad de Stanford, en California, con el respaldo de la doctora Amishi Jha, neurocientífica y profesora de la Universidad de Miami. Hicimos estudios en los que se enseñaron las prácticas de este libro a alumnos de tercero a sexto de primaria y a sus padres, en el departamento de Psicología y en dos escuelas públicas de enseñanza primaria a las que asistían predominantemente niños procedentes de familias con escasez de recursos económicos. (Los resultados preliminares de este estudio, así como de otras investigaciones sobre los beneficios del mindfulness para niños y jóvenes, se revisan en el último capítulo.)

1. ¿POR QUÉ OFRECER MINDFULNESS A NIÑOS Y ADOLESCENTES?

Antes de nada, quiero hacer una breve observación. Como se comenta en la introducción, empecé a compartir el mindfulness con mi hijo en respuesta a aquella petición suya, tan tierna. Con el tiempo, sin embargo, me he ido dando cuenta de las dificultades, las tensiones y el sufrimiento que con frecuencia experimentan muchos niños y adolescentes; es palpable la necesidad que tienen de unos conocimientos esenciales que les ayuden a explorar sus complejos mundos con sabiduría y compasión. Mi práctica personal, unida a la experiencia de enseñar mindfulness a adultos y luego verlos vivir con menos ansiedad y más calma, junto con la alegría de compartir las prácticas con mi hijo, me inspiraron a ofrecer estas prácticas a otros niños.

En un principio, compartir el mindfulness con ellos fue una decisión intuitiva, basada en mi fe en la práctica y en haber apreciado lo poco que en general se cultivaba en los jóvenes la reflexión, la amabilidad y la capacidad de actuar hábilmente. En la actualidad, tanto los estudios tradicionales como los más vanguardistas sobre la función ejecutiva, la inteligencia emocional y el desarrollo social respaldan aquel acto de fe que, como a otros pioneros en este campo, me hizo dar el paso y poner estas prácticas al alcance de los niños. En el capítulo 15 presento un marco académico de estas competencias interdependientes del desarrollo, y también una descripción de los estudios realizados hasta la fecha que demuestran que el mindfulness mejora dichas competencias.

El estrés infantil

Mis colegas de todo el mundo y yo ofrecemos mindfulness a niños y adolescentes porque prácticamente todos sentimos que ojalá lo hubiéramos aprendido de pequeños. Quienes trabajamos en esto estamos convencidos de que es posible que los más jóvenes se beneficien de la práctica del mismo modo en que lo hacen los adultos: aprendiendo a centrar la atención, a reaccionar menos, a ser más compasivos consigo mismos y con los demás, y, en definitiva, a llevar una vida más consciente y satisfactoria. Lo ideal sería ofrecer estas técnicas a los niños mucho antes de que empezaran a sufrir las tensiones habituales de la vida moderna, por no hablar ya de situaciones mucho más serias, como la exagerada presión académica, los conflictos domésticos, las dificultades económicas, las enfermedades dentro de la familia y la violencia callejera.

Desgraciadamente, muchos niños sufren ya, en buena parte porque nuestra sociedad valora el *hacer* por encima del *ser*, y el resultado final por encima del proceso. Nuestra cultura tiende a anteponer las calificaciones, el dinero y el estatus a la alegría, la conexión y el sentirse bien. Los estudios científicos y los medios de comunicación nos informan de que los jóvenes tienen una vida cada vez más estresante. En el caso de algunos, el estrés está generado por el simple hecho de vivir en el mundo occidental acelerado y saturado por las redes sociales. En el de otros, el estrés proviene de la presión a la que están sometidos para que rindan, «triunfen» y entren en una «buena» universidad. Y aún hay otros para los que el motivo del estrés es tener que sobrevivir en condiciones familiares y ambientales extremadamente difíciles, incluso traumáticas.

Con independencia de la raza, educación o estatus socioeconómico, es alarmante el número de niños y adolescentes a los que se les diagnostican TDAH o TDA (trastorno por déficit de atención con o sin hiperactividad), depresión, ansiedad, obesidad, trastornos de la alimentación o adicciones, o que se autolesionan o cometen otra clase de actos autodestructivos, incluido el suicidio. El estudio que ha realizado la doctora Suniya Luthar, profesora de Psicología y Pedagogía en la Facultad de Pedagogía de la Universidad de Columbia, documenta tasas de muchos de estos diagnósticos que alcanzan el umbral epidémico, tanto en adolescentes que viven en condiciones socioeconómicas desahogadas como deprimidas (Luthar, 2003; Luthar y Barkin, 2012). La crueldad, el acoso escolar y la violencia son males en alza. Nadie es inmune.

Hagamos lo posible en este momento por inmunizar a nuestros jóvenes contra las tensiones de la vida moderna y las condiciones asociadas a ella, y por darles conocimientos esenciales que les beneficiarán toda su vida. No hay ninguna razón para que tengan que esperar hasta los cuarenta y cinco años, y se hayan quedado sin trabajo o hayan sufrido un ataque al corazón, para aprender unas técnicas que les ayudarán y les darán fuerzas. Como veremos en la siguiente sección, es importante destacar que los datos apuntan a que el estrés prolongado entorpece el desarrollo de la función ejecutiva —concretamente la memoria operativa (Evans y Schamberg, 2009)— y, por tanto, es probable que tenga un efecto negativo en la inteligencia emocional, el desarrollo social y el comportamiento moral. Una pizca de prevención…

Historia del Programa de reducción del estrés basado en mindfulness

Antes de explicar los elementos fundamentales del mindfulness y del Programa de reducción del estrés basado en mindfulness (MBSR por sus siglas en inglés, *Mindfulness-Based Stress Reduction*), repasemos brevemente su historia y algunos de los muchos estudios concluyentes sobre los beneficios del mindfulness para los adultos. Todo el MBSR se basa en el programa creado por el doctor Jon Kabat-Zinn, fundador de la Clínica para la Reducción del Estrés, del Centro Médico de la Universidad de Massachusetts, que estableció en 1979, y que desde 1995 es el Centro para la Integración del Mindfulness en la Medicina, la Sanidad y la Sociedad, afiliado a la Facultad de Medicina de la misma universidad.

En un principio, dicho programa se proponía a pacientes adultos que sufrían enfermedades o dolor crónicos. En el curso de los últimos treinta y ocho años, sin embargo, el MBSR se ha convertido una intervención clínica estándar y en un programa abierto a la comunidad. Actualmente se ofrece en una gran variedad de contextos en el mundo entero. Se ha probado científicamente que el MBSR beneficia a adultos de todas condiciones y en diversas circunstancias: pacientes, médicos, enfermeras, terapeutas, profesores, abogados, deportistas profesionales, militares, mujeres embarazadas y que acaban de dar a luz, hombres y mujeres de barrios marginales, artistas, reclusos y ejecutivos de empresa.

Formato del curso

El programa estándar para adultos consta de ocho sesiones semanales, de entre dos y tres horas de duración, más una sesión de jornada completa que dura entre seis y ocho horas. Entre una sesión y la siguiente, los participantes realizan una práctica diaria de entre cuarenta y cinco minutos y una hora, que incluye una parte formal de práctica guiada con audio y una parte de práctica informal, que consiste en la aplicación del mindfulness a la vida cotidiana. El curso incluye además charlas sobre la fisiología del estrés, la respuesta de lucha o huida y los efectos beneficiosos del mindfulness. Generalmente, no son charlas de carácter didáctico, sino que están entretejidas en la clase y relacionadas directamente con la experiencia de los participantes. Tanto las prácticas formales como las informales ayudan a los participantes a explorar y familiarizarse con sus patrones repetitivos de pensar, sentir y actuar, para poder así elegir después maneras más compasivas y acertadas de responder a las circunstancias de la vida.

Investigación y resultados

Los estudios iniciales, realizados en pacientes que sufrían enfermedades y dolor crónicos, revelaron que participar en un curso de MBSR reducía significativamente el estrés, la ansiedad, el dolor, la depresión, la rabia, los síntomas físicos y el uso de medicación. Además, quienes participaban en estos cursos mostraban una mayor capacidad para tolerar el dolor, y sentían que sus vidas eran más gratas y tenían más sentido (Kabat-Zinn, 1982; Kabat-Zinn, Lipworth y Burney, 1985; Kabat-Zinn, Lipworth, Burney y Sellers, 1986; Kabat-Zinn y Chapman-Waldrop, 1988); y los incesantes estudios que se han llevado a cabo durante los últimos treinta años han reproducido y amplificado estos resultados.

Una serie de estudios recientes en los que se han utilizado sofisticadas técnicas de neuroimagen han revelado que el cerebro de los adultos que han participado en un curso de ocho semanas de MBSR ha experimentado cambios de actividad y estructura. Concretamente, Britta Hölzel, Sara Lazar y otros especialistas del Hospital General de Massachusetts que trabajaron en el Programa de Investigación Psiquiátrica mediante Neuroimagen descubrieron que, en los participantes de los cursos de MBSR, había disminuido la densidad de la materia gris en la amígdala, que, como se sabe, tiene un papel decisivo en la ansiedad y el estrés. En cambio, la densidad de la materia gris había aumentado en el hipocampo, que cumple una importante función para el aprendizaje y la memoria, así como en la conjunción temporal-parietal, asociada con la consciencia de sí mismo, la compasión y la introspección (Hölzel *et al.*, 2011). En un estudio realizado a empleados de biotecnología, Richard Davidson, director del Laboratorio de Neurociencia Afectiva de la Universidad de Wisconsin-Madison, mostró que, en los participantes que practicaban mindfulness, había aumentado la activación del sector izquierdo de la corteza prefrontal, que es la zona del cerebro asociada con la felicidad y los pensamientos positivos y emociones (Davidson *et al.*, 2003). Numerosos estudios han demostrado que individuos que sufrían una serie de condiciones médicas —desde depresión, ansiedad y trastornos de la alimentación hasta dolor crónico, psoriasis, enfermedades cardiacas y cáncer— experimentaron una mejoría cuando empezaron a practicar mindfulness. La investigación de los beneficios del mindfulness en los adultos es muy extensa. Para más información, puedes consultar al final del libro la sección «Recursos», que contiene enlaces de internet a algunos de los estudios sobre mindfulness y MBSR que se han publicado.

Un lugar tranquilo: llegar a la esencia del mindfulness y el MBSR

En muchos sentidos, enseñar mindfulness o el programa de MBSR a niños y adolescentes requiere profundizar hasta llegar a la esencia. A continuación, se expone brevemente cómo el programa titulado Un lugar tranquilo ofrece a los jóvenes la mayor parte de los *elementos básicos* (expresado así, en cursivas) del curso de MBSR para adultos, que Jon Kabat-Zinn detalló en *Vivir con plenitud las crisis*, en 1990. La intención de esta sección es que aquellos que ya conocen MBSR puedan ver cómo se han incorporado todos sus elementos al programa Un lugar tranquilo, y que los que aún no conocen el MBSR empiecen a familiarizarse con sus principios esenciales. Por otra parte, la exposición de cada elemento muestra los niveles de matiz que contiene el lenguaje sencillo, adaptado a la edad de nuestros jóvenes amigos. Durante la lectura, permite que estos principios florezcan en tu corazón, en lugar de registrarlos en la mente como una serie más de conceptos intelectuales.

Reacciones de los alumnos. Al final de cada curso, pido a los participantes que escriban una «carta a un amigo» que no sepa nada sobre mindfulness, describiendo cómo es la sensación de descansar en el Lugar tranquilo y cómo utilizan ellos el mindfulness en su día a día. He incluido a lo largo de este capítulo, en cursivas, extractos de algunas de esas cartas, escritas con admirable franqueza por alumnos de cuarto y quinto curso de primaria, y algunos de secundaria que asistían a la clase de apoyo de inglés, y que se reproducen textualmente, con todas sus incorrecciones gramaticales, sus faltas de ortografía y su sinceridad.

Aquí y ahora

Como explicaba al principio del libro, la definición de mindfulness que comparto de entrada con los pequeños es: «El mindfulness es prestar atención aquí y ahora, con amabilidad y curiosidad, y luego decidir cómo comportarnos». Esta expresión tan sencilla «aquí y ahora» ayuda a la gente de todas las edades a integrarse en la experiencia del *momento-presente*, a no pensar en el pasado ni fantasear o torturarse con el futuro. Y «aquí y ahora» alude al mismo tiempo al principio de *impermanencia*. Si prestamos atención al aquí y ahora, pronto descubrimos que las cosas cambian, momento a momento.

Mindfulness es una clase que doy en el colegio. Es un rato en el que respiramos y pensamos en nuestros pensamientos, en AHORA, no el pasado ni el futuro. Cuando nos asentamos en la respiración vamos a nuestro «Lugar tranquilo». Da calma el «Lugar tranquilo». Yo uso el mindfulness cuando estoy nerviosa por algo.

Alumna de 4.º de Primaria

Amabilidad

Para los niños, la expresión «atención amable» representa el elemento de *no juzgar(se)*, que se cultiva en el MBSR para adultos. «No juzgar» no significa nada para la mayoría de los niños y de los adolescentes, y ni siquiera para algunos adultos, mientras que casi todo el mundo entiende intuitivamente la palabra «amabilidad». Te animo a que te pares, aquí y ahora, y te permitas repasar las cualidades de la amabilidad. Si le pides a un niño que describa cómo es alguien amable, te dirá probablemente que es paciente y simpático, y no chilla ni se apresura. Tal vez añada que una persona amable está a tu disposición cuando la necesitas.

El aspecto de ausencia de juicios implícito en la amabilidad incorpora la neutralidad del principio adulto de *reconocer* y de otro principio adulto más «simpático», el de *aceptar*. Reconocer es simplemente admitir que las cosas son como son, aunque no nos guste o nos duela que sean así. A menudo, el simple acto de reconocer que las cosas no son como queremos que sean da paso a la compasión y a nuevas posibilidades. Por ejemplo, una vez que una niña reconoce que está disgustada porque le ha desaparecido la mochila con los deberes dentro, y las zapatillas de fútbol y su llavero favorito, puede empezar a abordar la situación. Puede hablar con los profesores para resolver el tema de la entrega de los deberes, puede ofrecerse a hacer tareas en casa para comprarse unas zapatillas de fútbol nuevas, y puede lamentar haber perdido el llavero que tanto le gustaba.

Cuando mi hija y mi hijo eran muy pequeños, quise hacerles llegar este concepto con una versión desafinada del «You Can't Always Get What You Want» de los Rolling Stones. Esta canción reconoce que las cosas son como son y, a la vez, que *no* son como el niño quiere que sean. En el caso de los adolescentes, una vez que han admitido cómo son las cosas, pueden indagar con amabilidad y curiosidad si están juzgándose a sí mismos, o juzgando las circunstancias. Con frecuencia (aunque no siempre), reconocer los juicios y tendencias permite que esos patrones se disipen y den paso a la aceptación.

> *Veo que el mindfulness me permite experimentar el momento presente, algo que intento hacer en mi vida diaria durante ratos más largos. Me ayuda a encontrar el espacio para dejar que las cosas sean justo como son. El mindfulness me da paz y aceptación y también alegría. Es verdad que encuentro un lugar dentro de mí donde puedo relajarme y simplemente «ser».*
>
> Alumna de 4.º de Secundaria

La aceptación entraña estar en paz, hasta cierto punto, con las cosas tal como son. Es importante reconocer también que, a veces, exigirnos a nosotros mismos esa aceptación es pedir demasiado. En esas ocasiones, podemos empezar simplemente por reconocer cómo son las cosas. Lo maravilloso de los procesos interrelacionados de reconocer y aceptar es que, con la práctica, pueden abarcarlo todo, incluso el juzgar y el querer que las cosas sean diferentes (resistencia). Si nos vemos juzgar y resistirnos, podemos *practicar* el incorporar la amabilidad y la curiosidad a ese juicio y resistencia. La práctica de reconocer (y aceptar) lo que somos y nuestras circunstancias tal como son es un prerrequisito para escoger cómo responder en cualquier situación. Las prácticas que se presentan en el capítulo 10 («Sesión 7: comunicación y amor») —ABC y STAR, para niños pequeños, y la práctica PEACE para adolescentes— ofrecen fórmulas mnemotécnicas que contienen la esencia de estos principios.

La cualidad de la amabilidad representa igualmente una profunda *confianza*, tanto en la bondad esencial del niño o del adolescente como en la propia práctica del mindfulness. Cuando impartimos el curso a jóvenes y niños, no siempre es necesario que hagamos mención explícita del elemento de la confianza; eso sí, es imperativo que nuestras palabras y actos transmitan esa confianza inherente a la amabilidad. El principio de confianza implica el reconocimiento de que todo individuo es un ser completo, capaz, sabio: el mayor experto en su experiencia personal, y responsable de cómo responde a la vida. El mindfulness invierte la típica orientación institucional en la que un supuesto experto aconseja al alumno, al cliente o al paciente, o le hace algo, o hace algo por él. Y la confianza es también el fundamento de otro componente esencial del MBSR: *cuidarse a sí mismo*. En última instancia, el mindfulness es un regalo que se hace a sí mismo cada participante. La confianza y el cuidarse son principios que evocan la fortaleza, la valentía y la sabiduría de cada individuo, con frecuencia pasadas por alto, y que, sin embargo, por su propia naturaleza merecen que confiemos en ellas.

Curiosidad

Vamos a hablar ahora de la curiosidad. El aspecto de curiosidad que tiene la atención representa el principio de *mente de principiante* (o corazón de principiante) y nos invita a observar nuestra experiencia interior y exterior con mirada nueva, sin las ideas que tenemos habitualmente sobre la gente o las cosas (o, en términos adultos, nuestros constructos preconcebidos y el bagaje histórico). A menudo, cuando somos capaces de vernos y de ver a los demás y lo que sucede con curiosidad, nuestra experiencia y nuestras posibilidades cambian (se transforman).

> *Descansar en el Lugar tranquilo es muy relajante. Te ayuda a ponerte en contacto con tu yo interior. Y a averiguar cómo te sientes de verdad.*
>
> Alumno de 4.º de Primaria

Son ejemplos de mente de «no principiante», o ideas fijas, relevantes para los temas que trata este libro, el que una alumna haya oído decir repetidamente que es un desastre para las matemáticas y haya llegado a creérselo; creer que es el diagnóstico que se ha hecho de ella; que ser lista no mola; que la vida no tendrá sentido si no consigue entrar en una «buena» universidad; que ir al colegio es una pérdida de tiempo, o que pelearse es la única forma de conseguir respeto. Curiosamente, las investigaciones de la doctora Carol Dwech en la Universidad de Stanford indican que incluso una mentalidad rígidamente «positiva» puede entorpecer el aprendizaje. En pocas palabras, sus estudios revelaron que, cuando los estudiantes se enfrentaban a una prueba académica importante, aquellos que creían que la inteligencia era un atributo inalterable (incluso aunque creyeran que ellos poseían ese atributo) obtenían peores resultados que aquellos que creían que sus resultados académicos eran fruto del esfuerzo. Dos estudios que hizo exploraban la influencia que tenían la mentalidad fija y la mentalidad de crecimiento en los resultados de los exámenes de matemáticas de un grupo de adolescentes. En un estudio de alumnos del curso equivalente a 1.º de Secundaria, la convicción de que la inteligencia es maleable —lo que la doctora Dweck llama «mentalidad de crecimiento»— anticipó una trayectoria ascendente en las calificaciones durante los siguientes dos años de instituto, mientras que la creencia de que la inteligencia está prefijada anticipó una trayectoria plana. En un segundo estudio, *enseñarles* la mentalidad de crecimiento a alumnos de la misma edad y curso se tradujo en una mayor motivación general de la clase y en una trayectoria ascendente de las calificaciones, en comparación con el grupo de control (Blackwell, Trzesniewski y Dweck, 2007).

Si no se cultivan la mente y el corazón de principiante, y las ideas fijas no se contemplan con amabilidad y curiosidad como simples pensamientos, esas ideas fijas tienen el potencial de limitar drásticamente nuestra vida. Podrías pararte ahora y, durante un momento, observar con amabilidad y curiosidad cualquier idea fija que haya definido tu vida. Una vez que sentimos curiosidad por qué clase de limitaciones está imponiéndonos nuestra forma de pensar habitual (sobre todo esa a la que llamo «mente poco amable»), podemos empezar a mirar más allá de ella y descubrir nuevas posibilidades.

No forzar y soltar

Estos dos principios, *no forzar* y *soltar*, no están contenidos de un modo explícito en la sencilla definición de mindfulness que les doy a los niños: «prestar atención aquí y ahora, con amabilidad y curiosidad, y luego elegir cómo comportaros». Sin embargo, estar aquí y ahora reduce al mínimo los esfuerzos orientados al futuro. Y si, además de hacer una reflexión amable y curiosa de lo que observamos, nos damos cuenta de que estamos atrapados en juicios, preferencias, deseos, esfuerzos por llegar a ser lo que no somos, o una resistencia a las cosas como son, muchas veces (aunque no siempre) podemos elegir soltarlos. E incluso cuando no podemos elegir soltar, podemos elegir reconocerlo y dejar que la situación sea la que es.

Es una sensación muy buena descansar en el Lugar tranquilo porque puedes quitarte de la cabeza todas las preocupaciones y no tienes que preocuparte por nada de lo que pasa a tu alrededor. A veces cuando sepas que tienes muchas cosas que hacer y no soportes vivir siempre estresado por algo que tienes que hacer o entregar a tiempo, respira hondo varias veces seguidas y relájate…

Alumno de 4.º de Secundaria

Universal

Otro principio básico es que el mindfulness es *universal*. Tras una práctica sencilla, la mayoría de los niños y adolescentes entiende intuitivamente que es así. No obstante, cuando se presenta por primera vez el mindfulness en un contexto académico, clínico o de otro tipo —sobre todo en los colegios públicos— es importante hacer hincapié en este aspecto. De vez en cuando, alguien me pregunta: «¿El mindfulness es budista?». Suelo responder algo como: «El mindfulness y la compasión son cualidades humanas innatas que se pueden cultivar. No hace falta ser budista para practicarlas, como no hace falta ser italiano para saborear una *pizza*». Si quien lo pregunta así lo desea, le guío a través de una práctica sencilla de atención plena al comer, o a la respiración, para que experimente personalmente lo que es el mindfulness, y para que se dé cuenta de que es capaz de practicarlo en su estado y circunstancias actuales: con sus actuales creencias y sin tener que simpatizar con ninguna filosofía ni religión.

Alguna vez, si continúan las preguntas, añado: «Los budistas llevan explorando estas cualidades humanas universales, la atención plena y la compasión, desde hace dos mil quinientos años, y tienen mucho que ofrecernos en lo que respecta a estas capacidades. Ahora bien, como acabas de comprobar tú mismo, no hace falta ser budista, ni ninguna otra cosa aparte de humano, para practicar mindfulness». Para saber si conviene o no añadir esta explicación, tengo que decir que personalmente actúo *con mucho cuidado*, y la incluyo solo una vez que la persona o el grupo han experimentado lo que es el mindfulness. Teniendo en cuenta que mi intención ha sido siempre poner estas técnicas a disposición de la mayor cantidad de gente posible, por lo general acabo al llegar a la analogía de la *pizza*.

Solía decir: «Quiero que mis propuestas le resulten atractivas a un ama de casa de Ohio y ponerlas a su alcance». Ahora, gracias al congresista de Ohio Tim Ryan, autor del libro *A Mindful Nation* [Una nación consciente](que detalla los beneficios del mindfulness para la educación, la medicina, los negocios, la política y las fuerzas armadas), tengo que elegir otro estado.

El Lugar tranquilo me ha ha dado mucho alivio del estrés. Uso el mindfulness cuando estoy triste o muy estresada. ¡El mindfulness es la bomba! Gracias doctora Saltzman por enseñarme este programa tan genial.

Alumna de 5.º de Primaria

Diferencias y similitudes entre Un lugar tranquilo y el MBSR

Antes de seguir adelante, es importante señalar las principales diferencias entre el curso de MBSR típico de nueve sesiones para adultos, y el programa de ocho semanas Un lugar tranquilo. Por deferencia a la brevedad de los períodos de atención de los jóvenes, a la terapia estándar y los horarios escolares, las prácticas guiadas para hacer en clase y en casa, así como las sesiones semanales, son más cortas que las de los adultos que hacen el programa de MBSR. Las prácticas guiadas suelen durar solo de cinco a doce minutos, frente a los treinta y hasta cuarenta y cinco minutos que duran en el MBSR para adultos, y las sesiones semanales de este programa duran normalmente de cuarenta y cinco a sesenta minutos, frente a las dos horas y media de las sesiones del MBSR. Además, en el programa, las prácticas de observar los pensamientos y los sentimientos se presentan inicialmente como prácticas diferenciadas, independientes, mientras que en el MBSR para adultos lo habitual es que se incorporen a la práctica sentada. Algunos temas del MBSR no se tratan en el programa Un lugar tranquilo a menos que los comentarios de algún participante aludan a ellos. (Se hace referencia a varios de estos temas al final de esta sección.)

Las numerosas prácticas y principios que tienen en común el MBSR para adultos y este programa se tratan brevemente a continuación, y de nuevo con más detalle en los capítulos dedicados a las sesiones, en la segunda parte del libro. Aquellos que todavía no hayáis empezado una práctica regular de mindfulness, o no tengáis experiencia con el MBSR, es *esencial* que empecéis a practicar mindfulness con regularidad y lo hagáis durante un tiempo, antes de compartir las prácticas con los niños. Entretanto, mientras sigues leyendo estas páginas, *siente*, en vez de pensar, las prácticas, los ejercicios y los diálogos.

Presentaciones

Las primeras sesiones de los cursos tanto de MBSR como de Un lugar tranquilo se dedican a las presentaciones. El instructor se presenta y hace una breve introducción del curso, explica el grado de compromiso y participación que se espera de los participantes, y las normas y acuerdos que deben respetarse. Los participantes se presentan de uno en uno; dicen su nombre, por qué han decidido participar en el curso o qué les resulta estresante, y algo que les guste de sí mismos. Luego, a los participantes se les presenta el mindfulness con las prácticas de atención plena a la comida, de atención plena a la respiración y, en el curso para adultos, de escaneo corporal. Un aspecto importante de la práctica es saborear: saborear los alimentos, saborear la respiración, saborear la vida. Así que párate ahora un momento y saborea la respiración. Cierra los ojos, y *siente* diez lentas respiraciones profundas. Siente el delicado ritmo del ciclo respiratorio: la inspiración, una breve pausa, la exhalación, y otra breve pausa.

¿Lo has hecho? Tanto si has elegido atender a tu respiración como no hacerlo, ten un poco de curiosidad amable por esa elección. Si efectivamente has elegido prestarle atención, ¿qué has descubierto?

Lo que sentí es que solo con cerrar los ojos la sala entera estaba en silencio. Sentí paz.
Alumna de 4.º de Secundaria

Estableciendo una práctica

En ambos cursos, una de las actividades principales de la sesión 2 es explorar qué les ayuda a los participantes a hacer la práctica diaria semanal y qué lo dificulta. Al igual que los adultos, la mayoría de los niños y adolescentes están extremadamente ocupados y tienen la vida más programada de lo que sería deseable. Es fundamental, por tanto, ayudar a los participantes a descubrir qué momento del día sería para ellos el más conveniente y animarlos a experimentar, a concederse cinco minutos al día de atención amable, y luego ver qué sucede. Dado que las prácticas guiadas semanales en el programa Un lugar tranquilo son muy breves (de entre cinco y doce minutos, frente a los treinta o hasta cuarenta minutos que se recomiendan en MBSR), a los niños y los adolescentes suele resultarles un poco más fácil establecer un hábito de prácticas. La mayoría de ellos descubren que les sienta bien hacer la práctica del mindfulness antes de ponerse con los deberes, o entre los deberes de una asignatura y otra, o antes de acostarse.

Es relajante y me da calma y tranquilidad durante esos momentos. La he usado yendo y haciéndola en casa tranquilizándome y si estoy a punto de enfadarme con alguien solo voy y pienso y respiro hondo y me relaja.

Alumno de 4.º de Secundaria

Observando los pensamientos

Dos prácticas basadas en la respiración, Joya (para niños de cuatro a diez años) y Descanso (de once a dieciocho), que se introducen en la sesión 1 de Un lugar tranquilo, se corresponden con la práctica sentada *básica* que se presenta en la sesión 2 de MBSR para adultos. En ambas, la respiración es el foco de atención, y se anima a los participantes a darse cuenta de cuándo la mente se distrae, y a volver a dirigir entonces suavemente la atención a la respiración. Durante la práctica sentada, a los adultos se les anima a darse cuenta de cuándo se dejan llevar por los pensamientos, y a advertir brevemente si hay patrones o temas de pensamiento que se repiten. Con solo estas instrucciones básicas, la mayoría de los adultos pronto advierten sus hábitos mentales y un diálogo crítico consigo mismos. En el programa de Un lugar tranquilo para niños, la práctica de darse cuenta de los pensamientos, y sobre todo del parloteo interno negativo —lo que me gusta llamar la «mente poco amable»—, se enseña siempre como una práctica independiente.

Las prácticas Burbujas y Observando los pensamientos se introducen durante la sesión 3. Las dos ayudan a los niños a desarrollar la capacidad de darse cuenta del proceso de pensamiento, por un lado, y, por otro, de su contenido. Una vez que los jóvenes aprenden que pueden observar sus pensamientos sin creérselos al pie de la letra ni identificarse con ellos, empiezan a aplicar con naturalidad esa capacidad en su vida cotidiana. El conocido ejercicio de los «nueve puntos» que se practica en el MBSR y en Un lugar tranquilo, y que se describe en el capítulo 6 de este libro («Sesión 3: observando los pensamientos y la mente poco amable»), ofrece el formato ideal para experimentar con este principio. Por lo general, este ejercicio revela los pensamientos que habitualmente acompañan al intento de completar una tarea difícil, y procura además una experiencia de hasta qué punto nos incapacita para responder de un modo creativo el tener una percepción limitada.

Utilizo el mindfulness cuando estoy preocupado por cosas de clase como un examen y las notas, me preocupo por cómo lo he hecho y qué nota tendré y luego cuando hago mindfulness me hace relajar los pensamientos.

Alumno de 4.º de Secundaria

Sentimientos

La mayor parte de los adultos se dan cuenta de cuáles son sus patrones emocionales mientras hacen la práctica sentada. Lo mismo que la práctica Observando los pensamientos, la de prestar una atención amable y curiosa a las emociones (a las que los niños y adolescentes suelen llamar sentimientos) se presenta en la sesión 4 del programa Un lugar tranquilo como una práctica claramente diferenciada. Al aprender a hacerse amigos de sus sentimientos, los jóvenes pueden darse cuenta del hábito de recrearse en ellos o de reprimirlos. En definitiva, la práctica Sentimientos ayuda a los jóvenes a «tener sus sentimientos sin que sus sentimientos los tengan a ellos», es decir, a darse cuenta de lo que sienten, para no reaccionar y decir o hacer algo que podrían lamentar después.

En el programa Un lugar tranquilo, combinar las prácticas de poner consciencia de la respiración, de los pensamientos, de los sentimientos y de las sensaciones físicas sienta los cimientos para que cada individuo pueda luego expandir esa consciencia a sus acciones e interacciones con los demás y con su entorno. Conviene que los participantes hayan integrado estos elementos antes de empezar a investigar la dinámica de las experiencias agradables y desagradables.

He empezado a hacer una cosa que se llama mindfulness. Es una forma de entender y de darse cuenta de los sentimientos. Una de las cosas que se hacen es ir al Lugar tranquilo. Es relajante estar ahí. El mindfulness me ha ayudado antes de los deberes porque me relaja y entonces hago bien los deberes.

Alumno de 5.º de Primaria

Experiencias agradables

En el curso Un lugar tranquilo, muchos de los ejercicios escritos que hacen los adultos en MBSR como tarea semanal se han modificado y se facilitan en una sesión de Un lugar tranquilo. Para que a los niños les resulten atractivos, he creado historietas muy sencillas con gráficos vistosos adecuados para su edad. El primero de estos ejercicios se presenta en la sesión 2 y consiste en darse cuenta de los pensamientos, los sentimientos y las sensaciones físicas asociados con un acontecimiento agradable. Explorar una experiencia agradable les permite a los niños comprender que, sin mindfulness, pasamos por alto muchos momentos placenteros de nuestra vida. Como resultado, nuestros jóvenes amigos se dan cuenta de que esos momentos placenteros son a menudo momentos de conexión sorprendentemente sencillos, y que tienen que ver con disfrutar las cosas como son, en lugar de querer que sean distintas. Este tema de querer que las cosas sean distintas, o de resistirse a que sean como son, se estudia con más detalle en la sesión 4 del programa de Un lugar tranquilo.

Experiencias desagradables: sufrimiento = dolor × resistencia

Igualmente, en la sesión 4 del curso Un lugar tranquilo, para aprender a investigar con atención amable y curiosidad un suceso desagradable, la práctica se acompaña de una historieta. En el MBSR para adultos, el estudio de las experiencias desagradables y el estrés conlleva una exploración profunda de estos temas, acompañada de definiciones científicas del estrés y de los mecanismos de compensación. En el programa Un lugar tranquilo, la esencia de ese estudio se ofrece inicialmente de un modo lúdico utilizando una ecuación matemática: sufrimiento (estoy enfadado) = dolor (malestar) × resistencia (querer que las cosas sean diferentes).

De nuevo, para tu propia práctica, tal vez puedas pararte ahora y recordar algún hecho desagradable reciente —quizá algo de lo más ordinario, como tener que pagar las facturas habituales—. En una escala de malestar del 1 al 10, pagar las facturas podría tener una gravedad 2 o 3. Ahora, calcula qué grado de resistencia le opones, utilizando nuevamente la escala del 1 del 10, en la que 10 es la resistencia máxima. Luego multiplica las dos puntuaciones para calcular tu puntuación de sufrimiento. Piensa ahora en cómo podrías reducir ligeramente esa resistencia, quizá preparándote una taza de té y poniendo una música que te guste, y calcula luego la puntuación de sufrimiento. Hasta los niños de tercero de primaria pueden usar esta ecuación para entender que gran parte de su malestar se deriva de la resistencia que oponen a las cosas, de querer que sean de su agrado, es decir, de conseguir lo que quieren en el momento en el que lo quieren. Los niños un poco más pequeños pueden llegar a la misma conclusión utilizando la suma. Una vez más, esta simplificación les ayuda a considerar si quizá sus pensamientos y sentimientos magnifican el auténtico malestar —ya sea pequeño, mediano o incluso casi insoportable— que les causan en realidad las situaciones de la vida. Cuando trabajemos con esta ecuación, es fundamental que no intentemos restar importancia o intensidad al dolor provocado por una enfermedad, un divorcio, la muerte de una persona querida u otro suceso traumático.

Cuando estoy triste o un poco enfadado hago 10 respiraciones profundas y me quedo relajado. Me olvido también de las cosas que me preocupan. Lo aprendí con mindfulness. Me gusta venir aquí porque me olvido de mis problemas y me olvido de todas las cosas tristes de mi vida. La tristeza va y desaparece.

Alumna de 4.º de Primaria

Prácticas basadas en el cuerpo

Tanto el programa Un lugar tranquilo como el MBSR incluyen las siguientes prácticas corporales: movimiento o yoga con atención plena, atención plena al caminar y el escaneo corporal. Son prácticas que ayudan a los participantes a estar en contacto con el cuerpo, es decir, a percibir las sensaciones físicas y a darse cuenta de lo que les hacen sentir. Escuchar y honrar los mensajes que nos envía el cuerpo nos ayuda a cuidarnos física, mental y emocionalmente. Los estiramientos suaves del yoga, mover el cuerpo de un modo nuevo e inusual, nos dan otra oportunidad de investigar cómo hacemos frente a las dificultades, de descubrir si nuestro diálogo interno es amable o poco amable y si tenemos tendencia a juzgar y a comparar. La atención plena al caminar nos permite darnos cuenta de lo que sucede en nuestro cuerpo mientras hacemos algo de lo más común a lo que solemos dedicar muy poca atención. El escaneo corporal nos ayuda a observar las sensaciones del cuerpo, con un recorrido lento y sistemático de los pies a la cabeza mientras estamos quietos. Con estas prácticas, los niños aprenden que las sensaciones del cuerpo a menudo les dan la primera pista de que «pasa algo», y puede servirles para establecer contacto consigo mismos, con sus pensamientos y sus sentimientos.

Una diferencia importante entre los dos programas es el momento en que se introduce el escaneo corporal. En el programa Un lugar tranquilo, se presenta en la sesión 6. Esta diferencia se debe a varias apreciaciones. La primera es que incluso un escaneo simplificado y abreviado suele durar diez o doce minutos, y para muchos niños y adolescentes eso lo convierte en una práctica *muy* larga. Por eso, si la primera práctica de mindfulness que se les presenta a los niños es esta, como lo es en el MBSR para adultos, tal vez les exija innecesariamente un esfuerzo excesivo y se desanimen. En el programa Un lugar tranquilo, la duración de las prácticas va aumentando poco a poco, a fin de que, para cuando se introduzca el escaneo corporal, haya más probabilidades de que los participantes hayan experimentado ya que son capaces de prestar atención plena. Además, como antes comentaba, los jóvenes y los niños suelen estar más en contacto con el cuerpo y suelen ser menos conscientes de lo que piensan y lo que sienten que los adultos. Por esta razón, es conveniente que aprendan a observar los pensamientos y los sentimientos antes de pasar a las prácticas basadas en el cuerpo.

Reaccionar y responder

En ambos cursos se hace hincapié en la diferencia fundamental entre reaccionar y responder. En el programa Un lugar tranquilo, se presenta la diferencia en la sesión 5 con ese poema de Portia Nelson titulado «Autobiografía en cinco capítulos breves», que describe cómo una persona va andando por una calle y se cae una y otra vez en el mismo agujero (reaccionando por hábito) y cómo, finalmente, elige una calle distinta (o sea, responde). A los niños pequeños les encanta la analogía, y al momento están dispuestos a hablar de los agujeros habituales en los que caen en el colegio y en la relación con su familia y sus amigos. Esta clase de ejemplos de la vida real facilitan una transición natural al tema de reaccionar y responder en situaciones tensas y en momentos en que la comunicación se hace difícil.

La práctica de responder se sustenta en todas las prácticas anteriores —tomar consciencia de la respiración, de los pensamientos, de los sentimientos y sensaciones físicas y de las preferencias— y añade el elemento esencial de la elección. Las prácticas infantiles ABC y STAR, y la práctica PEACE para adolescentes, descritas todas en el capítulo 10 («Sesión 7: comunicación y amor»), ilustran lo diferente que es responder a reaccionar apelando a unas sencillas fórmulas mnemotécnicas. Para que veas lo que son capaces de hacer estas prácticas, la próxima vez que estés en una situación difícil, dale una oportunidad a la PEACE, o, como cantaba John Lennon, «Give PEACE a Chance»:

P ara
E spira (respira)
A cepta (las cosas como son)
C oge (esCoge tu comportamiento o cómo responder)
E ntrégate (involucrándote en lo que has escogido)

Para los jóvenes de más de doce años, el ejercicio de aikido, tomado del programa de MBSR, y que se introduce en ambos casos en la sesión 7, ofrece una manera física de demostrar diversos tipos de respuesta —sumisa, elusiva, agresiva y asertiva— en el curso de una conversación difícil o de situaciones comprometidas.

Creo que el mindfulness es importante para usarlo en tu vida cada día de muchas maneras una razón por la que creo que es importante es si piensas antes de hablar. La segunda razón por la que creo que es importante es si te parece que estás muy enfadado, deprimido o algo así puedes pensar en silencio y hacer lo que sea mejor.
Alumno de 4.º de Secundaria

Es una sensación extraña pero muy tranquila. No sé decir exactamente cómo uso el mindfulness en casa, pero sé que me ayuda cuando estoy muy enfadada con mi hermano.
Alumna de 4.º de Primaria

He ido a algunas clases estos viernes, y me han ayudado de verdad no solo en el colegio sino también en mi vida personal. Con esta clase he sido capaz de controlar la rabia y he encontrado técnicas para descansar y estar en paz conmigo mismo.
Alumno de 4.º de Secundaria

Amor bondadoso

Tanto en el programa Un lugar tranquilo como en MBSR está integrada la práctica de Amor bondadoso. Tradicionalmente se enseña evocando el recuerdo de sentirse querido por alguien, correspondiendo al amor de esa persona con el mismo sentimiento de amor hacia ella y, luego, por este orden, enviando amor a alguien a quien nos resulte fácil querer: a nosotros mismos; a alguien que nos sea indiferente (que nos provoque un sentimiento neutral), y, por último, a alguien a quien nos resulte difícil querer.

Párate aquí y dedica un momento a recordar alguna vez que te hayas sentido querido. Recuerda (como dejando que penetre en cada una de tus células) y *siente* de verdad las sensaciones de ser amado. Luego, bien en voz alta, o bien para ti en silencio, envía un deseo de felicidad a la persona que te amó: «Que seas feliz». Después, envíate también a ti ese dulce deseo desde el corazón: «Que yo sea feliz». A los niños pequeños les encanta lanzar besos al aire para enviar amor. En el caso de los adolescentes, que suelen tratarse a sí mismos con muchísima dureza, la práctica de Amor bondadoso que se enseña en la sesión 7 del curso se centra en que se envíen amor bondadoso a sí mismos, y en especial a aquellos aspectos de sí mismos que menos les gustan, por los que se critican, o que detestan.

Práctica de la Linterna

En MBSR para adultos, la práctica de darse cuenta sin preferencias empieza por anclar la atención en la respiración. Una vez que se estabiliza la atención, el practicante puede posarla sobre lo que sea más obvio: la respiración, un sonido, una sensación física, un pensamiento o una emoción. Cuando se distraiga la atención (lo cual ocurrirá sin duda), el practicante la devolverá con suavidad a la respiración, o el objeto elegido. Más adelante, se deja que la atención descanse en la propia consciencia. Con la práctica de la Linterna, que se enseña en la sesión 8, incluso los más pequeños pueden empezar a sentar los cimientos para la práctica de darse cuenta sin preferencias. En la práctica de la Linterna, se guía a los participantes para que alumbren con la linterna de la atención la respiración, los sonidos, las sensaciones físicas, los pensamientos y los sentimientos, y finalmente el silencio y quietud de la consciencia pura.

La última clase

La última clase de ambos programas se dedica a reflexionar sobre el curso y a hablar sobre los pensamientos y sentimientos que provoca en los participantes que el curso esté a punto de terminar. En el curso de Un lugar tranquilo, esta reflexión se facilita en la sesión 8 de dos maneras distintas. En primer lugar, se invita a los participantes a escribir una carta a un amigo que no sepa nada sobre mindfulness, y a describirle Un lugar tranquilo y cuál ha sido su experiencia al practicar la atención plena. En segundo lugar, se forma un círculo de cierre en el que cada participante ofrece algo que simbolice lo que el curso ha significado para él o para ella: un objeto, una fotografía, un poema, una canción, un cuento, una mandarina… Esta última sesión incluye también una exploración de si los participantes tienen la intención de continuar la práctica ellos solos y, si es así, cómo tienen pensado hacerlo. Antes de la práctica de escuchar que pone fin al curso, el instructor ofrece una serie de recursos que ayudarán a los participantes a mantener y fortalecer la práctica actual.

Dejo de luchar y me relajo. Relajarme me hace sentirme en calma y alivia la ansiedad que llevo conmigo todos los días. Ahora cuando tengo malos sentimientos o sensaciones molestas puedo pararme, darme cuenta de lo que siento y examinarlo para que mis sentimientos no elijan por mí.

Alumna de 4.º de Secundaria

Síntesis de las diferencias

Como ya he dicho, aunque los fundamentos del curso de Un lugar tranquilo y del MBSR son los mismos, hay algunas diferencias importantes entre ellos. En el primero, se utiliza la expresión «Un lugar tranquilo» para aludir a la experiencia de la consciencia pura. Las prácticas guiadas en este curso, tanto si trabajamos con niños como con adolescentes, son cortas, de cinco a diez minutos, principalmente porque esa brevedad reduce al mínimo la resistencia a la hora de practicar, lo cual les permite a los participantes experimentar por sí mismos que el mindfulness es factible. Al ser más cortas las prácticas guiadas, las sesiones son también más cortas, solo de entre cuarenta y cinco y sesenta minutos. No hay en el curso del ULT un día completo de práctica ni nada equivalente. Las prácticas de darse cuenta de los pensamientos, de los sentimientos y de las sensaciones físicas se presentan por separado, como prácticas independientes. La exploración personal de hechos placenteros y desagradables y de conversaciones difíciles la expone cada participante en una sesión individual o durante la clase. Después de la sesión 1, cada una de las sesiones siguientes lleva incorporadas abundantes ocasiones para el movimiento y el juego. Además, en vez de dejar a los participantes elegir qué actividad practicarán a diario, se les anima a todos a practicar una misma actividad de atención plena —como cepillarse los dientes, ducharse o comunicarse— cada semana.

Hay temas que se estudian en MBSR y que no se tratan de un modo explícito en las sesiones descritas en este libro (a menos que el comentario de algún participante haga necesaria de algún modo dicha exploración). Dado que MBSR se utilizaba en un principio para pacientes que sufrían dolor o enfermedades crónicos, y que muy a menudo esos pacientes se identifican con su diagnóstico, uno de los lemas de la sesión 1 en el curso para adultos es «hay más de acierto en ti que de error» (Kabat-Zinn, 1990, pág. 2). Aunque la verdad de esta afirmación es extensiva a todos los seres humanos que están vivos y respiran, no es un tema que se trate explícitamente en el curso Un lugar tranquilo a menos que así lo propicie el comentario de un participante.

El concepto adulto de «piloto automático» puede surgir en el diálogo que sigue al cuento de los agujeros y las calles distintas; sin embargo, no es necesariamente algo en lo que se haga hincapié en el curso Un lugar tranquilo. En MBSR, se tratan con detalle la fisiología del estrés, sus efectos para la salud, y las consecuencias que tienen a nivel físico determinadas reacciones cuando se convierten en un hábito. Hay temas, como la dieta y la nutrición, a los que se hace referencia en MBSR para adultos, a los que normalmente no se concede importancia específica en el curso Un lugar tranquilo. En cambio, qué tomamos de la familia o los amigos, o de las redes sociales, es un tema que se trata a menudo con los adolescentes.

Improvisando una respuesta: avaricia de manzana

Estar familiarizado con los temas que acabo de mencionar, y con otras prácticas fundamentadas en enseñanzas ancestrales sobre el poder de la compasión, el perdón y la gratitud, y, por encima de todo, una práctica regular de mindfulness te ayudará a responder del modo más adecuado a cuestiones que no están explícitamente incluidas en el programa. Por ejemplo, llevé a una sesión con alumnos de cuarto de primaria rodajas de manzana para practicar la atención plena al comer. Algunos de los niños de la primera mitad del círculo las tomaban a puñados, y no dejaron ni una sola para los niños de la segunda mitad. La avaricia, la generosidad y el compartir no son temas incluidos por norma ni en el curso de MBSR ni en el de Un lugar tranquilo; sin embargo, en respuesta a las circunstancias presentes de aquella sesión, se convirtieron en los temas del día. Podrías pararte aquí un momento y pensar en cómo responderías tú en esta situación.

En aquella sesión, les pedí a los alumnos que miraran a su alrededor para ver cuántas rodajas de manzana tenía cada niño, y luego prestaran atención a lo que pensaban y sentían. Los niños que no tenían ninguna rodaja sentían tristeza y envidia, y los que tenían muchas se sentían mal, tenían sentimiento de culpa. Curiosamente, sin que yo lo pidiera ni lo sugiriera, algunos alumnos que tenían muchas rodajas de manzana decidieron espontáneamente compartirlas con aquellos que no tenían ninguna. Este incidente dio pie a un debate sobre la avaricia, sobre el hecho de que todos (niños, adultos e incluso países) seamos a veces codiciosos, y sobre la posibilidad que todos tenemos de darnos cuenta de nuestra avaricia, de los efectos que tiene en los demás, y de elegir entonces cómo comportarnos.

Espero que esta descripción de aquel momento de «avaricia de manzana» ilustre el tipo de verdades sencillas que trataremos en los siguientes capítulos. El «plan de trabajo» que acabo de describir, y que se presenta en detalle desde el capítulo 4 hasta el 11, no es inamovible. Enseñar mindfulness a niños y adolescentes es una práctica viva, y nos exige estar atentos y ser capaces de responder a lo que surja dentro de nosotros y de nuestros clientes, alumnos o quienes sean los participantes —nuestros hijos, por ejemplo— en cada momento.

Mindfulness es una clase genial porque te puedes despreocupar y relajar. Te tranquilizará y te hará estar menos estresado. Deberías probarlo si estás enfadado o triste o simplemente quieres sentirte mejor. Esto es lo que yo hago. ¡Pruébalo!

Alumno de 4.º de Primaria

2. DESCUBRE TU CAMINO: FORMAS DE ENSEÑAR Y GUIAR

Cuando aprendimos a leer, empezamos por el abecedario. Cuando queremos aprender a cantar, empezamos por do, re, mi. Cuando enseñamos mindfulness, empezamos por respirar, respirar y respirar. Así que empecemos por el principio. Aunque quizá de entrada te despierte cierto temor este capítulo, créeme si te digo que la intención al escribirlo es procurarte claridad e inspiración. Sea cual sea tu experiencia hasta este momento, si te comprometes a enseñar las técnicas del mindfulness a los jóvenes, solo puedes empezar donde estás, y, como dice mi perspicaz mentora Georgina Lindsey, «dar el siguiente paso sensato». La primera parte del capítulo tiene el propósito de ayudarte a saber con claridad dónde estás y a decidir cuál es en tu caso el siguiente paso sensato. ¡Quizá hasta puedas elegir darlo con *alegría*!

Como sugiere el dicho «el mapa no es el territorio que representa», leer los cuatro o cinco primeros capítulos de este libro, el libro entero o cualquiera de los libros que se han publicado sobre mindfulness, y que cada día son más numerosos, *no es* practicar mindfulness, lo mismo que leer sobre hacer senderismo en las Montañas Rocosas no es hacer senderismo en las Montañas Rocosas. Y nada más apropiado para esta ocasión que ese proverbio que dice: «Hay muchos caminos para subir a la montaña». En definitiva, cada uno de nosotros tenemos que hacer nuestro camino, y encontrar la forma de hacerlo que a cada uno nos parezca más auténtica. Hay también otras montañas, y otros caminos; así que es importante que sepas con la mayor claridad y sinceridad posibles dónde estás y cuál es el viaje que quieres emprender. A la vez, es una ayuda seguir las huellas de aquellos que han recorrido el camino antes que nosotros.

Como en lo referente a otros aspectos de este manual, el camino que se describe a continuación no pretende ni mucho menos ser «el Camino»; sencillamente indica puntos de referencia importantes que te servirán para establecer el rumbo. Si hace ya tiempo que practicas a diario otra modalidad de mindfulness diferente de MBSR, por favor, ten en cuenta que en la mayoría de los casos en que enseñamos mindfulness a niños y a jóvenes (al menos en los Estados Unidos) es imperativo que la presentación de las prácticas sea *secular, asequible, atractiva* y *no utilice ningún tipo de términos especializados*. Tal vez el aspecto más esencial y magnífico de MBSR, como forma, es su carácter ordinario y cotidiano. A continuación, explico algunos de los puntos que debes tener presentes.

Cómo establecer una práctica de mindfulness

El paso primero y más importante cuando nos preparamos para ofrecer mindfulness a los jóvenes es establecer nuestra propia práctica *diaria*. La manera más fácil de empezar es comprometernos a estar sentados entre quince y treinta minutos al día con la atención puesta en la respiración, dándonos cuenta de cuándo la mente ha divagado y, con suavidad, volviendo a dirigir la atención a la respiración. A medida que vayas repitiendo este proceso, descubrirás las tendencias, preferencias y hábitos de tu mente y tu corazón —o, más exactamente, de la mente y el corazón humanos—. El modo más sencillo de comenzar es descargando la Práctica sentada, creada como acompañamiento a este libro, que encontrarás en https://smarturl.it/sentada. (Al final del libro se incluye más información al respecto.) ¿Tal vez este sea el siguiente paso que tienes que dar?

Aunque excepcionalmente pueda haber algún individuo capaz de desarrollar una práctica personal de mindfulness (o de conexión plena con el corazón, *heartfulness*), la mayoría necesitamos mucho más apoyo. Pueden sernos de cierta ayuda libros como *Vivir con plenitud las crisis*; *Mindfulness en la vida cotidiana: donde quiera que vayas, ahí estás*, o *Mindfulness para principiantes*, los tres de Jon Kabat-Zinn, y *Mindfulness para reducir el estrés: una guía práctica*, de Bob Stahl y Elisha Goldstein. Sin embargo, dado que tienes la intención no solo de practicar tú mismo, sino de presentar estas prácticas a los jóvenes, te recomiendo encarecidamente que participes en un curso de ocho semanas de MBSR, o en uno de once semanas de Equilibrio emocional basado en mindfulness (EEBM). Este último es un programa exquisito, creado por mi querida amiga y colega Margaret Cullen, que combina el mindfulness con la teoría de las emociones, la compasión y el perdón.

Son muchos los beneficios de participar en un curso de MBSR o de EEBM. Contarás con el apoyo de un instructor experimentado que te ayudará a establecer tu práctica; aprenderás de tu propia experiencia y de las de tus compañeros de curso; tendrás ocasión de observar cómo les explica el instructor las prácticas a los distintos individuos y al grupo entero. En el caso de aquellos que llevéis tiempo practicando otra modalidad de mindfulness, participar en un curso secular de MBSR o de EEBM os ayudará a desarrollar una perspectiva y un vocabulario exentos de términos especializados.

Para cursos en español sugerimos que contactes con asociaciones de profesionales con estándares de calidad reconocidos. Te detallamos algunas de ellas en España:

Asociación Con Plena Conciencia: https://www.conplenaconciencia.com/
Asociación Profesional de Instructores de Mindfulness MBSR (APIM): https://www.mbsr-instructores.org/
Red Española de programas estandarizados de Mindfulness y Compasión: http://www.redprogramasmindfulness.org/

Si no se imparte ningún programa cerca de tu localidad, puedes participar en algún curso de alta calidad a través de internet en los siguientes sitios web:

Mindful Living Programs [Programas para una vida consciente]: http://www.mindfullivingprograms.com
Mindfulness-Based Emotional Balance [Equilibrio emocional basado en mindfulness]: http://www.margaretcullen.com/programs
eMindful: http://www.emindful.com

Otros cursos formativos dirigidos a profesionales que enseñan el programa de MBSR a adultos, y que pueden mejorar considerablemente tus habilidades de facilitador, son el retiro de siete días de Medicina Cuerpo-Mente y MBSR, y las Prácticas Formativas de MBSR, ofrecidos ambos en diversas localidades del mundo por el Centro para la Integración del Mindfulness. Otros cursos prácticos acreditados son los que ofrece el Programa de Consciencia y Relajación en el Norte de California (http://www.mindfulnessprograms.com). Algunos libros que tratan sobre la enseñanza del mindfulness a adultos y que te ayudarán a perfeccionar tus habilidades pedagógicas son *Sánate tú mismo*, de Saki Santorelli (1999), y *Teaching Mindfulness*, de Donald McCown, Diane Reibel y Marc Micozzi (2010).

Por último, a aquellos que estéis de verdad decididos a hacer este trabajo con autenticidad y excelencia, os recomiendo encarecidamente que participéis al menos en un retiro de mindfulness en silencio, de siete días o más. De entrada, tal vez te intimide un poco la idea. Sin duda es bastante difícil encontrar, en medio de todas las exigencias de la vida, siete días enteros que dedicar a cualquier cosa; y un retiro de silencio tal vez no sea el primer destino que elegirías. Sin embargo, a medida que profundices en tu práctica personal y des «un paso sensato» después otro para poder facilitar a los niños la atención plena, irás comprendiendo lo valioso que es hacer un retiro con plena atención y dedicación. En verdad, es el mejor regalo que puedes hacerte, y hacerles a tus alumnos.

Cómo presentar la práctica a niños y adolescentes

Una vez que hayas establecido una práctica diaria seria, hay varios pasos adicionales que te recomiendo a fin de que desarrolles las habilidades necesarias para facilitar mindfulness a los jóvenes. Si no tienes experiencia en el trabajo y el juego con niños o adolescentes, dedica entre seis meses y un año a relacionarte atentamente con jóvenes del grupo de edad al que quieres enseñar. Utiliza ese tiempo para darte cuenta de tus pensamientos, sentimientos, impulsos, tendencias habituales y, sobre todo, de las posibilidades que se presentan en tus interacciones con ellos.

Hay varios cursos formativos de gran calidad, tanto presenciales como a través de internet, para profesionales comprometidos a ofrecer mindfulness a los más jóvenes. Tres veces al año, organizo a través de internet un curso de preparación avanzado, de diez semanas de duración, para impartir el programa Un lugar tranquilo. Si quieres recibir información periódica sobre este curso formativo y otros cursos y conferencias que se celebran en todo el mundo, o si quieres participar en el diálogo permanente entre colegas sobre las alegrías y dificultades de dedicarse a este trabajo y este juego, inscríbete en las listas de correo electrónico de la Asociación para la Integración del Mindfulness en la Educación (Association for Mindfulness in Education: http://www.mindfuleducation.org) y de la Red de Mindfulness en la Educación (Mindfulness in Education Network: http://www. mindfuled.org).[1]

Es cada vez mayor el número de libros excelentes sobre la enseñanza del mindfulness a los jóvenes. En la sección «Recursos» he incluido muchos de ellos, y hago todo lo posible por mantener actualizada la lista de títulos en mi sitio web (http:// www.stillquietplace.com). Como iniciación, recomiendo *El niño atento*, de Susan Kaiser Greenland, y *The Stress Reduction Workbook For Teens*, de Gina Biegel.

Practicar lo que predicamos, o la práctica perfecciona la práctica

La necesidad de comprometerse con una práctica diaria es un tema sobre el que seguiré insistiendo, de forma sutil y no sutil, a lo largo de todo el libro. Si no has explorado tu propio territorio interno, tu propia humanidad, es difícil, si no imposible, que puedas guiar a otros a explorar los suyos. Si no has cultivado una comprensión íntima de tu capacidad humana para la rabia, el amor, el miedo, la alegría, la tristeza, la envidia, el contento, la avaricia y la compasión, y si no has descubierto cómo surgen, persisten, se manifiestan activamente y luego se desvanecen estas ex-

---

1. En España, en castellano, véase AEMIND, Asociación Española de Mindfulness y Compasión (www. aemind.es). (*N. de la T.*).

periencias universales, cómo funcionan y qué las exacerba o reduce, ¿cómo puedes hablar de estos fenómenos con los niños en un lenguaje sencillo y asequible? Los niños saben intuitivamente cuándo alguien es auténtico, cuándo habla desde el corazón y desde la experiencia. Y a la inversa, saben también cuándo alguien habla teóricamente (o, en lenguaje adolescente, «se está quedando con ellos»). En definitiva, es el hecho de que encarnes en cada momento el valor de tu práctica de mindfulness lo que atraerá e inspirará a los jóvenes a los que tengas el privilegio de guiar.

Progresión

Una vez que has establecido una práctica de mindfulness y has aprendido el lenguaje del mindfulness secular, hay una progresión evolutiva natural para poder compartir la atención plena con niños y adolescentes. Te ayudará:

- Escuchar, hacer y *experimentar* prácticas ideadas para los jóvenes
- Guiar en voz alta las prácticas indicadas para el grupo de edad con el que tienes intención de trabajar, pero esta vez para ti mismo, para tu gato o para tu ficus
- Guiar prácticas para grupos más numerosos
- Practicar el arte de la conversación y la indagación atentas sobre los elementos esenciales de las prácticas

He incluido ejemplos de este tipo de diálogos desde el capítulo 4 hasta el 11. Preguntas tan sencillas como: «¿Qué te ha parecido?», «¿Qué has notado?», «¿Has tenido alguna dificultad durante la práctica?», «¿Cuándo podría ayudarnos hacer esta práctica?», o «¿En qué crees que podría ayudarte a ti?» pueden ayudarles a los participantes a descubrir cuándo y en qué sentido puede serles útil una práctica de atención plena. Igual de importante es la respuesta que des a los diversos comentarios que surjan, ya que es durante este tipo de interacciones con los niños cuando los principios del mindfulness se pueden aclarar o distorsionar.

Por ejemplo, en los cursos formativos que ofrezco, cuando los profesionales se guían las prácticas uno a otro, de vez en cuando uno de los participantes dice algo como: «El mindfulness puede ayudarte a controlar los pensamientos o emociones difíciles». Esto es una distorsión. Aunque el mindfulness suele permitir que los pensamientos y sentimientos se disipen con más rapidez, *el propósito del mindfulness no es controlar los pensamientos y las emociones*. El mindfulness *es* un encuentro amable y compasivo con nuestros pensamientos y sentimientos; no hay necesidad de controlarlos. Y lo que es más importante, cuando nos encontramos con ellos y los acogemos con amabilidad y compasión, no nos controlan. Es crucial hacer esta distinción, porque si los jóvenes tienen la impresión equivocada de que el objetivo de la práctica es controlar su experiencia interna, cuando no sean capaces de controlar sus pensamientos y sentimientos sentirán, o bien que han fallado, o bien que la práctica les ha fallado a ellos. Es muy importante aclarar y recalcar que el mindfulness ofrece una manera eficaz de *relacionarse* con la experiencia, no de controlarla.

Un fenómeno similar que he presenciado recientemente en los cursos formativos presenciales y de internet es que, movidos por el sincero entusiasmo de ofrecer estas prácticas a los niños y a los adolescentes, algunos participantes que tienen muy poca experiencia en este trabajo se dedican a instruir con fervor a sus colegas (la mayoría de los cuales no tiene *ninguna* base en la práctica del mindfulness) sobre cómo presentarles el mindfulness a los niños. Lo mismo que la enseñanza directa del mindfulness a los jóvenes, enseñar a otros adultos a enseñar mindfulness *tiene que* estar fundamentado en la experiencia personal de haber enseñado mindfulness *realmente* a gente de esa edad, o, de lo contrario, lo que se diga corre el riesgo de convertirse en una mera fórmula vacía. Al igual que otros aspectos del propio curso, volveremos a hablar de este con más detalle después de los capítulos dedicados individualmente a cada sesión.

3. COMPARTIENDO EL LUGAR TRANQUILO

Cuando presentemos el mindfulness a niños y adolescentes, debemos hablarles en un lenguaje que entiendan, y ayudarles a que vaya desarrollándose poco a poco en ellos una apreciación más significativa y rica en matices a partir de su experiencia. Como ya he dicho, la definición de mindfulness que ofrezco a los niños es: «El mindfulness es prestar atención aquí y ahora, con amabilidad y curiosidad, y luego decidir cómo comportarnos». Esta definición simplificada les sirve de punto de partida, es una manera de empezar. Luego, cuando empiecen a aplicar la práctica a su día a día, se darán cuenta, como les ocurre a los adultos, de que «vivir con atención plena (mindfulness) es sencillo, pero no es fácil».

Una forma divertida de ahondar en esta definición (sobre todo si eres profesor de lengua) es considerar el mindfulness en el contexto de los pronombres interrogativos «quién», «qué», «dónde», «cuándo», «por qué» y «cómo». Empecemos.

Dónde y cuándo: mindfulness significa prestar atención aquí y ahora, justo aquí donde estamos, en el momento presente, no rumiar sobre el pasado ni torturarse o fantasear con el futuro.

Qué: en el momento presente podemos atender a la respiración, a las sensaciones corporales, a los cinco sentidos, a los pensamientos, los sentimientos, las personas y sucesos de nuestra vida, y a nuestros impulsos y acciones.

Cómo: con un tipo de atención particular, que es amable y curiosa, y por tanto diferente del frecuente parloteo interno autocrítico. El mindfulness nos pide que practiquemos la compasión lo máximo posible con nosotros mismos y con los demás mientras nos desenvolvemos en la vida. En las lenguas asiáticas, el carácter que representa la mente y el corazón es el mismo; por tanto, en lugar de atención o consciencia plena, quizá sería más acertado hablar de encarnar el corazón pleno.

Por qué: prestamos atención de esta manera a fin de disponer de la información necesaria para respondernos a nosotros mismos y responder a los demás y a lo que esté sucediendo en nuestra vida con sensatez y amabilidad. Al menos a veces. (Sonrisa.)

Quién: ¿quién presta atención? Aunque la respuesta obvia sería «Yo; soy yo el que presta atención», tal vez sea igual de acertado, o más, decir que el silencio y la tranquilidad (es decir, la propia consciencia) son los que prestan atención.

Párate y acoge esta posibilidad en tu corazón. ¿Qué podría significar para ti (y para los jóvenes a los que guías) que sea el silencio y la tranquilidad los que prestan atención?… No es necesario que contestes ahora. Solo mantén viva la pregunta. Volveremos a ella repetidamente a lo largo del libro.

El curso que se describe desde el capítulo 4 hasta el 11 es un programa de ocho semanas para niños de ocho a doce años. Cada sesión es una combinación de algunos o todos los elementos siguientes: prácticas guiadas, conversaciones, ejercicios escritos y juegos en movimiento. Tal vez algunos lectores os preguntéis si las prácticas, diálogos y ejercicios que se describen no son demasiado simples o, por el contrario, demasiado sofisticados para niños de estas edades. De acuerdo con mi experiencia, la participación de los niños en las conversaciones, y las experiencias que comentan, demuestran que las prácticas y las enseñanzas les resultan asequibles y de utilidad en su día a día. Además, la mayoría de las prácticas, diálogos y exploraciones que se presentan en este libro pueden adaptarse a alumnos de mayor o menor edad, ofrecerse de un modo independiente y ampliarse de cualquier manera que te parezca conveniente para los niños con los que trabajas. Aunque creo recordar que los diálogos se han transcrito con exactitud, se ha cambiado el nombre de los participantes para proteger su identidad.

En este capítulo, comentaré algunas cuestiones primordiales a la hora de presentar este programa, como las adaptaciones que es apropiado hacer según la edad y ciertas indicaciones de detalles prácticos esenciales a la hora de guiar cada sesión. En el capítulo 13, haré algunas sugerencias dirigidas concretamente a los maestros o profesores responsables de cada grupo y a los terapeutas que ofrecen el programa de modo individual, así como algunas advertencias.

La estructura del curso es la de un conjunto de elementos en interacción: las experiencias, habilidades y conceptos se entretejen, y se complementan y apoyan unos a otros. Aunque el libro hace una descripción detallada del programa, cada individuo, cada grupo, cada sesión y cada momento es único, y por tanto cada curso es también único. Las sugerencias y descripciones que hago en estas páginas deben entenderse como un esbozo, que luego tú enriquecerás y perfeccionarás con los jóvenes a los que enseñes. En definitiva, cada individuo o cada grupo crea una obra maestra original: trazando con precisión las líneas, improvisando formas peculiares y añadiendo sombras y color para revelar profundidad y perspectiva.

Adaptaciones apropiadas para las distintas edades

«Consciencia plena» y «darse cuenta» son conceptos que a la mayoría de los niños pequeños, y a muchos adultos, les cuesta comprender. Sin embargo, cualquiera puede experimentar lo que es descansar en Un lugar tranquilo. Este es un ejemplo de cómo les presento Un lugar tranquilo a los niños muy pequeños, de edades comprendidas entre los tres y los seis años.

Hola, me llamo Amy, y me gustaría compartir con vosotros uno de mis lugares favoritos. Se llama el Lugar tranquilo. No es un lugar al que se va en coche o en tren o en avión. Es un lugar que está dentro de vosotros y que podéis encontrar con solo respirar.

Vamos a encontrarlo. Si te sientes seguro, cierra los ojos. Ahora, con los ojos cerrados o abiertos, respira profunda y lentamente varias veces seguidas. Mira a ver si sientes algo así como una especie de sonrisa amable en el cuerpo. ¿La sientes? Ese es tu Lugar tranquilo. Sigue respirando profundamente y acurrúcate en él.

Lo mejor de tu Lugar tranquilo es que siempre está dentro de ti, y puedes entrar en él siempre que quieras, con solo estar atento a la respiración. Sienta muy bien visitar tu Lugar tranquilo y sentir el amor que hay dentro. Sobre todo, es bueno visitarlo si estás enfadado o triste o asustado. El Lugar tranquilo es un buen sitio para hablar con esos sentimientos y hacerte amigo de ellos. Mientras estás en tu Lugar tranquilo y hablas con tus sentimientos, quizá descubras que no son tan grandes ni tan poderosos como parecían. Recuerda que puedes venir aquí siempre que quieras, y quedarte todo el tiempo que desees.

Haciendo unas adaptaciones mínimas, el concepto de Lugar tranquilo se puede usar con alumnos desde los tres hasta los noventa y tres años. El lenguaje de la explicación anterior está pensado para niños de tres a seis años, que son capaces simplemente de experimentar el Lugar tranquilo y de sentirlo en su cuerpo y en su mente. Con niños ligeramente mayores, el lenguaje puede estar más enfocado en el cuerpo, y se puede hacer menos hincapié en el Lugar tranquilo como «un espacio concreto». Los niños de entre siete y nueve años son capaces de reconocer que el Lugar tranquilo es un sitio de confianza en el que encontrar consuelo cuando están disgustados, y algunos quizá sean capaces de quedarse en él y responder luego a las circunstancias que les afectan. La mayoría de los niños de más de diez años pueden aprender a aplicar el mindfulness en su vida cotidiana del mismo modo que lo hacen los adultos. Pueden descansar en el Lugar tranquilo, darse cuenta de sus pensamientos, sentimientos y sensaciones físicas y elegir luego responder, en vez de reaccionar, a las circunstancias del momento.

La franja de edad óptima para cada elemento del curso se indica entre paréntesis al presentar cada elemento. Los que funcionan bien con niños más pequeños están marcados con un asterisco en el esquema que aparece al comienzo de cada sesión. Cada esquema incluye además un cuento que propongo, relacionado con el tema de la sesión, y que se les puede leer en voz alta a los niños pequeños e incluso a los adolescentes. Los diálogos se pueden simplificar con facilidad si trabajamos con niños muy pequeños; basta con hacerles solo las primeras preguntas y comentarios. Y también se pueden ampliar, para los adolescentes, con solo explorar el tema con más detalle. Todas estas adaptaciones se explican en el capítulo dedicado a cada sesión. Las indicaciones simplificadas para los alumnos más pequeños aparecen al principio de las conversaciones pensadas para niños de ocho a doce años, y, a continuación, las ampliaciones para adolescentes. Por supuesto, sintonizar con el individuo o el grupo con los que trabajas te permitirá elegir el nivel de diálogo que resulte más beneficioso.

En lo que respecta a las prácticas guiadas, he visto que, por regla general, en un principio los niños suelen ser capaces de practicar como *máximo* un minuto por cada año de edad; es decir, que los niños de cinco años generalmente pueden hacer una práctica guiada de unos cinco minutos. A los pequeños, una sencilla sesión semanal de entre veinte y treinta minutos les ayudará a familiarizarse con el Lugar tranquilo. Ya trabajes con un individuo o con un grupo de niños, una sesión infantil típica incluye dos prácticas, cada una de ellas seguida de una breve conversación, y se cierra con la sugerencia de una práctica para hacer semanalmente.

Con un grupo de más de diez alumnos de educación preescolar o infantil, si todos hablan después de cada práctica es posible que se impacienten y se alboroten, y que la experiencia de la práctica quede ya muy lejos cuando le llegue el turno de hablar al último alumno. Por tanto, quizá sea preferible oír hablar a algunos niños después de la primera práctica, y a otros después de la segunda. Cuando los alumnos estén inquietos, podrías proponerles una breve práctica de movimiento. Si eres el profesor responsable del grupo y tienes el privilegio —y el reto— de pasar con tus alumnos el día entero, todos los días, hacer una práctica corta para empezar la clase, y otra después del recreo, de la comida o de otra transición, puede ser extremadamente beneficioso. Lo ideal es que cuando se imparte el curso a niños menores de ocho años, tengan el apoyo de algún adulto para hacer las prácticas. Algunas posibilidades que funcionan muy bien son ofrecer un curso por parejas, al niño y su padre o su madre, y enviar recordatorios a los padres y cuidadores sobre las prácticas que el niño debe hacer semanalmente.

Cuando trabajes con adolescentes, ya sea en sesiones individuales o de grupo, déjate guiar por sus comentarios y su comportamiento. Una sesión típica dura de cuarenta y cinco a sesenta minutos e incluye dos prácticas, cada una de ellas seguida de un diálogo sobre la aplicación de las prácticas a la vida cotidiana.

Fundamentos de la enseñanza

Como se ha explicado, cuando compartimos el Lugar tranquilo con los niños es esencial que la propuesta nazca de nuestra propia experiencia, que empleemos un lenguaje adecuado a su edad y que las prácticas sean asequibles e interesantes. Para subrayar la importancia de estos elementos, voy a contarte algo.

En determinado momento, mi hijo empezó a enseñar mindfulness a su profesora de educación infantil. La profesora me pidió entonces que compartiera algunas prácticas con la clase. Así que una mañana, hace varios años, me encontré tumbada en el suelo con diecinueve niños de cinco años. Después de la primera práctica, les pedí que me contaran cómo se sentían. Fueron hablando por turnos y diciendo que se sentían «tranquila», «relajado» y «contento»… Yo estaba encantada.

Entonces un niño dijo «muerto». Vi una mirada de miedo en los ojos de la profesora. Sentí una tirantez dentro. La profesora no tenía una práctica regular de mindfulness que la pudiera ayudar a entender la experiencia del niño ni a afrontar su propio miedo. Continuamos dando la vuelta al círculo y, como suele ocurrir en las clases de educación infantil, varios niños repitieron una u otra versión de las respuestas anteriores, incluida «muerto». Una vez que hubieron hablado todos, a los niños que habían dicho «muerto» les pregunté «¿Y cómo es la sensación de muerto?». Respondieron, «como un cisne», «como un ángel» o «como flotando».

En nuestra cultura, los niños pequeños no disponen de palabras que expresen estar alerta, en silencio y en paz; «muerto» era lo más que podían aproximarse a describir la *experiencia* de estar en Un lugar tranquilo.

Esta anécdota ilustra varios puntos importantes relacionados con la enseñanza del mindfulness a los niños (y a los adultos):

La enseñanza del mindfulness debe brotar de la profundidad de nuestra propia práctica. Mi práctica me permitía darme cuenta de lo que ocurría en aquellos momentos dentro de mí, entender también la experiencia de los niños y la reacción de la profesora, y acto seguido responder. Esta es la esencia del mindfulness. Mindfulness es prestar atención al momento presente, con amabilidad y curiosidad, y responder, en vez de reaccionar, a las circunstancias. En este ejemplo, me di cuenta de que en el último minuto se había ido creando en mí un apego a que los niños hubieran tenido una experiencia relajante, y también me di cuenta de las sensaciones de preocupación y duda que me provocó oír a aquel niño decir «muerto». Percibir, simplemente, aquellas experiencias internas y la reacción de la profesora, sin quedarme atrapada en ninguna de ellas, me permitió estar atenta a los niños, sentir curiosidad por lo que realmente querían decir con la palabra «muerto», y responder en consonancia.

La interpretación que hacemos los adultos de las palabras y las experiencias puede ser muy diferente de las que hacen nuestros jóvenes amigos. En este ejemplo, la profesora, y hasta cierto punto yo, en un principio interpretamos «muerto» como algo que daba miedo. Es importante darnos cuenta de las interpretaciones que hacemos y preguntar, en vez de dar por sentado, qué quiere decir alguien con sus palabras.

Mindfulness es estar abierto a lo que sea que ocurra en el momento presente. Si «muerto» hubiera sido una experiencia alarmante o angustiosa para los niños, les habría felicitado por darse cuenta de ella y tener la valentía de contarla, y luego la habríamos examinado juntos.

Es esencial facilitar una experiencia. Lo maravilloso de enseñar a los niños es que, aunque tengamos la tentación de hacerlo, no podemos utilizar palabras y conceptos intelectuales para transmitirles en qué consiste la práctica. En el ejemplo anterior, los niños tuvieron la experiencia de sentirse «como un cisne», «como un ángel», «como flotando». Lo ideal, tanto si trabajamos con niños como con adultos, es facilitar una experiencia del silencio y quietud que hay dentro de ellos, y de cómo ese silencio y quietud puede beneficiarles en su vida diaria.

El fundamento de todas las prácticas de mindfulness que se describen a lo largo del libro es ese silencio y quietud. Combinados, los ejercicios ofrecen a los niños pequeñas maneras de reconfortarse ellos mismos, así como, a los niños un poco mayores, la capacidad de observar sus pensamientos y sentimientos y, muy especialmente, de elegir cómo comportarse.

Sesión introductoria

En los centros de educación infantil, primaria y secundaria, y en centros de salud, comunitarios o de investigación clínica, suelo organizar una sesión informativa para padres y madres. El momento más importante es el de ofrecerles la oportunidad de tener una *experiencia* directa de mindfulness, concretamente la del mindfulness al comer, lo cual les da una comprensión viva e inmediata de la práctica, de lo que es prestar atención en el momento presente con amabilidad y curiosidad. Por lo general, cuando los padres y madres hacen este breve ejercicio, reconocen intuitivamente sus beneficios potenciales. Además, se dan cuenta de que sus hijos y ellos pueden practicar mindfulness tal como son, y de que no interferirá con su actual forma de vida (incluidas sus prácticas religiosas), y quizá incluso la enriquezca. Esta sencilla práctica guiada evita en buena medida cualquier posible confusión sobre lo que es y no es el mindfulness.

La sesión introductoria incluye además un resumen de las investigaciones actuales sobre los beneficios del mindfulness para niños y adolescentes, así como de los estudios más interesantes realizados con adultos. En ella se expone también la estructura del curso, y se establece un diálogo sobre las prácticas para hacer semanalmente; se explica cualquier protocolo de investigación y, algo muy importante: los padres y las madres tienen la oportunidad de plantear preguntas. Ten en cuenta que en muchos colegios a los que asisten niños procedentes de familias con pocos recursos económicos, la asistencia a una sesión introductoria de este tipo puede ser escasa, de modo que podría ser conveniente enviar una hoja informativa a cada familia, escrita en su lengua nativa, utilizando el sistema de distribución habitual que emplee el colegio.

Disposición del espacio para las sesiones

Prácticamente cualquier espacio puede servir. Aunque es preferible que esté despejado y sea lo más silencioso posible, he trabajado en muchas salas ruidosas, pequeñas y abarrotadas. Dispón los asientos de un modo que ayude a los alumnos a experimentar silencio y quietud. Dependiendo de las circunstancias, habrá grupos que trabajarán de maravilla sentados en círculo sobre una alfombra; otros, quizá puedan sentarse en un círculo de sillas, y otros tal vez necesiten que los límites estén bien definidos, y sea preferible colocar las sillas en hileras. Haz lo posible por crear un ambiente cómodo y de confianza. La sensación de confianza debe ser total, a nivel físico, mental, emocional y social. Los acuerdos de la clase, que se describen en la sesión 1, son esenciales a la hora de establecer las bases para que los participantes se sientan tranquilos y confiados.

Empieza la sesión

Haz lo posible por encontrar el equilibrio entre concederles a los alumnos un poco de tiempo para entrar en la sala y situarse, y establecer un precedente de que la sesión empieza a su hora. Saluda a los alumnos de uno en uno, dándote cuenta mientras lo haces de cuánta atención y contacto físico parece estar preparado a tener cada uno de ellos. Ya trabajes con una sola persona o con un grupo, como terapeuta, profesor responsable del curso o instructor que enseña mindfulness en la clase de otro profesor, o en otro tipo de centro de la comunidad, conviene establecer unas cuantas normas muy simples para indicar que la sesión es un tiempo dedicado específicamente a practicar mindfulness. En este programa, comenzar y finalizar la sesión prestando atención plena al escuchar cumple precisamente ese propósito.

Escuchar

Lo típico es que cada sesión empiece y termine con una práctica de escuchar, para la cual haremos sonar un *vibra-tone* o una campana tubular. Ambos tienen un sonido largo, envolvente y resonante, y se pueden comprar en Amazon (http://www.amazon.com). Recomiendo usar estos instrumentos en lugar de cuencos o campanas tibetanos, y esta es una recomendación particularmente importante si impartes la sesión en un centro oficial, un colegio público, por ejemplo, donde es esencial hacer una demostración explícita de la naturaleza secular, asequible y universal de la práctica. Establecer esta dinámica para iniciar y finalizar cada sesión enfatiza que es un tiempo dedicado expresamente al mindfulness. Es de esperar que, a medida que el curso avance, el uso de la atención plena entre los participantes sea cada vez más generalizado. Con el tiempo, posiblemente se irá integrando en una parte cada vez mayor de sus vidas; irá enriqueciendo la calidad de sus experiencias, influyendo en cómo responden a las distintas circunstancias, y caracterizando su interacción con los demás.

Las prácticas

Al sentarme a escribir este libro, vi que tenía muchas formas de transmitirte los elementos básicos del programa. Desde el capítulo 4 hasta el 11, he presentado los elementos de varias maneras distintas. Algunos los he descrito de una manera simple y escueta para dar cabida a las variaciones que a ti se te ocurran; otros están presentados como ejemplos de lo que probablemente diría yo en determinadas circunstancias. Esos ejemplos no pretenden ser instrucciones, y, si los utilizas como tales, por favor, dedica todo el tiempo que sea necesario a profundizar en tu práctica antes de compartir *tu* versión de las prácticas con los jóvenes.

Como ya he dicho, algunas de las prácticas que se describen en estas páginas son prácticas de mindfulness muy conocidas, mientras que otras las he creado personalmente para trabajar con alumnos, pacientes y con mis hijos. Puedes descargarte grabaciones de audio con muestras de prácticas para niños y adolescentes de cuatro a dieciocho años en https://www.letraskairos.com/un-lugar-tranquilo (encontrarás más información al final del libro).

Practicar mientras se guía la sesión

Es de suponer que practicar mindfulness a diario con compromiso te permitirá *hacer* las prácticas mientras las diriges y guías a los demás. Esto significa estar conectado con tu experiencia y *sentir* la práctica que estás guiando, y utilizar a la vez, para guiarla, un lenguaje adecuado a la edad del niño o del grupo. Comunicar la esencia de la práctica a través de tu tono de voz, el ritmo de tus palabras y tu conexión es mucho más importante que decir una determinada serie de palabras. Ahora bien, es fundamental que tus palabras hagan asequible la experiencia. Te recomiendo que ensayes hasta que seas capaz de expresarte con fluidez y puedas guiar la sesión, con los ojos abiertos a ratos o durante la sesión entera, manteniéndote en contacto con la práctica y con lo que esté sucediendo en la sala.

Conversaciones

Cada capítulo dedicado a una sesión del programa incluye preguntas que sugiero para despertar el interés de los participantes por descubrir lo que sucede en ellos, e historietas que muestran la naturaleza receptiva y dinámica de estas interacciones. Cualquiera de las conversaciones se puede establecer por parejas, en pequeños grupos o con el grupo entero, y, por supuesto, se pueden hacer las mismas exploraciones con un solo individuo en una sesión terapéutica. Tanto si trabajas con un solo individuo como con un grupo, el proceso es el mismo: escuchar lo que se dice y lo que no se dice, respirar, y responder con un comentario aclaratorio, una pregunta o una invitación a que el niño o el grupo entero investiguen si suele manifestarse en su día a día una determinada cuestión y, si es así, cómo se manifiesta. Como en el caso de las prácticas, estos ejemplos no pretenden ser instrucciones, sino mostrar lo dinámico, lo receptivo e interactivo que es el proceso de la indagación atenta. Lo ideal es que sea a la vez un proceso compasivamente riguroso (que invita de manera seria a nuestros jóvenes amigos a examinar sus hábitos de pensamiento, sentimiento y comportamiento) y rigurosamente compasivo (que incorpora la amabilidad y el sentido del humor a esos hábitos humanos). Verás quizá que muchos temas, y en particular la diferencia entre responder y reaccionar, se repiten con frecuencia. Con el tiempo, la repetición y la consiguiente aplicación de estas cuestiones a la vida real les permiten a nuestros jóvenes descubrir ellos mismos los beneficios de la práctica.

Como verás en los acuerdos de la clase enunciados en la sesión 1, los participantes tienen derecho a abstenerse, o sea, a no hablar durante las conversaciones. Al comienzo del curso, es particularmente importante que cuenten con esta posibilidad aquellos niños que estén deprimidos o enfadados, que sean tímidos, o que sufran ansiedad social. A medida que el curso avanza y que a los participantes va incomodándoles menos sentirse incómodos, puedes animar a los niños más callados a hablar más y a los más habladores a hablar menos. A aquellos que sufran ansiedad social aguda, les puedes ayudar a participar cada vez un poco más a lo largo de todo el curso. Un ejemplo de secuencia progresiva es permitir que el niño esté sentado y escuche mientras el grupo discute alguna cuestión, animarle a que se siente y escuche formando parte de un trío de alumnos, ayudarle a que contribuya a la conversación del trío con una o dos preguntas o comentarios, hacerle participar en una conversación por parejas con alguien con quien no se sienta intimidado, y, finalmente, conseguir que haga uno o dos comentarios delante del grupo entero.

Notas sobre el lenguaje y el lenguajear[2]

A fin de mantener el estilo coloquial, tanto del libro como de la enseñanza del mindfulness, hay muchas frases en los ejemplos de los diálogos que se parecen más al discurso hablado que a un texto redactado con una gramática impecable.

Como ocurre en el lenguaje empleado para enseñar, y en el habla común, voy cambiando intencionadamente de pronombre y moviéndome entre el «yo», el «tú», el «vosotros» y el «nosotros». El «yo» me permite comunicar mi humanidad, mis dificultades y cómo aplico yo las prácticas a mi día a día. El «tú» y el «vosotros» hacen que los alumnos se sientan partícipes y se animen a intervenir, y el «nosotros» indica que estamos todos juntos en esto.

En los círculos de mindfulness, los instructores enfatizan, no ya el «lenguajear», sino el «lenguajeando»: el uso del gerundio para invitar a una manera de ser o una acción, en vez de dirigir, instruir u ordenar. Por ejemplo, a menudo decimos, «Ahora inspirando», en lugar de «Ahora inspirad».

«Invitar» y «estar» son términos que tienen la intención de hablar al cuerpo y al corazón, además de a la mente. El propósito al utilizarlos es animarte a establecer contacto con tu natural totalidad del ser humano que eres para que puedas luego animar a otros a hacer lo mismo. Por favor, ten presentes —en la mente y en el corazón— estas diferencias mientras lees y cuando enseñes.

El término «mindfulness» se utiliza para describir, tanto las prácticas que nos animan a descubrir el Lugar tranquilo, como la capacidad humana universal de prestar atención con amabilidad y curiosidad.

Por último, muchas frases están escritas en voz pasiva en lugar de activa para transmitir la sensación de que *tal vez* no seamos tú o yo los que enseñamos, sino que el enseñar ocurre a través de nosotros.

---

2. *Languaging* es un término que acuñó el doctor Merrill Swain, profesor de la Universidad de Toronto, en 1985 para referirse a la relación dinámica entre pensamiento y lenguaje, que hace de él, más que un mero conducto, una herramienta de descubrimiento y conocimiento y una «fuente sistémica de significado». El biólogo y filósofo chileno Humberto Maturana, Premio Nacional de Ciencias en su país en 1995, emplea el término equivalente *lenguajear* para referirse a la relación dinámica y funcional que se da entre la experiencia inmediata (las emociones) y la coordinación de acciones consensuales con los demás, o, lo que es lo mismo, a la relación entre emociones y lenguaje. (*N. de la T.*).

Transiciones

Conviene animar al grupo a continuar prestando atención durante la transición entre prácticas, ejercicios y conversaciones, así como durante el resto del día. Estas transiciones se pueden facilitar con indicaciones muy simples, como las siguientes:

Ahora, cuando empecemos a hablar, vamos a ver si somos capaces de escucharnos unos a otros con toda nuestra atención, con la misma atención amable con que acabamos de escuchar el carillón.

Haced lo posible por seguir plenamente atentos cuando pasemos a la conversación.

Mirad a ver si sois capaces de seguir conectados con la respiración y el silencio y quietud al empezar este ejercicio.

Ahora, cuando termine la sesión, mirad a ver si podéis seguir atentos a vuestra respiración y a vuestro cuerpo, al salir de la sala y volver a otras actividades de vuestra vida.

Movimiento

Es esencial que el curso y cada una de sus sesiones se ajusten a los participantes y a las experiencias que tengan lugar en la sala. Es particularmente importante atender al deseo natural de movimiento que es propio de los niños. A veces, conviene dejarlos bailar, reírse, hacer contorsiones o yoga energético o balancearse como las algas en el mar. Otras, es mejor que se queden sentados a pesar de su nerviosismo y se den cuenta de los pensamientos, sentimientos y sensaciones físicas asociados con él. Recuerda que estamos sugiriendo que nuestros jóvenes amigos hagan algo bastante inusual: en mitad de sus vidas aceleradas y saturadas por los medios de comunicación de todo tipo, los invitamos a que se relajen y dirijan la atención a su interior. Es importante que nos relacionemos con ellos como son y, a la vez, les facilitemos la transición a la quietud.

Señales

Viendo algunos vídeos en los que aparezco guiando sesiones de grupo, me di cuenta de que decía «continuad» más a menudo de lo que me habría gustado. Para mí, esta frase no es realmente una invitación clara a regresar a la atención plena. Hay otras maneras mejores de indicarlo, como quedarse en silencio o usar la campana tubular o una simple señal. De modo que ahora, casi al principio del curso, les explico: «Cuando note que, como grupo, nos hemos distraído y hemos dejado de prestar atención plena, dejaré de hablar, haré sonar el carillón o haré una señal; por ejemplo, levantaré una mano, me colocaré la otra en la barriga y haré varias respiraciones lentas y profundas. Cuando oigáis que me he quedado en silencio o que suena el carillón, por favor, dejad de hablar. Cuando veáis la señal, por favor, dejad de hablar; levantad una mano, poneos la otra en la barriga y haced varias respiraciones lentas y profundas». Esto ayuda a que todo el mundo vuelva a dirigir la atención al momento presente.

Prácticas semanales

Al final de cada sesión, los participantes reciben una hoja en la que se explica la práctica que deben hacer para la semana siguiente. Se detallan en ella la grabación de audio que corresponde a la práctica guiada, la práctica para hacer durante el día, y también alguna imagen que ilustre uno de los temas principales que han de observar durante la semana y algún poema o lectura relevantes. Antes de finalizar la sesión, con la práctica de atención plena al escuchar, repaso las prácticas que deben hacer durante la semana. Les leo la hoja en voz alta, aclaro las indicaciones y respondo a cualquier pregunta que surja. Además de explicar las prácticas que deberán hacer, la hoja les sirve de repaso y recordatorio de los temas para la semana. En la hoja que se entrega en la última sesión, se incluye también una lista de recursos locales. Otra posibilidad es, en lugar de repartir una hoja a la semana, entregar a cada participante en la sesión 1 un diario de prácticas que contenga todas las hojas.

Audio para la práctica guiada

El elemento más importante de la tarea para hacer semanalmente es escuchar la pista de audio de la práctica guiada. Los audios correspondientes a las siguientes prácticas se pueden descargar en https://www.letraskairos.com/un-lugar-tranquilo. (Encontrarás más información al final del libro.)

- Práctica sentada: practicando la atención a la respiración, para adultos
- Un lugar tranquilo: práctica basada en la respiración
- Observando los pensamientos: llevando la atención a los pensamientos
- Sentimientos: llevando la atención a los sentimientos o emociones
- Estiramientos suaves / yoga: llevando la atención al movimiento
- Escaneo corporal: llevando la atención a las sensaciones físicas
- Amor bondadoso: practicando el dar y recibir amor

Atención plena en la vida cotidiana

Cada semana, la práctica incluye sugerencias de mindfulness para hacer en el día a día, que ayudan a los participantes a prestar atención plena a lo que sucede en sus vidas, empezando por actividades básicas como cepillarse los dientes y ponerse los zapatos, y extendiéndose a situaciones más complejas, como encontrarse en medio de una conversación difícil o afrontar dificultades personales. Cuando presentes estas actividades durante la explicación de las tareas semanales, conviene que hagas hincapié en la importancia de los cinco sentidos físicos, así como del «sexto, séptimo y octavo sentidos»: pensar, sentir y darse cuenta. La atención plena al ducharse, por ejemplo, se podría explicar así:

Cuando entres en la ducha, mira a ver si puedes dirigir toda tu atención a estar en la ducha. Sintiendo el frío del plato de ducha. Sintiéndote agarrando y girando el mando de la ducha. Oyendo el sonido del agua. Sintiendo la humedad y la temperatura del agua. Notando el cambio de temperatura del agua. Sintiéndote alargando la mano hasta el bote de champú y luego estrujándolo. Percibiendo el olor del champú y el jabón. Notando los movimientos mientras te jabonas el cuerpo. Escuchando el sonido del agua, y notando cómo cambian el sonido y las sensaciones al poner la cabeza bajo el agua para aclararte el pelo y la cara. Y, por supuesto, dándote cuenta de cualquier pensamiento y sentimiento que aparezcan mientras te estás duchando.

Diario de prácticas

Si el curso forma parte de un estudio experimental, es importante tomar nota de la cantidad de prácticas que hacen los participantes. En otros casos, también puede ser útil recoger estimaciones anónimas de los participantes sobre si hacen o no las prácticas y con qué frecuencia. Por favor, asegúrate de que la amabilidad y curiosidad que es el mindfulness estén presentes en cualquier conversación sobre las prácticas semanales; de lo contrario, la práctica del mindfulness puede convertirse en una modalidad más de «deberes», en una tarea más que los niños «tienen que» hacer. En el capítulo 5 hablo de formas amables y atentas de hacer esa indagación, e incluyo una muestra de diario de prácticas en el que anotar los detalles de la experiencia. Para los adolescentes, conectados con la tecnología, hay actualmente aplicaciones estupendas con las que llevar la cuenta del tiempo dedicado a las prácticas.

Ayuda para las prácticas semanales: recordatorios atentos

En un principio, ofrecí la primera versión de este curso a parejas niño-padre/madre en el contexto de un protocolo formal de investigación en la Universidad de Stanford. En aquel caso, los niños contaban con el apoyo de sus padres para hacer las actividades de cada semana. Sin embargo, en familias de bajo estatus socioeconómico, los alumnos muchas veces no cuentan con el mismo tipo de ayuda. Teniendo esto en cuenta, he pasado todas las actividades escritas de las prácticas semanales a sus sesiones respectivas. Esta adaptación garantiza que una determinada actividad se haga por lo menos una vez, y reduce al mínimo el olvido de los participantes y la desazón, y frustración también, del instructor. A raíz de esta adaptación, el elemento principal de las actividades semanales es escuchar el audio de las prácticas guiadas. Te invito a que, a tu vez, continúes modificando las actividades y el programa del modo que más beneficie a los jóvenes con los que trabajas y juegas.

Generalmente, si enseño a niños sin que sus padres estén presentes, los llamo después de la primera clase para responder a cualquier pregunta que tengan y los animo a que apoyen a su hijo con las prácticas. Tanto si los niños asisten a las sesiones con su padre o su madre como si asisten sin ellos, siempre les envío a los niños un correo electrónico a mitad de semana, a su dirección personal de correo electrónico, si la tienen, o a través de su padre, su madre o sus cuidadores cuando no. Este «recordatorio atento» les ayuda a mantener el interés en la práctica. A veces les envío un poema, una viñeta cómica o la respuesta aplazada a alguna cuestión que se planteó en clase. Normalmente, basta con enviar un *e-mail* que en el asunto diga «recordatorio atento» y una o dos líneas sencillas, algo del estilo de: «Son las siete de la tarde. ¿Sabes dónde tienes puesta la atención?», o «¿Eres capaz de dejar que tu atención descanse en la respiración durante cinco respiraciones seguidas?», o «¿Cómo te sientes en este momento?». El correo electrónico ofrece además un foro para que niños y adultos planteen confidencialmente cualquier duda o pregunta y reciban una respuesta, o bien por correo electrónico, o bien en una conversación privada antes o después de la clase, o durante la clase, dependiendo de lo que sea más apropiado. Es posible que algunas familias con bajo estatus socioeconómico no dispongan de conexión a internet o ni tan siquiera de conexión telefónica; en ese caso, conviene pensar en otra manera de hacer llegar ese recordatorio de atención a mitad de semana, como podría ser una nota en su carpeta de actividades escolares para la semana, o un recordatorio que le haga su profesor o profesora habitual. A los adolescentes, suelo enviarles un mensaje de texto como recordatorio, y últimamente estoy probando a hacerlo por Twitter.

Al igual que ocurre con cualquier otra actividad repetitiva, como cepillarse los dientes o hacer los deberes, muchos niños, e incluso adolescentes, necesitan el apoyo de los adultos para acordarse de hacer las prácticas semanales. En los cursos dirigidos conjuntamente a niños y padres o madres, ese apoyo se da por sentado. Si eres la profesora de una clase, puedes incluir el mindfulness en los deberes habituales. Si eres un instructor o instructora que acude a una clase, puedes pedirle a la profesora que incluya recordatorios en los comunicados habituales a los alumnos. Si ofreces un curso como actividad extraescolar o en un centro no académico de la comunidad, sobre todo si los participantes provienen de familias con escasos recursos económicos, es posible que algunos no reciban el apoyo de los adultos. Quizá a ti se te ocurra alguna manera de ofrecerles apoyo adicional entre una sesión y la siguiente. Si es así, hazlo, y, si no, confía en que lo que reciben durante las sesiones será suficiente. Si eres terapeuta, repasa las prácticas semanales con cada cliente por separado y, si te parece conveniente, con sus padres, al final de la sesión.

Una segunda oportunidad

Si después de la sesión caes en la cuenta de que se te ha olvidado hablar de algo importante, o de que has sido poco claro, torpe o incluso despiadado, puedes volver a ello en la siguiente sesión. O, si crees que podría ser beneficioso para el niño o el grupo con que el trabajas, puedes también comentárselo por teléfono, correo electrónico o un mensaje de texto. Indudablemente, lo mejor, si te das cuenta y tienes la posibilidad, es tratarlo con destreza durante una sesión; sin embargo, a veces necesitamos un poco de tiempo para procesar las cosas, antes de intentarlo otra vez.

Revisión de las prácticas semanales

Como en cualquier otro programa estructurado en espiral, en el que los alumnos vuelven repetidamente sobre la materia impartida con anterioridad, cada una de las sesiones sucesivas incluye aquí una revisión asistida de las experiencias que han tenido los participantes con las prácticas, conversaciones y ejercicios de la semana anterior. Esta revisión ofrece la oportunidad de aclarar y ampliar muy diversos temas. Lo más importante es que se trata de experiencias de la vida real de los participantes, y por tanto les ayuda a reconocer que la atención plena puede beneficiarles en su día a día. En las sesiones de grupo, los participantes tienen además ocasión de ver que no son los únicos que lo pasan mal, y de aprender de los aciertos de sus compañeros.

La práctica de guiar

Especialmente aquellos que queráis ser instructores o facilitadores y aquellos que ya lo seáis, debéis entender que *estar seriamente comprometidos con vuestra práctica de mindfulness* significa no solo dedicar un tiempo a la práctica formal de la atención plena, sino también una investigación constante de aquellos momentos en que no somos conscientes o actuamos sin la menor compasión. Aunque de tarde en tarde todavía sufro el delirio de creer que, con la práctica, acabaré siendo inmune a la tendencia humana a juzgar, o a la arrogancia, la separación, la comparación y la inseguridad, la verdad es que no lo soy. Y cada vez que me doy cuenta de que he adoptado alguno de estos modos de interactuar contraídos y egocéntricos, la puerta de la compasión y de la conexión vuelve a abrirse de par en par.

Los momentos de inconsciencia o desconsideración pueden ser tan pequeños y sutiles que solo tú los adviertas, o pueden ser descaradamente obvios para todos los presentes. A veces, el darnos cuenta nos llega en el momento; a veces, nos llega mientras conducimos camino de casa, mientras hacemos ejercicio, o cuando estamos a punto de dormirnos. A veces, un participante de la clase o un colega de confianza me ayudan a darme cuenta de esos momentos; y, desgraciadamente, a veces me pasan totalmente desapercibidos. Como en todos los demás aspectos de la práctica, es una ayuda investigar esos momentos con amabilidad y curiosidad, y *luego* pensar en lo que requiere la situación. En algunos casos, es suficiente con reconocer interiormente un comportamiento dado; en otros, es conveniente ponerle nombre. A esa acción de nombrarlo la llamo «mindfulness en voz bien alta», y puede ser de particular ayuda durante la clase, ya que nos permite mostrarles a nuestros jóvenes amigos cómo trabajamos con esa experiencia. Solo integrando plenamente nuestra humanidad podemos apoyar a los demás para que integren plenamente la suya.

Cuando me equivoco, tiendo a hacerlo de dos maneras muy distintas. A veces exhibo una mezcla de juicio y arrogancia, que no honra en absoluto la sabiduría del participante. Otras veces, caigo en el querer agradar a la persona y caerle bien, y por tanto no le hago un comentario auténticamente claro, o una pregunta incisiva que podrían facilitarle un nivel de comprensión más profunda. Aunque tus patrones puedan no ser los mismos que los míos, es importante que estés atento a ellos y a cómo se manifiestan. ¿Te duele de repente la cabeza? ¿Empiezas a hablar demasiado alto o demasiado rápido? ¿Endulzas tus comentarios? ¿Recurres mecánicamente a clichés, a frases hechas? ¿Te vuelves insensible?

A continuación, describo como ejemplo un momento de contracción que tuve en mi segunda clase extraescolar. Permíteme que te sitúe en el escenario. Mi primera clase extraescolar, en el Colegio de Educación Primaria Henry Ford (un colegio de un barrio desfavorecido en el que la mayoría de los padres y madres solo habla español, y el 80% de los alumnos tiene derecho a comidas gratuitas), estaba compuesta de seis niños y dos niñas, de nueve a diez años. La directora me informó con amabilidad de que los ocho estaban allí por recomendación de sus profesoras, porque les costaba controlar los impulsos. Hasta la segunda o tercera sesión no entendí lo seria que era la situación.

Tuve muchas dificultades a lo largo de todo el curso. A los niños a los que les cuesta controlar los impulsos, o que tienen un comportamiento socialmente inapropiado, se les dice con demasiada frecuencia, implícita o explícitamente, que son «inaguantables» o «malos» por no parar quietos, y distraerse o molestar a los demás. La paradoja es que los comportamientos que se derivan de esos impulsos suelen tener como resultado un castigo; y, desgraciadamente, el castigo rara vez ayuda a los niños a explorar los impulsos iniciales que dieron lugar a esos comportamientos inapropiados, y mucho menos la posibilidad de ensayar comportamientos nuevos. El mindfulness ofrece una alternativa: puede ayudar al niño a reconocer las pistas que le permiten saber que se está distrayendo o enfadando, y luego considerar las opciones que tiene. Con el tiempo, es posible que esa atención plena interrumpa el patrón del impulso, acción y castigo inútil, y siente las bases para que el niño sea consciente de sí mismo y actúe conscientemente.

En aquella primera clase extraescolar, el deseo de caerles bien a los alumnos y de hacer que la clase les resultara divertida me hizo ser demasiado permisiva, y el comportamiento problemático de los niños se salió de madre. Con la distancia, veo que, con este grupo, habría sido más inteligente establecer límites claros en lo referente al comportamiento y ser, a la vez, compasiva con sus pensamientos, sentimientos y deficiencias de desarrollo que les hacían comportarse así. En el capítulo 5, están incluidas dentro de la sesión 1 los acuerdos de la clase y las normas de comportamiento que, a medida que he ido teniendo experiencia en la enseñanza del mindfulness, se han ido perfilando como necesarias.

En el siguiente curso que di, a alumnos del mismo colegio que estaban en una situación parecida, procurando no cometer el mismo error del pasado, me fui al otro extremo y establecí unas normas de comportamiento demasiado estrictas. Aunque quince de los veinticuatro alumnos de la clase estaban allí por decisión de sus padres, madres o profesores porque les costaba prestar atención, el grupo en conjunto no presentaba la misma incapacidad para controlar los impulsos que había sido tan evidente en el primer grupo. En ambas clases, les dije a los niños que era decisión suya si participaban en el curso o no. Les expliqué que deberían mostrar su deseo de participar comportándose de un modo que les facilitara el aprendizaje y se lo facilitara también a sus compañeros.

Un día, había una niña pequeña que había elegido seguir alterando la clase, y con serenidad le pedí, dos veces, que saliera. Ahora, veo que, en aquellas circunstancias, lo único que conseguí respondiendo así fue intensificar su emoción más recurrente: la rabia. Si volviera a encontrarme en aquella situación, aprovecharía la oportunidad para explorar con delicadeza los pensamientos y sentimientos que motivaban aquel comportamiento. Actualmente, después de haber tenido esa clase de conversaciones, puedo decir que el diálogo revisado sería algo así:

Yo: María, ¿sabes qué sentías justo antes de decidir estampar el libro y hacer ese comentario?

María: No.

Yo: ¿Tienes alguna idea, aunque sea vaga?

María: *(Silencio)*

Yo: *(A la clase)*. Basándoos en lo que habéis visto, y en lo que sabéis sobre vuestros propios sentimientos y comportamientos, ¿a alguien se le ocurre algo?

Clase:	*(Silencio)*
Yo:	Bueno. Yo, al menos, sé que, cuando me comporto así, normalmente estoy enfadada. Como seres humanos, todos nos enfadamos a veces. ¿Sabe alguien describir cómo reconocemos la rabia en nuestro cuerpo?
Alex:	Es una sensación tensa y caliente, parece que voy a explotar.
Yo:	Sí, esa suele ser la sensación que tengo yo también. ¿Y los demás? Levantad la mano si alguna vez habéis sentido la rabia de esta manera. *(Muchos, yo incluida, levantamos la mano).* ¿Alguna vez habéis sentido la rabia en el cuerpo de otras maneras?
Steven:	A veces es una sensación fría y dura.
Yo:	Sí, eso también lo he sentido. ¿Y los demás? De nuevo, levantad la mano los que hayáis sentido la rabia así. *(Muchos, incluida yo, levantamos la mano otra vez).* ¿Por qué podría ayudarnos ser capaces de reconocer cuándo estamos enfadados, o, mejor aún, cuándo estamos empezando a enfadarnos?
Tony:	Porque entonces podría pararme y no me metería en tantos líos.
Yo:	¿Hay alguien, además de Tony, que alguna vez «se haya metido en líos» porque estaba enfadado y actuó muy rápido? Levantad la mano si alguna vez os ha pasado. *(Sonrío y levanto la mano).* Cuando practicamos mindfulness, podemos darnos cuenta de los sentimientos. Podemos darnos cuenta de las sensaciones que nos producen en el cuerpo: caliente y tensa como si fuéramos a explotar, o fría y dura. Y luego, al menos a veces, podemos elegir qué hacer a continuación. Esta semana podríamos estar todos atentos a qué sensaciones nos produce la rabia en el cuerpo. Podríais hasta intentar daros cuenta de las primeras señales de rabia que aparezcan en vuestro cuerpo.

Incluso aunque al oírme decir todo esto María hubiera lanzado la mirada al techo con aire exasperado, probablemente ella y sus compañeros de clase sabrían ahora que a todos nos invade la rabia, y que sentir rabia forma parte de ser humanos. Y lo que es más importante, habrían tenido un vislumbre de cómo podría el mindfulness ayudarles a relacionarse con las emociones intensas. Como he dicho anteriormente, facilitar una conversación como esta nos exige ser honestos en lo referente a nuestra propia rabia.

Entendámonos, esto no significa que, si María hubiera seguido molestando, no le habría pedido nuevamente que saliera de la clase; pero si volviera a encontrarme en aquella situación, antes haría lo posible por ofrecerle esa invitación a explorar sus sentimientos.

Para poder considerarnos profesores de mindfulness, es imprescindible que apliquemos la práctica —*especialmente a la hora de enseñar y guiar a los alumnos*— y que investiguemos los momentos en que tenemos una actuación desacertada. Nuestro trabajo nos obliga a encontrar un camino intermedio entre no admitir nuestras equivocaciones y cuestionar continuamente nuestra forma de actuar, o analizar en exceso esos momentos. Si estamos dispuestos a ser sinceros y a admitirlos por lo que son, nos ayudarán a evolucionar, a cultivar una compasión rigurosa y un rigor compasivo hacia nosotros mismos, nuestros profesores (en este caso, los participantes de la clase) y todos los seres humanos.

No es tanto que enseñemos mindfulness como que el mindfulness nos enseña a nosotros. Si somos valientes y receptivos, el mindfulness nos enseña lo que es ser plenamente humanos. Y, que yo sepa, la práctica perfecciona la práctica; la práctica no nos conduce a la perfección. Haz que la práctica se integre en tu vida: a la hora de enseñar, en tus relaciones profesionales y personales, en tus relaciones diarias, cuando escribes un correo electrónico, cuando hablas por teléfono, y en la mayor cantidad de momentos posible.

*   *   *

Al igual que la sesión 1 del programa que presento seguidamente, los tres primeros capítulos de este libro han sido una introducción al Lugar tranquilo y a la práctica del mindfulness, y confío en que te hayan dado una perspectiva general del curso. Desde el capítulo 4 hasta el 11, se describen en detalle las ocho sesiones del programa. Cada una de ellas es una combinación de prácticas de mindfulness, indagación asistida, actividades interactivas y prácticas de movimiento. La mayoría de las sesiones incluyen además otro tipo de material: historietas, analogías, cuentos y poemas. Estos ocho capítulos van seguidos de una exploración personal asistida, indicaciones detalladas, y advertencias importantes sobre cuestiones a las que debemos estar atentos cuando nos preparamos para ofrecer el curso a niños y adolescentes. Y ahora, pasemos a la sesión 1, que les presenta a los participantes el Lugar tranquilo y la práctica del mindfulness, y les da una visión general de cómo estará organizado el tiempo que vais a pasar juntos.

4. SESIÓN 1:
TOMANDO UN BOCADO,
TOMANDO AIRE

Intenciones

Las intenciones de esta primera sesión son que los participantes se presenten uno a uno, y presentarles el Lugar tranquilo y el mindfulness. Para indicar que el momento de la sesión es un momento especial para el mindfulness, esta y todas empiezan con una sencilla práctica de escuchar. Irá seguida de una breve introducción al mindfulness, o atención plena, que se irá ampliando a lo largo de la sesión y del curso entero. Después de la práctica de escuchar, se crean o repasan los acuerdos y reglas de participación del grupo. Una vez establecidos, los participantes se presentan al grupo de uno en uno. El resto de la sesión está dedicada a facilitarles una *experiencia* y una definición práctica del Lugar tranquilo y del mindfulness, para lo cual experimentarán con Mindfulnes al comer, una práctica basada en la respiración y adaptada a cada grupo de edad. La sesión (esta y todas las demás) se cierra de igual manera que empezó: con una sencilla práctica de escuchar.

Esquema: prácticas, ejercicios y diálogos

- Práctica de mindfulness al escuchar*
- Introducción al mindfulness*
- Acuerdos y reglas del grupo*
- Presentación de los participantes*
- Práctica de mindfulness al comer*
- Diálogo sobre mindfulness al comer*

---

* Apropiado para los más pequeños.

- Práctica de Un lugar tranquilo (basada en la respiración) y diálogo posterior*
- Opción de lectura: *Todo el mundo necesita una piedra*, de Byrd Baylor (*)
- Explicación de las prácticas semanales*
- Práctica de mindfulness al escuchar como cierre de sesión*

Práctica de mindfulness al escuchar (todas las edades)

Invita a los participantes a dejar el cuerpo quieto. Luego, guíalos paso a paso en esta práctica sencilla, hablando despacio y dándoles tiempo a sentir. Los puntos suspensivos (…) en esta práctica y en los ejemplos, explicaciones y diálogos que presento a continuación indican una pausa larga para darles tiempo a vivir la experiencia.

> *Dentro de un momento haré sonar esta campana tubular, y oiréis el sonido. Mirad a ver si sois capaces de escucharlo con toda vuestra atención: con los oídos, la mente, el corazón y el cuerpo. Cuando el sonido se apague y ya no lo oigáis, levantad la mano en silencio, y, por favor, quedaos así, con los ojos cerrados y la mano levantada. ¿De acuerdo? Bien, cerrad los ojos…* (Haz sonar la campana tubular; luego, espera a que el sonido se haya apagado y todos los niños tengan la mano levantada.) *Ahora, antes de abrir los ojos, escuchad el silencio que hay por debajo del sonido… Y ahora, daos cuenta de cómo se siente el cuerpo, la mente y el corazón después de escuchar de esta manera… Cuando hayáis terminado, podéis abrir los ojos y continuaremos la sesión, haciendo lo posible por escucharnos unos a otros con toda nuestra atención, exactamente igual que hemos escuchado el sonido de la campana.*

Una vez que has anunciado la transición, puedes pasar al diálogo sobre la experiencia que ha tenido cada participante al escuchar: «¿Qué te ha parecido escuchar de esta manera?…». «¿Cómo se sienten el cuerpo, la mente y el corazón después de escuchar así?…». Dependiendo de la sensación que hayas sacado de la experiencia colectiva, puedes añadir preguntas como «¿Alguno habéis tenido dificultad para escuchar el sonido desde el principio hasta el final?», y «¿Qué os ha resultado difícil?». Como esta es la primera sesión, y a lo largo del curso tendrás tiempo más que suficiente para tratar las dificultades comunes que pueden plantear las distintas prácticas, no hace falta que profundices mucho en el tema en este momento. Basta con que hagas algún comentario breve: «Es verdad. Incluso cuando escuchamos durante un tiempo muy corto, nos distraemos con facilidad. Con la práctica, en el curso de las próximas ocho semanas el músculo de la atención se hará cada vez más fuerte. Vamos a escuchar juntos, una vez más».

Introducción al mindfulness (todas las edades)

A continuación, podrías dar la siguiente explicación:

La práctica de escuchar que acabamos de hacer era mindfulness. El mindfulness es prestar atención, aquí y ahora, con amabilidad y curiosidad, para que podamos elegir cómo comportarnos. Cuando habéis estado atentos solamente a escuchar, habéis estado escuchando con atención plena. Con la práctica, podéis aprender a poner esa atención delicada y plena en todo lo que hacéis en vuestra vida: escuchar, comer, hablar, cantar, leer, incluso discutir. Ahora, mientras seguimos hablando, vamos a ver si somos capaces de escucharnos unos a otros con la misma atención curiosa y enfocada que hemos usado para escuchar el sonido de la campana tubular.

Personalmente, prefiero que los participantes *experimenten* el mindfulness antes de darles una definición de lo que es; de ese modo, no les parecerá una definición puramente teórica, sino que estará conectada con su experiencia de *oír*, tanto el sonido como el silencio. A lo largo del curso, es probable que repitas con frecuencia variantes de esta definición de mindfulness, enfatizando en cada caso una frase relevante y mostrando un determinado aspecto de *cómo* practicar mindfulness, de cómo prestar atención, aquí y ahora, con amabilidad y curiosidad, para poder elegir cómo comportarnos. En este momento, basta con que hagas saber a nuestros jóvenes amigos que el escuchar atento que acaban de hacer era mindfulness al escuchar, y les des la definición.

Acuerdos y reglas de grupo (todas las edades)

Después de guiar la práctica de escuchar y de darles una definición operativa básica del mindfulness, suelo presentarme. Les digo mi nombre, y a menudo les cuento la edad que tienen mis hijos, sobre todo si los niños de la clase son aproximadamente de la misma edad. Les explico que enseño mindfulness a los jóvenes porque he descubierto que a mí me ayuda mucho en mi vida —especialmente cuando tengo sentimientos intensos o estoy en situaciones difíciles—, y me gustaría haberlo aprendido cuando era como ellos. A veces les cuento también alguna anécdota de cuando anteriormente he enseñado mindfulness en el mismo colegio, o a niños o adolescentes de su misma edad.

Luego, para dejar constancia de que todos los que formamos parte de la clase estamos de acuerdo en tratarnos mutuamente con amabilidad y respeto, repaso o establezco los acuerdos y reglas de grupo. Dependiendo de la edad de los niños, de su grado de participación y del tiempo de que dispongamos, es posible que invite al grupo a hacer sugerencias para que trabajemos bien juntos (que añado y reformulo ligeramente si es necesario), o que simplemente repasemos las reglas que indico más abajo. Si la clase tiene una pizarra, escribo en ella los acuerdos; si no, los leo y los comentamos verbalmente.

Confidencialidad: pregunta si hay algún alumno que pueda explicar lo que significa «confidencialidad». La definición más simple es que «lo que se dice en la clase se queda en la clase». De modo más concreto, significa no contar lo que los demás han dicho, ni en el patio del recreo ni en los pasillos ni en un mensaje de texto ni en Twitter ni en Facebook. Un niño dijo que confidencialidad era sentir confianza. Es una definición magnífica, porque cuando sabemos que «lo que se dice en la clase se queda en la clase», nos sentimos tranquilos y tenemos confianza para contar experiencias que, de lo contrario, quizá no contaríamos.

Derecho a abstenerse: un individuo puede elegir en cualquier momento no hablar por la razón que sea. Es muy importante, desde el principio del curso, hacer que todos los participantes se sientan seguros y aceptados tal como son, y en especial si alguien es tímido, o está enfadado o deprimido. En un curso, un niño pequeño que se llamaba Evan se sentó de espaldas al grupo y no participó en los diálogos en las tres primeras sesiones. (Sabrás más sobre Evan cuando lleguemos a la sesión 4.)

Comportamiento respetuoso: pide a los participantes que sugieran acuerdos y reglas que garanticen una conducta respetuosa que les ayude a sentirse tranquilos y les permita aprender, a ellos y a sus compañeros. Cuando hayáis terminado, los acuerdos de conducta deberían incluir lo siguiente:

Mindfulness al escuchar
  Escuchar con plena atención a quien esté hablando, con los oídos, la mente y el corazón, «justo igual que cuando hemos escuchado la campana». (En estos tiempos, si trabajamos con adolescentes y preadolescentes, es importante incluir un recordatorio amable de que apaguen y guarden los teléfonos móviles y otros dispositivos electrónicos.)

Mindfulness al hablar
  Contar nuestra experiencia, con frases en las que el sujeto sea «yo»; no interrumpir; conceder tiempo a los demás para que hablen; darnos cuenta de cuándo tenemos el impulso de lucirnos, escondernos, dar consejos, decirle a alguien lo que debe hacer, o de discutir, hacer el payaso o molestar; y luego, elegir cuándo y cómo hablamos.

Ser responsables con el cuerpo
  Permanecer en nuestra «burbuja espacial» (nuestro espacio), sin distraer, empujar, dar codazos ni irritar a nuestros compañeros. Aquí podrías añadir algo del estilo de:

«Parad un momento e imaginad una "burbuja espacial" a vuestro alrededor. A veces, cuando estamos sentados así juntos, uno al lado de otro, quizá nuestras burbujas espaciales nos parezcan muy pequeñas, casi pegadas al cuerpo. Otras veces, cuando hagamos una práctica de movimiento, tal vez os pida que hagáis la burbuja más grande, y tengáis cuidado de que no choque con la burbuja de los compañeros que tengáis más cerca».

Cuando trabajes con preadolescentes y adolescentes, puedes referirte más a percibir y respetar el espacio personal de cada participante.

Ser un buen compañero de equipo

Cumplir todos los acuerdos que acabamos de hacer, para crear un ambiente que nos ayude a todos a aprender juntos.

Para ayudar al grupo a cumplir estos acuerdos, a veces tenemos que hacer ajustes al instante. Con frecuencia, son los niños más alborotadores y «difíciles» los que posiblemente más se beneficien de descubrir Un lugar tranquilo. Suelen ser niños a los que, de modo explícito o implícito, se les ha dicho tantas veces que son «malos» o que «no se saben comportar» que hago lo posible por dejarles ser como son. Sin embargo, como ya he contado, en mi primera clase extraescolar me excedí un poco en esa aceptación. La directora del colegio había dicho con una sonrisa que me había enviado a todos los alumnos que tenían déficit de atención con hiperactividad, y dificultades para controlar los impulsos. En su día, no entendí *realmente* las implicaciones de esto y, de entrada, fui demasiado permisiva. Me hicieron falta varias sesiones más para conseguir establecer unos límites que favorecieran la participación de todos, y para ayudar al grupo a aceptarlos. Los límites que decidí finalmente están contenidos en los acuerdos que acabas de leer.

En la actualidad, lo único que considero tácitamente importante es que nada interfiera con la sesión. Los participantes pueden tararear, hablar para sí en voz baja, hacer garabatos, balancearse, menearse o juguetear con lo que tengan a mano mientras eso no interfiera con la clase, o bien porque distrae a sus compañeros, o bien porque el objetivo es atraer mi atención. Suelo decirles a mis alumnos algo de este tipo:

No estáis obligados a participar, y, si decidís no participar, podéis quedaros sentados tranquilamente (o ir al despacho de la directora). Si queréis estar aquí, debéis demostrarlo con vuestro comportamiento. Si os comportáis de un modo que molesta a los demás, os recordaré los acuerdos que hemos hecho para el grupo, y luego os pediré que os apartéis de vuestros amigos y os sentéis a mi lado. Si seguís comportándoos de un modo que a los demás no les deje escuchar y experimentar silencio y quietud, os pediré que os sentéis fuera de la clase (o que vayáis al despacho de la directora).

En su mayor parte, los alumnos quieren participar. Aprecian el silencio y quietud y la oportunidad de que se les tenga en cuenta y se les escuche. Valoran la atención amable que reciben de ti (el facilitador), de sus compañeros de clase y de sí mismos. Ten en cuenta que, si le pides a un niño que salga de la clase, debe haber un lugar seguro y supervisado al que pueda ir.

Presentaciones (todas las edades)

Después de repasar los acuerdos y las reglas, invita a los participantes a presentarse, diciendo su nombre, algo que les resulte difícil o estresante y algo que les guste de sí mismos. Quizá te sorprendas de lo que voluntariamente tienen la valentía de decir. En una clase, un niño dijo: «Mis padres me han obligado a venir, *y* quiero hacer algo para dejar de sentir rabia». Después, otros dos niños, una madre y un padre se atrevieron a decir que ellos también estaban allí para resolver sus ataques de rabia.

En el caso de algunos participantes, es importante que expreses en voz alta que tal vez su madre, su padre o su cuidadora, profesora, asesora, terapeuta u otros profesionales hayan insistido mucho para que vengan o incluso los hayan obligado a venir. Si es así, esos participantes tendrán más pensamientos y sentimientos, y más intensos, sobre la participación en el curso. Hazles saber que lo entiendes de verdad, y que *todos* sus pensamientos y sentimientos son bien acogidos. *A continuación*, puedes volver a la definición de mindfulness, y comentar que gran parte del curso consiste en prestar atención a los pensamientos y sentimientos intensos, en reconocerlos y aceptarlos, y luego elegir cómo comportarse, y que acoger así los pensamientos y los sentimientos puede ser una ayuda particularmente valiosa en situaciones difíciles, o situaciones que no nos gustan.

Con verdadera compasión hacia los preadolescentes y adolescentes a los que se les ha exigido asistir, *considera con calma* si ofrecerles la siguiente posibilidad:

«Tal vez si hubierais aprendido a hacer lo que acabo de explicar, no os habríais comportado del modo que ha hecho que se os obligue a asistir a esta clase. Como seres humanos que somos, todos tenemos sentimientos intensos. Cuando no sabemos qué hacer con ellos, solemos acabar comportándonos de formas que luego lamentamos. Otros jóvenes como tú que han hecho este curso han descubierto, después de haber aprendido mindfulness —es decir, de haber aprendido a prestar atención a sus pensamientos y sentimientos intensos con amabilidad y curiosidad, para elegir luego cómo comportarse, y comunicarse con claridad y respeto—, que en general sus relaciones mejoran, que no actúan de un modo que les hace meterse en líos, y que se sienten mejor consigo mismos».

Como ya he dicho, se necesitan mucho tacto, confianza y compasión para hacer una invitación como esta. A menudo son reflexiones que surgen espontáneamente;

y, por supuesto, este tipo de conversación podrá darse con más facilidad una vez avanzado el curso. El propósito de comentar esto durante las presentaciones sería darles a nuestros jóvenes amigos la oportunidad de pensar en cómo podría ayudarles el mindfulness en la vida cotidiana. Normalmente, incluso aquellos que de entrada oponen resistencia, acaban encontrándole valor al curso. De todos modos, si después de unas cuantas sesiones resulta evidente que un individuo de verdad no quiere participar, yo posiblemente hablaría con la persona que le ha requerido que asista. (En el capítulo 14, en la sección «Enseñar a niños, padres y madres al mismo tiempo», encontrarás un diálogo relacionado con esto.)

Una vez que todos los participantes se han presentado, preséntate tú de nuevo, esta vez aplicando el mismo formato de presentación que les has indicado a ellos: di tu nombre (como los participantes, sin apellidos), algo que te resulte estresante y algo que te guste de ti. Incluirte así demuestra tu compromiso a practicar mindfulness y a ser un verdadero participante del grupo.

Mindfulness al comer (todas las edades)

A la mayoría de los niños y adolescentes les encanta esta práctica, y, si da tiempo y el lugar lo permite, empiezo cada sesión con unos cuantos bocados plenamente atentos. Comer es esencial si impartes clases que empiezan al terminar la jornada escolar, una hora en la que nuestros jóvenes amigos suelen estar hambrientos. Normalmente llevo mandarinas, manzanas o barritas de higo y frutos secos. Evita los refrigerios de alto contenido en azúcar, y asegúrate de consultar a los alumnos, la profesora y los padres o madres sobre posibles alergias alimentarias entre los alumnos. A continuación, presento un ejemplo de mindfulness al comer manzanas. Las instrucciones son para niños de entre cinco y ocho años, y he incluido un par de pequeñas adaptaciones del vocabulario para participantes de más edad. Recuerda por favor que, para dirigir esta práctica —y todas las demás prácticas del libro—, tendrás que basarte en tu propia práctica global de mindfulness.

Me gustaría que dedicarais unos instantes a daros cuenta de cómo os sentís en este momento: curiosos, cansados, nerviosos (inquietos)…

Oigo muchos pensamientos, como: «¡Bien!, me encantan las manzanas», «¡Puaj, manzanas! ¡Qué asco!». Daos cuenta de lo que sentís mientras se van pasando las manzanas… Vamos a quedarnos quietos un momento y a darnos cuenta de qué sensaciones nos produce tener la manzana en la mano… ¿Es pesada o ligera?… ¿Está caliente o fría?… ¿Es suave o áspera?…

¿Qué veis? ¿Una manzana? Bien, y si quitáis la idea de «manzana», ¿qué veis?… ¿Es de un solo color? ¿Qué notáis sobre la forma y la textura?…

Para estimular el darse cuenta de la interconexión de las cosas, podrías hacer las siguientes preguntas. Es de esperar que los participantes den la mayoría de las respuestas.

¿Para qué servía el rabillo de la manzana?… Así es; la conectaba al árbol. ¿Vosotros tenéis algo parecido a ese pequeño hoyo y ese rabillo, que también se llama tallo?… ¡Eso es!, el ombligo, el cordón umbilical es vuestro tallo. ¿Y con qué os conectaba?… ¿Cómo es que la manzana ha pasado, de estar conectada al árbol por ese tallo, a estar en vuestras manos?… Sí. Se cayó del árbol, o alguien la arrancó. ¿Y luego qué?… Alguien la puso en un camión y después en una caja, o en una caja y después en un camión. Alguien condujo el camión y la llevó hasta la tienda. Alguien la descargó, le puso una etiqueta y la colocó en una balda. Alguien —yo— la eligió, la pagó, se la llevó a casa, la lavó, la puso en una bolsa y la ha traído a clase. La persona que está sentada a tu lado te la ha pasado, y ahora está en tu mano, esperando a que la comas (sonrisa).

Mientras comemos estos alimentos, vamos a utilizarlos para practicar mindfulness. Vamos a dirigir nuestra atención amable y curiosa al olor. ¿A qué huele este alimento?… ¿Qué notáis que os pasa en la boca y en la mente cuando lo oléis?… Ahora cerrad los ojos y dirigid la atención a vuestro interior, solo a vosotros mismos y vuestro alimento…

Vamos a hacer el resto del ejercicio en silencio, y daré las instrucciones muy despacio, como en Simón dice. (Puedes omitir la referencia a Simón dice cuando trabajes con participantes de más edad). *Haced lo posible por no adelantaros a las instrucciones que doy. Llevaos el objeto a la boca y dad un solo bocado, y dejadlo estar dentro de la boca.*

Es importante que *hagas* las prácticas con los alumnos mientras les das las indicaciones; de lo contrario, estarás hablando en teoría en vez de compartir con ellos la experiencia aquí y ahora, y la teoría no necesariamente representa la experiencia actual y concreta de tener en la boca, por ejemplo, una naranja tan agria que nos hace fruncir la cara. Una tarde, estando sentada, con catorce alumnos de cuarto de primaria, en la biblioteca del colegio sobre una alfombra que representaba un mapamundi, nos llevamos a la boca unos gajos de naranja terriblemente ácidos y estropajosos. Si no hubiera estado haciendo las prácticas con los alumnos, no habría tenido ni idea de lo verdaderamente mal que sabían aquellas naranjas. No hace falta decir que la experiencia abrió la puerta a una breve conversación sobre cómo sobrellevar las experiencias desagradables, un tema del que luego hablaríamos más extensamente en otras sesiones posteriores. Y no tengas reparo en hablar con la boca llena. A los niños les divierte, y les hace entender que estamos todos juntos en esto.

Dejad el bocado de manzana en la boca, prestando atención a lo que está pasando en la boca… Sin prisa… Ahora masticad una sola vez, y notad el sabor… Continuad, masticad una vez más, notando cómo cambia el sabor, cómo trabajan los dientes y la lengua…

Haced lo posible por poner toda la atención dentro de la boca, con la manzana y masticando y saboreando...

Mirad a ver si notáis las ganas de tragar antes de tragaros el bocado, y luego sentid desde el principio cómo lo tragáis, cómo os baja la comida por la garganta... Despacio... Tened curiosidad por la experiencia... Antes de abrir los ojos, notad cómo se sienten el cuerpo, la mente y el corazón en este momento.

Comer un solo bocado atentamente puede durar de uno a dos minutos. Este ejercicio es una manera muy concreta de que los alumnos practiquen el prestar atención al momento presente.

Conversación sobre mindfulness al comer (todas las edades)

Cuando vayas a conversar sobre cualquier práctica con el individuo o el grupo con los que trabajas, deja que sean su grado de participación y sus comentarios los que te indiquen el nivel de profundidad que debe tener la conversación. Con niños muy pequeños, lo mejor es reducir la conversación a una o dos preguntas o comentarios simples. A pesar de la brevedad, el diálogo resultará efectivo, pues sentará las bases para que su comprensión de las cosas vaya evolucionando.

Cuéntales a los alumnos que, lo mismo que la práctica de escuchar, la práctica de comer que acabáis de hacer juntos *es* mindfulness: prestar atención, aquí y ahora, con amabilidad y curiosidad. Antes de que los niños empiecen a hablar, recuérdales que, durante la conversación, todos van a seguir practicando mindfulness, hablando y escuchando. Luego, invítalos a que cuenten su experiencia del ejercicio anterior. Pregúntales: «¿Qué os ha parecido comer así? ¿Qué habéis notado?».

Puedes usar los comentarios de los participantes para hacer hincapié en el ritmo de vida acelerado de nuestra cultura, en que a menudo nos pasamos el día corriendo: de casa al colegio, del colegio al entrenamiento de fútbol o a la clase de piano, y luego de vuelta a casa. Puedes plantear la posibilidad de bajar el ritmo, para saborear no solo la comida, sino la vida también. Después de un poco de conversación, invítales a dar muy atentamente otro mordisco, esta vez haciéndoles alguna indicación menos, más en silencio.

Asegúrate de que hagan algún comentario aquellos a los que les ha supuesto alguna dificultad, o que han aborrecido, el refrigerio, o el propio ejercicio, y de reconocer que algunas experiencias de la vida son desagradables. En futuras sesiones se explorarán más detalladamente los pensamientos y sentimientos asociados con experiencias desagradables. Por ahora, basta con reconocer lo desagradable como un hecho, y con sugerir que tal vez haya otras maneras de afrontar los hechos desagradables de nuestra vida. Unas pocas preguntas y comentarios sencillos pueden sentar las bases para futuras conversaciones sobre el tema. Por ejemplo, podrías decir algo como:

Sí. A veces las cosas no son como queremos que sean, o no conseguimos lo que queremos. ¿Qué hacéis cuando las cosas no son como os gustaría que fueran? Más adelante en el curso, experimentaremos con distintas maneras de hacer frente a las cosas que nos resultan difíciles o desagradables, o que nos entristecen; pequeñas cosas, como comer una manzana si no os gustan las manzanas; y también cosas más grandes, como perder la mochila, e incluso más grandes todavía, como que vuestros padres se divorcien.

Práctica basada en la respiración y diálogo posterior: Joya o Descanso (todas las edades)

Una vez que cada niño ha hecho su comentario, o se ha abstenido, el siguiente ejercicio es la práctica Un lugar tranquilo, práctica basada en la respiración. Con niños pequeños, de cuatro a diez años, yo empiezo por una práctica a la que llamo Joya, usando una piedra. Es importante ayudarlos a mantener viva la atención, de modo que infórmales de que el grupo va a pasar ahora, de la práctica del mindfulness al conversar, a otra práctica guiada.

En los dos apartados siguientes hago una descripción general de las dos prácticas. Además, puedes descargar un modelo de Un lugar tranquilo, práctica basada en la respiración, adecuada para todas las edades, en: http://smarturl.it/respiracion. (Encontrarás más información al final del libro.)

Joya (cuatro a diez años)

Para esta práctica, vas a necesitar una cesta o un bol llenos de pequeñas piedras de río o cuentas de vidrio de colores. Deberían ser lo bastante grandes como para que no quepa la posibilidad de que algún hermano pequeño se las trague, y lo bastante pequeñas como para que los niños las puedan sostener cómodamente en la palma de la mano. Puedes recoger piedras cuando salgas a pasear, o se pueden comprar piedras o cuentas de vidrio a granel en muchas tiendas de artesanía. Piensa en dedicarle a esta práctica de tres a cinco minutos una vez que los niños hayan elegido sus piedras.

Deja que escojan una piedra o cuenta de cristal cada uno. Mientras esperan a que les llegue el turno, anímalos a darse cuenta de sus pensamientos y sentimientos. Por ejemplo, puedes preguntarles: «¿Estáis esperando a escoger vuestra piedra? ¿Qué sensación os produce en el cuerpo esperar?… ¿Qué pensamientos tenéis mientras esperáis?». Una vez que hayan elegido una piedra cada uno, guíalos en la exploración de los detalles de la piedra que tienen en la mano: «Ahora, en silencio, dirigid unos momentos de atención amable y curiosa a vuestra piedra. ¿De qué color, o de qué colores, es?… ¿Es suave o áspera, o suave y áspera a la vez?… ¿Es pesada o ligera, o tiene un peso intermedio?… ¿Está caliente o fría?».

Cuando cada niño tenga su piedra, si el lugar lo permite pídeles que se tumben y se coloquen la piedra en el ombligo, encima o debajo de la ropa. Si la sala no es lo bastante grande, se pueden sentar en una silla y sostener la piedra contra la barriga. De vez en cuando, es necesario hacer algún reajuste sencillo o alguna indicación concreta, como «Dejad que los ojos *y* la boca se cierren», «Separad los cuerpos» o «Alex, por favor, muévete hacia aquí».

Aunque quizá lo más apropiado sea que te tumbes en el suelo y hagas el ejercicio con ellos para que la práctica esté completamente conectada con el momento; quizá por las circunstancias y la dinámica particulares de algunos grupos sea preferible que guíes la práctica con los ojos abiertos, atento no solo a tu respiración, sino también a la actividad de la sala. Algunos profesores de mindfulness que conozco (especialmente aquellos que trabajan con gente que *se sabe* que ha sufrido un fuerte trauma) mantienen *siempre* los ojos abiertos, y dicen, por ejemplo: «Para que os sintáis tranquilos y a salvo estando aquí, prometo tener los ojos abiertos. Si queréis, vosotros podéis cerrarlos. Si no, fijadlos en un punto de la mesa, o del suelo, delante de vosotros». Un método intermedio que funciona bien en muchos lugares es guiar la práctica con los ojos cerrados la mayor parte del tiempo, y abrirlos con frecuencia unos instantes para explorar la sala y dirigir una sonrisa a aquellos participantes que han elegido dejar los ojos abiertos.

Una vez que todos estén tranquilamente en posición, invítalos a sentir o percibir la respiración notando cómo la piedra sube con la inspiración y baja con la exhalación. Si los alumnos están sentados, invítalos a sentir cómo la piedra se mueve hacia fuera al expandirse la barriga con la inspiración, y cómo vuelve a su sitio al soltar el aire en la exhalación. Después de eso, anímalos a percibir el ritmo natural de la respiración: la inspiración entera desde el principio, justo cuando la piedra se empieza a mover, y todo su recorrido hasta el final de la inspiración, cuando la piedra se queda quieta, solo por un momento. Y anímalos a percibir la exhalación entera desde el principio, justo cuando la piedra se empieza a mover, y todo el recorrido hasta el final de la exhalación, cuando la piedra vuelve a quedarse quieta. Invítalos también a percibir el breve espacio de quietud entre la inspiración y la exhalación, y el otro breve espacio de quietud entre la exhalación y la inspiración. Invítalos a *descansar* la atención en los espacios naturales de silencio y quietud presentes entre las respiraciones.

La longitud recomendada para cualquier práctica es como *máximo* de un minuto por año de edad. Inicialmente, pueden ser incluso más cortas. Aunque no es necesario que los niños estén completamente quietos, hay que darles tiempo de asentarse, y querrás que, al terminar la práctica, *la mayoría* se sientan más en silencio y en calma que cuando empezaron. Si varios individuos —o todos— están intranquilos durante la práctica y no dejan de moverse, con amabilidad puedes decir, por ejemplo: «Notad si el cuerpo se mueve. No importa que se mueva; solo daos cuenta».

Al finalizar la práctica, anímalos a darse cuenta de cómo se sienten el cuerpo, la mente y el corazón después de haber prestado atención a la respiración y al movimiento de la piedra durante unos minutos. Luego, cuando estén listos, pueden mover con suavidad los dedos de las manos y de los pies, abrir los ojos, e incorporarse con cuidado de no chocar contra sus compañeros.

Descanso (once a dieciocho años)

Esta es una práctica introductoria para adolescentes paralela a la anterior. Piensa en dedicarle de cuatro a seis minutos. También en este caso, dependiendo de las condiciones de la sala, los alumnos pueden hacer la práctica sentados o tumbados.

Descansad de todo. Durante los próximos cinco minutos, descansad de todo: los deberes, vuestro padre, vuestra madre, los chismorreos de los pasillos, vuestro parloteo interior, lo próximo que vais a hacer… Dejadlo estar todo exactamente como está… Y descansad.

Dejad descansar al cuerpo. Si os sentís lo bastante confiados y a gusto, dejad que se os cierren los ojos; si no, enfocad la mirada en un punto neutro delante de vosotros. Sentid el cuerpo sostenido por la silla, el sofá o el suelo. Dejad descansar a los músculos del cuerpo y de la cara. Si queréis, dejad salir lentamente un largo suspiro…

Y dejad que la atención descanse en la respiración… en el ritmo de la respiración en el abdomen. Sentid cómo el abdomen se expande con cada inspiración y se afloja con cada exhalación. Enfocando ahora la atención en el ritmo de la respiración, y dejando que todo lo demás se desvanezca en segundo plano… Respirando, descansando… Ningún sitio adonde ir, nada que hacer, nadie que ser, nada que demostrar.

Sintiendo el ritmo natural de la respiración, desde el primer contacto con el aire que entra, y siguiéndolo durante todo su recorrido hasta el sitio donde la respiración se detiene; y la exhalación, desde el primer susurro y durante todo su recorrido hasta el momento en que la respiración se detiene. Ahora, sin cambiar el ritmo, mirad a ver si podéis dejar descansar la atención en el breve espacio de silencio y quietud presente entre la inspiración y la exhalación… Y descansad de nuevo en el pequeño espacio de silencio y tranquilidad entre la exhalación y la inspiración…

Respirando, descansando, siendo… es más que suficiente… Simplemente estando, con la respiración y la quietud…

Sintiendo la tranquilidad y el silencio que está siempre dentro de vosotros.

Y cuando la atención se distraiga, y se distraerá, devolvedla con delicadeza a la experiencia de respirar, sintiendo el ritmo de la respiración en el abdomen…

Eligiendo descansar. Eligiendo enfocar la atención en la respiración. Dejando que todo sea exactamente como es… Dejándote ser exactamente como eres… Nada que cambiar, o arreglar, o mejorar…

Respirando y descansando. Respirando y descansando.

Cuando termine la sesión, tal vez queráis recordar que, en nuestro mundo acelerado, dirigido por los medios de comunicación, descansar es un acto radical//revolucionario. Con la práctica, podéis aprender a respirar y descansar en cualquier momento, en cualquier lugar: cuando os estáis poniendo los zapatos... Cuando no entendéis las explicaciones en clase... Cuando salís con vuestros amigos... Incluso cuando estáis discutiendo con alguien... Esta forma de descansar y respirar os ayuda sobre todo cuando estáis nerviosos, deprimidos, aburridos o enfadados... Así que daos permiso y descansad.

Diálogo sobre el mindfulness en la respiración (todas las edades)

Como transición al diálogo sobre la práctica basada en la respiración, explícales a los participantes que el seguir atentamente la respiración y prestar atención a los espacios presentes entre respiraciones suele ser la manera más fácil de encontrar el Lugar tranquilo. Cuando guíes la práctica y durante el diálogo posterior, es necesario que insistas en la importancia de respirar en todo momento al ritmo natural. Sobre todo, es importante que si algún niño tiene problemas respiratorios no intente alargar la pausa entre respiraciones ni aguantar la respiración. Durante el diálogo, insiste en que el silencio y la tranquilidad están siempre dentro de nosotros: cuando inspiramos; cuando la respiración se queda quieta; cuando exhalamos; cuando la respiración se queda quieta; cuando nos sentimos contentos o tristes, furiosos o entusiasmados, asustados o seguros, cuando bailamos, leemos o hacemos algo con esfuerzo y dificultad.

A continuación, deja que aquellos que lo deseen cuenten cómo ha sido su experiencia de la práctica. Mientras lo hacen, estate atento a tus respuestas. Puede resultar seductor oír decir a los participantes que se han sentido relajados o en calma, y es importante que hagas lo posible por oír *todos* los relatos de las experiencias sin juzgarlos ni sentir preferencia por ninguno. Ten cuidado con la tendencia que tenemos los instructores a decir «bien», «estupendo» cuando los participantes comentan que se han sentido en calma. Esta clase de comentarios puede dar lugar a malentendidos sobre lo que es el mindfulness. Es importante no crear, ni consentir, la falsa idea de que el mindfulness tiene la finalidad de procurar calma y relajación. Debes dejar claro que, por el contrario, consiste en darnos cuenta de lo que quiera que sintamos en cada momento.

Acuérdate de preguntar a los alumnos por cualquier dificultad que hayan tenido durante la práctica: la mente divagando, el cuerpo meneándose. Si alguien ha advertido ansiedad o aburrimiento, eso *es* mindfulness. En sesiones posteriores, puedes hablar de cómo *estar con* el aburrimiento (advertirlo sin quedarnos atrapados en él), o con la ansiedad y otros estados inquietantes. Si alguien comenta que el compañero de al lado le distraía, es una buena ocasión para recordar al grupo los acuerdos de la clase, y para animar al mismo tiempo al alumno a darse cuenta de cuándo la atención divaga del objeto indicado, en este caso, la respiración, y a que vuelva a dirigirla hacia ella.

Revisión de la práctica semanal (todas las edades)

Después de la práctica basada en la respiración, reparte las hojas en las que se indica la práctica para la semana siguiente. Encontrarás una muestra al final de este capítulo. Cuando presento la práctica semanal, no empleo la palabra «deberes» por todas sus asociaciones y connotaciones. Lee la práctica en voz alta; repasa los temas y prácticas del día, y haz las aclaraciones necesarias. Plantéate incluir dibujos o historietas apropiados para cada edad que ilustren el tema de la semana. Otra posibilidad es hacer un cuaderno de trabajo para el curso entero, que incluya las hojas de las prácticas semanales, una copia de los ejercicios de clase, ilustraciones y poemas.

La práctica semanal correspondiente a la sesión 1 incluye el mindfulness al cepillarse los dientes, que puede describirse y representarse brevemente como sigue:

Cuando empieces a cepillarte los dientes, pon toda tu atención, amable y curiosa, en cepillarte los dientes. Siéntete levantando el tubo de pasta de dientes, desenroscando el tapón, acercando el cepillo, apretando el tubo para que salga la pasta y volviéndolo a dejar en su sitio. Siente el movimiento de la mano, el brazo, la lengua y las mejillas mientras cepillas. Nota el sabor de la pasta de dientes, y cómo escupes o tragas. (Este comentario normalmente provoca algunas risas, y miradas de asco.) *Cuando te des cuenta de que la mente se ha ido al futuro o al pasado, con delicadeza vuelve a ponerla en el cepillar y degustar. Escucha el agua mientras enjuagas el cepillo. Siente los movimientos que haces al poner el cepillo en su sitio. Durante los dos o tres minutos que tardas en cepillarte los dientes, mira a ver si eres capaz de prestar completa atención a cepillarte los dientes, y no a otras cosas: los deberes, alguna dificultad que hayas tenido durante el día, un acontecimiento importante para el que ya falta poco (mandarle un mensaje de texto a un amigo)...*

En la primera sesión, entrega también el diario de prácticas semanales; encontrarás una muestra al final del capítulo. Esta especie de cuaderno de bitácora es una forma fácil y funcional de que quede constancia de las prácticas guiadas por las grabaciones de audio y de las demás prácticas que los participantes van integrando en su vida. Aunque este tipo de diario no es tan esencial en un contexto terapéutico, escolar o extraescolar como lo es cuando el curso forma parte de un estudio experimental, aun así puede ser revelador. Tal vez quieras darles a los alumnos la posibilidad de mantener el anonimato, para que su identidad no influya en sus respuestas. En ese caso, basta con sustituir el espacio donde debería constar el nombre del alumno por un número de identidad, o también puedes decirles a los alumnos que, si lo prefieren, dejen ese espacio en blanco.

Si da tiempo, puedes incluir una breve práctica guiada basada en la respiración.

Práctica de mindfulness al escuchar como cierre de sesión (todas las edades)

Adoptando la idea de mi amiga y colega Susan Kaiser Greenland, fundadora del programa de mindfulness para niños Inner Kids (El niño interior), me gusta invitar a uno o dos alumnos que hayan participado de lleno en la sesión, que hayan demostrado particular sinceridad y valentía, o atención, o curiosidad, a que hagan sonar ellos la campana tubular para la práctica de escuchar con que concluye la clase. Esta invitación es un incentivo más para una participación constructiva. Como al comienzo de la sesión, invita a todo el mundo a cerrar los ojos y a escuchar el sonido, y a levantar la mano cuando el sonido se apague y lo dejen de oír. (Para el final de curso, les habré dado a todos los participantes la oportunidad de hacer sonar la campana en la apertura o en el cierre. A aquellos alumnos que tienden a ser más alborotadores, acaba motivándoles poder conseguir este privilegio.)

Como he comentado en el capítulo 3, te recomiendo que establezcas contacto con los participantes por correo electrónico, mensaje de texto o por teléfono a mitad de la primera semana. Puede ser algo tan simple como «Hola. Solo quería saludarte y saber cómo te va con las prácticas. ¿Tienes alguna pregunta?». Muy a menudo, nuestros jóvenes amigos no se acuerdan de ellas, y este contacto amable les sirve de recordatorio. De tarde en tarde, algún participante comenta que tiene algún tipo de dificultad, quizá no encuentre tiempo para hacer las prácticas, o no sepa cómo hacerlas. Hablaremos de cómo responder en estos casos en la «Revisión de la práctica semanal» de la sesión 2.

Práctica semanal—Sesión 1

El mindfulness es sencillo.

Significa prestar atención aquí y ahora, con amabilidad y curiosidad, y elegir luego cómo comportarte.

Escucha Un lugar tranquilo, práctica basada en la respiración http://smarturl.it/respiracion (encontrarás más información al final del libro), al menos una vez al día.

Practica mindfulness en tu vida diaria.

- *Mindfulness al cepillarse los dientes*

Con amabilidad y curiosidad, y sin sentimientos de culpa, rellena el diario de prácticas semanal. Puedes poner simplemente una cruz en cada casilla, o escribir el nombre de la práctica y la actividad del audio.

Si tienes un momento revelador (un momento en que te das cuenta de algo de lo que quizá no te habías dado cuenta antes), o si tienes alguna pregunta, o alguna dificultad de la que te gustaría hablar, por favor, llámame por teléfono o envíame un correo electrónico. Y, por favor, avísame también si no vas a poder asistir a la próxima clase.

Diario de prácticas

Semana 1   Nombre _____

	Práctica guiada con audio	Mindfulness en la vida diaria
Lunes		
Martes		
Miércoles		
Jueves		

Viernes		
Sábado		
Domingo		

Utiliza por favor el espacio que hay bajo estas líneas para contar cualquier cosa que quieras compartir sobre tu experiencia de estar descansando en Un lugar tranquilo y practicando mindfulness: algo de lo que te hayas dado cuenta, o alguna dificultad o pregunta que no quieras expresar en el grupo.

_____
_____
_____
_____
_____
_____
_____
_____
_____
_____
_____
_____
_____
_____
_____
_____

5. SESIÓN 2: EMPEZANDO DE NUEVO

Intenciones

La intención principal de esta sesión es ayudar a los participantes a establecer una práctica diaria. Para comenzar, iniciarás un diálogo amable y curioso con el individuo o el grupo para hablar de sus experiencias y dificultades al hacer la práctica guiada con audio y la de cepillarse los dientes. Luego, puedes preguntarles a los que la hayan hecho si tienen alguna sugerencia, y dales tú mismo algunas ideas sobre cómo sacar tiempo para hacer las prácticas. La segunda mitad de la sesión consiste en una exploración asistida de momentos agradables. La intención del ejercicio es ayudar a los participantes a prestar atención a los detalles de sus experiencias, y a que vayan desarrollando progresivamente la capacidad de observar sus pensamientos, sentimientos y sensaciones físicas.

Esquema: prácticas, ejercicios y diálogos

- Práctica de mindfulness al escuchar*
- Práctica de mindfulness al comer*
- Revisión de la práctica semanal*
- Práctica de mindfulness en movimiento: las algas*
- Práctica de mindfulness basada en la respiración: Joya* o Descanso
- Ejercicio y diálogo sobre momentos agradables*
- Sugerencia de lectura en voz alta: *Ferdinando el toro*, de Munro Leaf*
- Explicación de las prácticas semanales*
- Práctica de mindfulness al escuchar como cierre de sesión*

Práctica de mindfulness al escuchar y de mindfulness al comer (todas las edades)

Después de saludar a los participantes, invítalos a «empezar de nuevo» —a volver a dirigir la atención al aquí y ahora escuchando el sonido de la campana tubular y seguidamente el silencio—. De aquí, puedes pasar a la práctica de mindfulness al comer. Ayuda a los participantes a tranquilizarse un poco y a prestar atención plena a los colores, texturas, olores, sonidos y sabores de cada bocado, y a los pensamientos y sentimientos que lo acompañan.

Revisión de la práctica semanal (seis a dieciocho años)

Después de la práctica de mindfulness al comer, pasa al diálogo sobre la práctica semanal. Como en el caso de cualquier actividad rutinaria, ya sean los deberes escolares, o cualquier aspecto de su higiene personal, la mayoría de los niños menores de seis años necesitarán la ayuda de su madre o de su padre para establecer una práctica diaria. Por esta razón, un diálogo como el que sigue a estas líneas estaría indicado para niños mayores de seis años. (Si trabajas con niños más pequeños, podrías invitarlos simplemente a que levantaran la mano aquellos que hayan hecho la práctica semanal, y luego pasar directamente a la práctica de las algas.)

Recuérdales a los alumnos que estáis practicando prestar atención a vuestras vidas con amabilidad y curiosidad, y que ahora deben prestar esa misma atención, con las mismas cualidades, a hablar sobre la práctica semanal. Empieza con una conversación sobre la práctica guiada con audio:

> *Ahora vamos a hablar sobre la práctica semanal. Antes de seguir adelante, daos cuenta de cualquier pensamiento o sentimiento que hayáis tenido cuando he dicho «práctica semanal». ¿Habéis pensado quizá, «¿Qué práctica?»? [Sonríe, al decir esto.] ¿Habéis sentido miedo, satisfacción, vergüenza? (¿Habéis pensado, «A mí qué me importa la práctica semanal»? ¿Os habéis juzgado, o habéis empezado a compararos con otros compañeros?)*
>
> *¿Alguno de vosotros ha hecho la práctica escuchando la grabación? ¿Alguno os olvidasteis por completo de que hubiera una grabación? Tranquilos. Tanto si practicasteis como si os olvidasteis de practicar, vamos a hablar ahora con amabilidad y curiosidad de nuestras experiencias.*

Durante la conversación, asegúrate de que los participantes que no hayan hecho la práctica sientan que tienen la libertad de decirlo tranquilamente. Luego, analiza con ellos sin ningún juicio las razones por las que no lo han hecho:

- *¿Qué te lo impidió?*
- *¿Qué hiciste en lugar de la práctica?*
- *¿Te retarías a ti mismo a regalarte cinco minutos de atención amable al día?*
- *¿A qué hora del día crees que te sería más fácil practicar?*
- *Aquellos que habéis hecho la práctica, ¿qué podéis contarnos? ¿Cuál ha sido la mejor hora para vosotros? ¿Qué notasteis después de hacer la práctica?*

Habla con ellos de los inconvenientes más comunes que suelen encontrar los alumnos a la hora de fijar un horario para hacer la práctica guiada con audio, y hazles alguna sugerencia de cómo solucionarlo. Normalmente, al menos algunos de los participantes dirán que han hecho la práctica y que les resultó beneficiosa. Si nadie dice nada, puedes simplemente comentar que, a muchos niños, el momento en que más fácil les resulta practicar es después del colegio, antes de hacer los deberes, entre los deberes de una asignatura y los de otra, o antes de acostarse. Los niños que practican antes de hacer los deberes, o en medio de los deberes de distintas asignaturas, comentan que les ayuda realmente a centrar la atención y a terminar las tareas con más facilidad, y aquellos que tienen problemas para dormir dicen a menudo que duermen mejor si practican antes de irse a la cama.

A los que se les olvidó que tenían una práctica semanal, explícales con claridad que cada momento es un momento nuevo, y que pueden empezar la práctica otra vez, ahora. Conviene recordarles a los participantes que, poco a poco, están desarrollando fuerza o habilidad, y que, lo mismo que cuando se aprende a practicar un deporte o a tocar un instrumento, el mindfulness requiere *práctica*. Podrías explicarlo más o menos así:

De hecho, utilizando una máquina especial llamada IRMf, que hace fotografías del cerebro mientras actúa, los científicos han demostrado que, cuando practicamos mindfulness, las zonas del cerebro que están asociadas con el aprendizaje y la memoria se hacen más gruesas, y otras zonas, asociadas con la preocupación y el miedo, se hacen más delgadas. Así que, cuando practicáis mindfulness, estáis fortaleciendo el «músculo del cerebro» y mejorando su funcionamiento.

A continuación, pregúntales cómo ha sido la experiencia de cepillarse los dientes con atención plena. Pregúntales por las sensaciones que notaron los cinco sentidos (insiste en esto) y por los pensamientos (considerado a menudo un sexto sentido) y los sentimientos (un séptimo sentido) mientras se los cepillaban. Estos son unos cuantos ejemplos del tipo de preguntas que les puedes hacer para ayudarles a explorar la experiencia:

- *¿Sentíais el peso del tubo de pasta de dientes al levantarlo?*
- *Al apretarlo, ¿sentíais cómo trabajaban los músculos?*

- *¿Notabais el sabor de la pasta?*
- *¿Cambió de sabor mientras os cepillabais los dientes?*
- *¿En algún momento la mente se fue a otra parte? ¿A dónde se fue?*
- *¿Notasteis las sensaciones al escupir y enjuagar el cepillo?*

Práctica de mindfulness en movimiento: las algas (todas las edades)

Como a nuestros jóvenes amigos se les suele pedir que estén quietos durante gran parte del día —algo muy poco natural para su edad—, conviene incorporar *al menos* una práctica de movimiento sencilla en cada sesión. Si está lloviendo o nevando y no han salido a jugar al patio durante el recreo, podría ser una buena idea hacer más de una práctica de movimiento. Guíate por el comportamiento del grupo y por el sentido común. En un momento más avanzado del curso, quizá te plantees invitarlos a estar atentos a los pensamientos, sentimientos y sensaciones físicas asociados con el nerviosismo o el aburrimiento.

Una de mis prácticas de movimiento favoritas cuando trabajo con niños y adolescentes es que finjan ser algas moviéndose en el agua del mar. (Y sí, este ejercicio funciona incluso con los adolescentes distantes y rebeldes.) Cada alumno es una lámina del alga que está fijada al suelo. En un principio, los participantes están todos en medio de una fuerte corriente, y hacen movimientos amplios y rápidos (sin golpear a los compañeros de los lados). Poco a poco, la corriente va perdiendo fuerza y los movimientos van haciéndose más y más pequeños, hasta que solo queda un balancearse muy suave, y luego quietud. Durante toda la práctica, recuérdales con amabilidad que dirijan la atención a su experiencia y se den cuenta de las sensaciones físicas, los pensamientos y los sentimientos. Este es un ejemplo de cómo guiar la práctica.

Por favor, poneos de pie. Con suavidad, extended los brazos hacia los lados. Aseguraos de que tenéis sitio suficiente para ondearlos sin chocar contra vuestros compañeros. Ahora vamos a hacer que somos algas. Tenemos los pies pegados al fondo del mar, y hay una corriente muy fuerte. Con responsabilidad hacia nuestro cuerpo, vamos a dejar que la corriente lo mueva, que nos mueva los brazos, la cabeza. ¿Sentís el cuerpo moviéndose en el espacio? ¿Sentís cómo se aflojan y se estiran distintas partes del cuerpo movidas por la corriente?

Ahora la corriente ha perdido un poco de fuerza. Dejad que los movimientos vayan haciéndose un poco más pequeños a medida que la corriente se calma. ¿Podéis dirigir amabilidad y curiosidad a lo que estáis pensando y sintiendo? ¿Os sentís abochornados, o entusiasmados y llenos de energía? ¿Estáis pensando: «¡Qué sensación tan buena mover el cuerpo!», o «¡Vaya tontería de ejercicio!»? ¿Tenéis ganas de molestar o hacer enfadar un poco a vuestro compañero de al lado? ¿Sois capaces de notar el deseo (las ganas) sin hacerlo realmente?

Ahora la corriente se ha calmado todavía más. Dejad que los movimientos se hagan aún más pequeños… Daos cuenta de dónde está la atención. ¿Está aquí con vuestro cuerpo y con los movimientos, o está en otra parte? Si descubrís que la atención está en otra parte, traedla de vuelta con delicadeza a vuestro cuerpo y al movimiento.

Ahora la corriente ha parado y el agua está quieta. Dejad que el cuerpo se quede quieto, también… ¿Qué notáis al quedaros quietos? ¿Sentís la respiración estando así?… ¿Cómo se sienten el cuerpo, la mente y el corazón después de que hayáis movido el cuerpo durante unos minutos?

Práctica de mindfulness basada en la respiración: Joya* o Descanso (todas las edades)

Desde aquí puedes pasar sin detenerte a una práctica basada en la respiración. Simplemente, ofrece a los alumnos una nueva versión de la práctica que hicisteis en la sesión 1. Mientras guías la sesión, diles que quizá noten que la mente se aleja de la respiración, y que es natural. Hazles entender que lo importante de la práctica es volver a dirigir la atención a la respiración una y otra vez.

Ejercicio y diálogo sobre experiencias agradables (todas las edades)

Este ejercicio anima a los participantes a empezar a prestar atención, con detalle, a sucesos de su vida cotidiana. Está sobre todo indicado para niños y adolescentes de entre ocho y dieciocho años. Cuando trabajes con niños más pequeños, puedes omitir este ejercicio. Si decides probarlo con niños de entre cuatro y siete años, invítalos a hacer un dibujo de algo agradable que les haya pasado los últimos días, o de un momento feliz. Luego, ayúdales a hacer una breve reflexión verbal, tal vez con un compañero, sobre qué recuerdan que les pasaba en la mente (pensamientos), en el corazón (sentimientos) y en el cuerpo (sensaciones físicas) mientras sucedía.

Con los participantes de más edad, puedes usar la hoja de prácticas titulada Un momento agradable que encontrarás en http://editorialkairos.com/files/archivos/LugarTranquiloTarea.pdf. Pídeles a los participantes que recuerden algo que les haya resultado agradable en los dos últimos días. Insiste en que, a pesar de que la televisión y los anuncios den a entender lo contrario, las experiencias agradables son a menudo simples y breves: acariciar a tu gato, reírte con un amigo, resolver un problema de matemáticas, bailar al son de una canción que te gusta, comer atentamente un tentempié, ir andando al colegio una mañana de frío… Cuando se hayan acordado de una experiencia agradable, pueden rellenar el «bocadillo de pensamientos» que acompaña al dibujo de la cara sonriente con pensamientos relacionados con esa experiencia; el «bocadillo de sentimientos», con los sentimientos (emociones) asociados con ella, y el «bocadillo del cuerpo» con las sensaciones físicas asociadas. Ofréceles la posibilidad de dibujar, en lugar de escribir, los respectivos bocadillos. Mientras completan el ejercicio, paséate por la clase y, si ves a algún alumno que parece estar confundido, aclárale las dudas que tenga. Anímalos a recordar las sensaciones de los cinco sentidos, la expresión facial en el momento (¿posiblemente una sonrisa?) y qué sentían en el cuerpo, y quizá que revivan la sensación placentera mientras rememoran la experiencia.

Algunos alumnos tal vez piensen que no les ha ocurrido nada agradable. Sin dejar de honrar las circunstancias de su vida, cuestiona *con delicadeza* esa percepción. Si están en clase, en ese instante están arropados, seguros, y pueden contar con el apoyo de un profesor que los trata con afecto. No olvides que, en muchas familias de bajo estatus socioeconómico, quizá gran parte de nuestros jóvenes amigos pasen hambre, o estén desatendidos, o en situaciones aún peores. Con mucha suavidad, haz lo posible por ayudarles a descubrir algo agradable en sus vidas; podrías decirles algo de este estilo:

«Quizá a algunos os resulte difícil recordar algo agradable. Como ya he dicho, la televisión y los anuncios pueden llegar a convencernos de que, para tener una experiencia agradable, tiene que ocurrir algo espectacular, como que nos hagan un regalo muy especial, ir a una fiesta magnífica, o pasar unas vacaciones en un sitio de ensueño. Para hacer este ejercicio, piensa en pequeñas cosas. ¿Has oído una canción que te ha gustado mucho, o un chiste que te ha hecho reír a carcajadas? De camino al colegio, ¿sentías el sol o la brisa en la cara? ¿Te has encontrado con algún amigo en el pasillo? ¿Te ha resultado agradable el ejercicio de respirar con atención plena que hemos hecho hace unos minutos?».

Una vez que los alumnos hayan acabado de rellenar la hoja, invítalos a contar los pensamientos, sentimientos y sensaciones físicas que han recordado y representado en los bocadillos del dibujo. Mientras hablan, haz breves comentarios que refuercen los principios del mindfulness. El diálogo con un alumno de cuarto de primaria podría ser algo así:

Alumno:	Para mí, algo agradable ha sido estar con mi gato. Me sentía feliz. Tenía el cuerpo relajado.
Facilitador:	¿Cómo es la sensación de estar relajado?
Alumno:	Acogedora… suave.
Facilitador:	¿Había algún pensamiento que acompañara a la experiencia?
Alumno:	«Estoy a gusto».
Facilitador:	Qué interesante. Con frecuencia, los momentos que nos resultan agradables son momentos en que simplemente estamos aquí y ahora, sin hacer nada especial, y los pensamientos suelen ser así de simples: «Estoy a gusto». ¿Qué veías, oías, saboreabas, olías, tocabas?
Alumno:	Tocaba pelo suave, y oía ronronear.

Facilitador:	¿Cómo estaba tu cara en esos momentos?
Alumno:	Sonriendo.
Facilitador:	¿Y cómo está ahora?
Alumno:	¡Sonriendo!

Con el tiempo, tomar plena consciencia de los momentos agradables crea una base sólida para una posterior práctica de gratitud. La práctica formal de gratitud es relativamente sencilla: invita a los participantes a reflexionar sobre cosas por las que estén agradecidos, en silencio o con un compañero, o dibujándolas o escribiéndolas. También en este caso puede ser divertido hacerles «pensar en pequeño» y tener en cuenta cosas en realidad muy grandes a las que tendemos a quitar importancia: esta respiración, la ropa que nos abriga, el agua corriente, la facultad de oír. Es posible que tratar de abarcar las prácticas, los ejercicios y las conversaciones indicados para cada sesión, sobre todo si estás enseñando mindfulness por primera vez, te resulte una tarea abrumadora. Sé amable contigo mientras te familiarizas con el material. A su debido tiempo, cuando tengas más seguridad en tu trabajo —o si trabajas en un sitio donde ves a los niños con más frecuencia, o durante más de ocho sesiones—, puedes incluir si quieres una práctica formal de gratitud.

Explicación de las prácticas semanales (todas las edades)

Acuérdate de dejar tiempo al final de la clase para leer en voz alta las prácticas que hay que hacer durante la semana. Anima a los participantes a hacer *de verdad* la práctica guiada, y recuérdales qué horas pueden ser buenas para ello. Según mi experiencia, darles este empujoncito suele ser motivador, sin necesidad de intimidarlos ni hacerles sentirse culpables.

Explícales que una parte de la práctica para hacer durante la semana es darse cuenta de momentos agradables, grandes y pequeños. La práctica global para esta sesión incluye, como práctica informal, mindfulness al ponerse los zapatos, que puedes demostrar y describir así:

Cuando nos ponemos los zapatos con atención plena, nos damos cuenta de cada paso del proceso, como hicimos con el mindfulness al cepillarnos los dientes. Sentid cómo os agacháis para acercar el zapato, sentid el pie deslizándose en el interior del zapato. Si son zapatos sin cordones, sentid los dedos acomodándose en su sitio. Si los zapatos tienen velcro o cordones, sentid el velcro o los cordones en las manos, y los movimientos que hacen las manos para pegar el velcro o atar los cordones. Luego, por supuesto, dirigid el mismo grado de atención a poneros el otro zapato.

Contesta a cualquier pregunta que tengan.

Práctica de mindfulness al escuchar como cierre de sesión (todas las edades)

Concluye la sesión dejando que uno o dos alumnos que hayan participado activamente hagan sonar la campana tubular para la práctica final de escuchar.

Práctica semanal—Sesión 2

El mindfulness es real.

El momento presente es donde vivimos nuestra vida.

Escucha Un lugar tranquilo, práctica basada en la respiración, en http://smarturl.it/respiracion, al menos una vez al día.

Practica mindfulness en tu vida diaria.

- *Date cuenta de momentos agradables, grandes y pequeños, durante la semana. Si puedes, date cuenta de esa cualidad de agradable, y de los pensamientos, sentimientos y sensaciones corporales asociados a ella.*
- *Practica mindfulness al ponerte los zapatos.*

Con amabilidad y curiosidad, y sin sentimientos de culpa, rellena el diario de prácticas semanales.

Si tienes algún momento revelador, alguna pregunta, o alguna dificultad que quieras contarme, o si no vas a poder asistir a la próxima clase, llámame por teléfono o envíame un correo electrónico.

---

6. SESIÓN 3: OBSERVANDO LOS PENSAMIENTOS Y LA MENTE POCO AMABLE

Intenciones

Una intención que se repetirá en esta sesión es la de continuar apoyando a los participantes para que establezcan una práctica diaria. Una nueva intención es cultivar la capacidad de observar los pensamientos, sobre todo los que surgen durante situaciones difíciles, y el diálogo interno, con frecuencia bastante crítico —a lo que me gusta llamar «la mente poco amable»—. Como descubrirás, el conocido ejercicio de los «nueve puntos» ofrece una experiencia directa e inmediata de estos temas.

Esquema: prácticas, ejercicios y diálogos

- Práctica de mindfulness al escuchar*
- Práctica de mindfulness al comer*
- Diálogo sobre preferencias*
- Revisión de la práctica semanal*
- Práctica de mindfulness en movimiento: círculo de acciones*
- Práctica de darse cuenta de los pensamientos: Burbujas* u Observando los pensamientos
- Diálogo sobre Observando los pensamientos
- Descubriendo la mente poco amable*
- Ejercicio de los «nueve puntos» y diálogo posterior
- Sugerencia de lectura en voz alta: *Yo mataré monstruos por ti*, de Santi Balmes*
- Explicación de la práctica semanal*
- Práctica de mindfulness al escuchar como cierre de sesión.

Práctica de mindfulness al escuchar (todas las edades)

A medida que los participantes se van sintiendo más a gusto unos con otros y con la clase en general, empieza a haber un poco más de conversación informal antes de que empiece la clase. Como de costumbre, inicia la sesión con la práctica de mindfulness al escuchar, y puedes pedirle a un participante que haga sonar la campana tubular, si quieres. Luego, pasa directamente a la práctica de mindfulness al comer.

Diálogo sobre preferencias (todas las edades)

A estas alturas, los alumnos estarán esperando el refrigerio habitual y no tendrán reparos en expresar sus preferencias: «¡Bien!, otra vez manzanas», o «¡Puaj!, no me gustan las barritas de higo y almendra». A los niños pequeños, a veces una simple frase o pregunta les hace dirigir la amabilidad y curiosidad del darse cuenta a estos momentos: «Es otra manzana, y es otro momento, nuevo», o «¿Qué hacéis normalmente cuando algo no os gusta?». Después de oír brevemente las respuestas y comentarios, podrías sugerir comer en silencio.

Con niños ligeramente mayores y con adolescentes, puedes utilizar esos comentarios para seguir explorando la experiencia interior de tener expectativas, de querer (deseo) y de no querer (aversión). Este es un ejemplo del posible diálogo:

Yo:	Gran parte de nuestra infelicidad y malestar nace de querer que las cosas (nosotros, los demás, las circunstancias) sean diferentes, de querer lo que no tenemos (mandarinas) o no querer lo que tenemos (manzanas). ¿Cómo sería la vida si pudiéramos aceptar las cosas (a nosotros, a otros y las circunstancias) como son?
Participante 1:	¿Menos estresantes?
Participante 2:	Más fáciles.
Yo:	¿Cómo se manifestaría (esa aceptación) con palabras?
Participante 3:	Por ejemplo, Becky acaba de decir: «No me gustan las manzanas, pero voy a probar una».
Participante 4:	O se podría decir: «No me gustan las manzanas, así que no la voy a probar».
Yo:	¿Y cómo te haría sentirte decir eso?
Participante 1:	No sé.
Yo:	¿Por qué no hacéis todos la prueba de dejar que las cosas sean como son, la próxima vez que no sean como os gustaría que fueran? Y luego me podéis contar cómo ha sido la experiencia.

Con los adolescentes y preadolescentes, quizá quieras extenderte un poco más, aclarar que aceptar las cosas como son no significa que nos guste que sean así, ni que no tomemos medidas. Al contrario, cuando vemos las cosas como son en realidad estamos más preparados para actuar con inteligencia. Seguiremos hablando de esta durante lo que queda de curso.

Revisión de las prácticas semanales (seis a dieciocho años)

Puedes conectar esta parte de la clase con la sesión anterior invitando a los alumnos a contar si han hecho la práctica semanal y qué han descubierto. Sobre todo, es importante oír los comentarios de aquellos a los que les sigue costando encontrar tiempo para hacer la práctica, y de aquellos a los que les resulta difícil la práctica en sí. Convendría preguntarles cuál es el obstáculo: ¿se les olvida, son los deberes del colegio, internet, Facebook, la televisión, las actividades extraescolares, alguna otra cosa? A menudo, el niño dirá espontáneamente que tiene demasiadas cosas que hacer cada día, y esto te ofrece la ocasión de examinar el ritmo de vida de nuestra cultura. Recuerda que, a diferencia de los treinta y hasta cuarenta y cinco minutos que es la duración recomendada para una práctica de adultos, la mayoría de las prácticas de este programa son cortas: duran solo de cuatro a siete minutos, lo que significa que estamos invitando a los alumnos a dedicar simplemente unos minutos al día a hacerse el regalo de una atención amable. A los que tengan dificultades con las prácticas en sí, es suficiente por ahora con recordarles que darse cuenta de las distracciones, el nerviosismo y el aburrimiento *es* mindfulness. Anímalos a seguir adelante con la práctica y a recordar que, como en el caso de las manzanas, pueden dirigir la atención amable y curiosa del mindfulness al proceso de hacer o no hacer las prácticas. Esta es una manera ingeniosa de hacerles practicar incluso cuando «no están practicando».

Cómo motivar a los alumnos a hacer las prácticas semanales

Para motivar a los participantes a interesarse por las prácticas semanales, puedes contar tu versión de una experiencia adulta común: casi toda la gente que conozco que ha aprendido mindfulness de mayor desearía haberlo aprendido de niña. En una de mis primeras clases, tuve una asistente maravillosa, Megan Cowan, actualmente directora del programa Mindful Schools. E n aquella clase, Megan les dijo a los niños: «Tenéis mucha suerte. Yo aprendí a hacer estas prácticas a los veinte años, y todos mis profesores, que tenían entonces entre cincuenta y sesenta años, decían que ojalá hubieran aprendido mindfulness a los veinte. Cuando yo aprendí estas prácticas a los veintitantos años, pensaba que me hubiera gustado aprenderlas a los diez. ¡Así que tenéis mucha suerte de estar aprendiéndolas a los diez años!».

Cómo responder a la queja de que la práctica es aburrida

Cabe la posibilidad de que los niños se quejen de que la práctica semanal, o la práctica en general, les aburre. Conviene que tengas preparadas varias respuestas de entre las que elegir, dependiendo de la situación. A continuación hago algunas sugerencias. Una vez más, se trata de que encuentres el equilibrio entre permitirles a los participantes que vivan su experiencia tal como es y, al mismo tiempo, despertar en ellos el interés por investigar sus hábitos y patrones emocionales y mentales.

Una posible respuesta a la queja de que la práctica es aburrida sería, por ejemplo:

Tienes razón, es diferente de los ejercicios tradicionales. En nuestra cultura, casi todo nos enseña a enfocar la atención en el exterior, y a querer que cada experiencia sea nueva, rápida y estimulante. En esta clase estamos aprendiendo a enfocar la atención en nuestro interior, a ir más despacio y a estar en paz en el momento. Entiendo perfectamente que os parezca aburrido. Quizá llegue un día en que os sorprenda descubrir que disfrutáis de verdad haciendo las prácticas. Pero no será porque yo lo diga. Durante las próximas semanas, simplemente haced la prueba. Experimentad y, luego, decidid vosotros. Esta semana, os reto a todos los que pensáis que la práctica es aburrida, para ver si sois capaces de descubrir algo nuevo sobre vuestro patrón de respiración, o sobre vuestros patrones de pensamiento, y luego nos lo contéis a los demás. Podéis empezar ahora mismo, y daros cuenta de lo que estáis pensando justo en este momento, después de todo lo que acabo de decir. (Sonrisa.)

Además, o en lugar de esto, si los participantes comentan que la práctica es aburrida, puedes incorporar algún elemento nuevo a las prácticas para volver a despertar su interés. Por ejemplo, puedes enlazar las prácticas basadas en la respiración con hacer pompas de jabón, o hacer girar las aspas de un molinete; o con ir pasando piedrecillas de un montón a otro, o con que cada dedo de la mano toque por turnos el pulgar, en cada respiración. Podrías proponerles un ejercicio de movimientos vigorosos, o una práctica de movimiento antes de otra basada en la respiración. Podrías retarles a intentar atender a la respiración durante uno, dos o tres minutos.

Procura encontrar una vía intermedia que los anime a practicar con interés y, simultáneamente, a investigar el aburrimiento. Para apoyar la investigación, puedes hacerles preguntas como: «¿Cuándo y dónde soléis aburriros en las demás circunstancias de vuestra vida?»; «¿Qué pasa cuando os aburrís?»; «¿A veces os crea problemas?», y «¿Sois capaces de daros cuenta del aburrimiento justo cuando empieza, lo mismo que os dais cuenta del momento justo en que empieza la inspiración?».

También les puedes contar que (al menos al principio) a muchos adultos la práctica del mindfulness les parece aburrida, difícil o ambas cosas. Pon algún ejemplo concreto de tu vida, o de tu experiencia como profesor de mindfulness en programas para adultos. Luego, sin que parezca que estás haciendo propaganda del mindfulness, quizá quieras contarles una o dos anécdotas que ilustren cómo os ha beneficiado, a ti personalmente o a los jóvenes con los que has trabajado. Haz lo posible por animarlos a que hagan de verdad «el experimento»: a que prueben a hacer las prácticas el tiempo que dura el curso, para poder descubrir ellos mismos si el mindfulness les ayuda en el día a día. Estate atento; hay una línea muy fina entre «animarlos» a practicar, y sugerir que «deberían» practicar y «culpabilizarlos».

A los adolescentes y preadolescentes suele despertarles la curiosidad saber que muchas celebridades utilizan esta práctica. Hasta el momento, el ejemplo más notable de ese poder de seducción lo viví en una época en que enseñaba mindfulness a un grupo de alumnos de cuarto de ESO, que asistían a la clase de apoyo de inglés, en el instituto de educación secundaria Merlo Atherton. Según decía un artículo publicado en la revista *Newsweek*, en aquel tiempo el instituto Merlo Atherton era el centro educativo con mayor diversidad socioeconómica del país. Mis jóvenes amigos habían estado en la clase de apoyo de inglés ya en tercero de ESO, y habían visto a algunos de sus compañeros pasar a las clases regulares de inglés al comenzar el cuarto curso, mientras que ellos se habían quedado un año más en las clases de apoyo. Desgraciada y sorprendentemente, no hay clase de apoyo de inglés en bachillerato, y el director del centro me había pedido que trabajara con estos alumnos porque pensaba que corrían el riesgo de no estar a la altura de sus compañeros el siguiente curso, de quedarse atrás y acabar dejando los estudios. Coincidió que fue también el año en que los Gigantes de San Francisco ganaron la Serie Mundial de las Grandes Ligas de Béisbol. Cuando los alumnos entraron en el aula, con sus gorras y camisetas grises y anaranjadas, fue una alegría poder enseñarles un artículo que contaba que Tim Lincecum, el lanzador de los Gigantes, utiliza mindfulness (Kettmann, 2010). Aquello no solo tentó a algunos de los alumnos más reacios, y les hizo plantearse la posibilidad de que el mindfulness fuera beneficioso y *enrollado*, sino que les hizo empezar a leer, ¡que no es poco!

Después de explorar el aburrimiento y el valor potencial del mindfulness en la vida cotidiana de los alumnos, y antes de pasar a algún ejercicio de movimiento, pregúntales brevemente por sus experiencias con la práctica del mindfulness al ponerse los zapatos.

¿Alguno os habéis acordado de poneros los zapatos prestando atención plena?... ¿Qué notasteis?

Si os olvidasteis, ¿qué creéis que os hizo olvidaros?... Sí, la prisa y la costumbre tienen mucha fuerza en nuestra vida, y con frecuencia nos hacen actuar sin pensar. A veces el automatismo puede sernos de ayuda, como cuando damos un paso atrás y nos subimos al bordillo para esquivar un coche que viene enfilado. Otras veces, el hábito no es tan beneficioso, como cuando nos habituamos a tener la misma discusión una y otra vez.

Práctica de movimiento círculo de acción (todas las edades)

Una vez que terminéis de comentar la práctica, comprueba si el grupo está en condiciones de hacer una práctica de relativa quietud, o si les convendría más hacer antes una práctica de movimiento. Si su comportamiento indica que un poco de movimiento les vendría bien, invita al grupo a ponerse de pie y formar un círculo. Explícales que vais a participar todos en un ejercicio «silencioso» de atención plena moviéndoos, que se hará de la siguiente manera: el primer alumno hará un movimiento sencillo, respetuoso y no arriesgado que a su cuerpo le siente bien, como saltar, estirarse, darse la vuelta o sacudir el cuerpo. Acto seguido, el resto del grupo copiará el movimiento. Una vez que lo hayan copiado, ese primer alumno extenderá la mano hacia el alumno que esté a su derecha cediéndole amablemente el turno. El segundo alumno hará entonces su particular exhibición de movimiento respetuoso. Una vez que el grupo lo haya copiado, también él extenderá la mano hacia el siguiente alumno y le cederá el turno. Selecciona a un alumno que inicie la práctica. Luego, todos los alumnos deben tener la oportunidad de mostrar de uno en uno el movimiento de su invención. Mientras el grupo hace los movimientos, anima a los alumnos a darse cuenta de sus pensamientos y sentimientos —por ejemplo, de orgullo, de bochorno, de crítica o de comparación—. Darse cuenta de los pensamientos ofrece un excelente medio de transición para presentar la práctica Burbujas (u Observando los pensamientos) y el concepto de mente poco amable.

Práctica de mindfulness a los pensamientos: Burbujas u Observando los pensamientos (todas las edades)

Dejando a un lado las ocasiones en que alguien hace la consabida, y a menudo fastidiosa, pregunta «¿Qué estás pensando?», a la mayoría de los niños, de los adolescentes, e incluso de los adultos, nadie les ha hablado de la posibilidad de observar los procesos de pensamiento, y mucho menos de métodos para hacerlo. Al no disponer de esta opción cognitiva, mucha gente actúa automáticamente según le dictan sus pensamientos, de los que ni siquiera es consciente, con frecuencia en perjuicio suyo y de los demás. Por tanto, puede ser muy útil presentarles a los niños y a los adolescentes la posibilidad de observar sus pensamientos y algunos métodos sencillos para hacerlo. A continuación, incluyo dos prácticas introductorias de atención plena a los pensamientos: una para todas las edades, y una para adolescentes y adultos. Se puede descargar un audio de la práctica Observando los pensamientos, indicada para todas las edades, en http://smarturl.it/pensamientos. (Encontrarás más información al final del libro.)

Práctica Burbujas (todas las edades)

Para esta práctica, lleva a clase el número necesario de pequeños botes para hacer pompas de jabón, uno por alumno. Son baratos y se pueden comprar por internet o en cualquier bazar. Si trabajas con niños muy pequeños, conviene que les hayas quitado el envoltorio y el precinto antes de empezar la clase. En principio, anima a los alumnos simplemente a lanzar burbujas al aire y a observar lo que sucede. Algunas estallan, otras flotan y luego estallan, otras se unen entre sí; las hay grandes, pequeñas, algunas se mueven con rapidez, otras más despacio.

Deja que las observen durante tres o cuatro minutos. Después, indícales que metan la varita en el tubo, lo cierren y lo pongan a un lado. Una vez que todos los botes estén cerrados, invita a los niños a reflexionar sobre las siguientes preguntas:

Las burbujas que hemos hecho, ¿os recuerdan a algo? ¿A algo que ocurra en nuestra mente?... (Para darles una pista, puedes hacerles la pregunta que viene a continuación.) *¿Qué forma tienen los bocadillos que aparecen encima de los personajes de los cómics, donde leemos lo que están pensando?* (Si es necesario, da la respuesta.) *¡De burbuja! Son burbujas de pensamiento.*

¿En qué creéis que se parecen los pensamientos a las burbujas? (Entre las posibles respuestas, se incluyen las siguientes.) *Podemos observar cómo toman forma, tanto los pensamientos como las burbujas; algunos pensamientos y algunas burbujas son más grandes, otros más pequeños, algunos se mueven más despacio y otros más deprisa, algunos pensamientos y burbujas se unen a otros pensamientos o burbujas, y al final, todos los pensamientos y todas las burbujas explotan.*

Con la práctica, aprendemos a observar nuestras burbujas de pensamiento. ¿Alguien me puede contar una burbuja de pensamiento de la que se haya dado cuenta en los últimos diez minutos? (Algunos ejemplos.) *«¿Cuándo llega la hora de comer?», «Odio hacer deberes», «Quiero que llegue de una vez el fin de semana».*

A los niños pequeños, es suficiente con presentarles la posibilidad de observar los pensamientos sin creerse ni obedecer lo que dicen.

Práctica Observando los pensamientos (diez a dieciocho años)

Pídeles a los participantes que se sienten en una silla o se tumben en el suelo, y que anclen la atención en la respiración. Luego, invítalos a empezar a observar cómo van pasando los pensamientos como si estuvieran mirando un desfile. Quizá se den cuenta de que algunos chillan y llevan ropas deslumbrantes, otros son tímidos y asoman indecisos desde el fondo, y otros pasan y vuelven a pasar una y otra vez. Cuando lleven uno o dos minutos practicando, pídeles que se den cuenta de si ellos también marchan en el desfile —es decir, si se han dejado arrastrar por los pensamientos—. Explícales que, cuando les pase eso, pueden pararse y retroceder tranquilamente a la acera con solo volver a dirigir la atención a la respiración, y, luego, cuando la atención se haya estabilizado, empezar de nuevo a mirar cómo pasa el desfile de pensamientos. Puedes descargar una versión de esta práctica en http://smarturl.it/pensamientos. (Encontrarás más información al final del libro.)

Diálogo sobre la práctica Observando los pensamientos (seis a dieciocho años)

Las prácticas Burbujas y Observando los pensamientos presentan el modo esencial de observar el proceso de pensar, por un lado, y, por otro, su contenido. Ahondar un poco en las preguntas básicas sugeridas en Burbujas puede ayudar a los participantes mayores de seis años a darse cuenta de que los pensamientos vienen y van. Hacer la práctica de Observando los pensamientos con niños de más edad ofrece la oportunidad de hablar de cómo algunos de esos pensamientos regresan una y otra vez, de cómo los pensamientos son en realidad más universales que personales, de cómo muy a menudo son desacertados, y de cómo un pensamiento aislado puede desembocar en toda una banda de pensamientos y sentimientos.

> *¿A quién le gustaría contar al menos un pensamiento del que se haya dado cuenta? ¿Alguien ha tenido pensamientos repetitivos? ¿Habéis descubierto algún patrón de pensamiento? ¿Son permanentes los pensamientos? ¿Alguien se ha dado cuenta de que a veces un solo pensamiento conduce a otros pensamientos y sentimientos? ¿Podéis poner un ejemplo?*
>
> (Los alumnos podrían contestar cosas como «Tengo que acordarme de llevar a casa el libro de mates. Ah, y el de lectura. ¡Uf, tengo tantos deberes!»).
>
> *¿Cuántos de vosotros habéis tenido pensamientos parecidos a los que acaba de contarnos Rebecca? ¿No os parece interesante que tantos de nosotros tengamos pensamientos parecidos? Y ¿no es un alivio saber que no estamos solos? ¿Alguno habéis tenido pensamientos que pudieran estar equivocados o no ser ciertos, como «Se me ha olvidado traer el libro que tengo que devolver a la biblioteca», cuando en realidad sí lo habéis traído? ¿Cuántos de los pensamientos que habéis tenido eran amables? ¿Cuántos eran poco amables?*

Esta última pregunta puede dar paso a una exploración de la mente poco amable.

El encuentro con la mente poco amable (todas las edades)

Mente poco amable es mi forma sintetizada de referirme a todo el diálogo interno negativo. Es un subgrupo del pensamiento que puede ser incesante. La mente poco amable es crítica, mandona y gruñona. Dice cosas como: «No soy capaz de hacer esto», «Soy idiota», «Las mates son una idiotez», o «Voy a suspender». Esta voz suele hacer que, además, todo parezca peor de lo que es, porque exagera, dramatiza y distorsiona la realidad, con frases como «Esto es imposible», «Le caigo mal a todo el mundo», «Soy feo», o «No soporto a nadie». La mente poco amable suele criticar también a los demás y las circunstancias, con sentencias como «Es un imbécil», o «La ortografía, ¡vaya estupidez!».

Las preguntas «¿Cuántos de vuestros pensamientos han sido amables?» y «¿Cuántos han sido poco amables?» que se plantearon en el diálogo sobre Observando los pensamientos son una fácil transición al tema de la mente poco amable. Cuando hablemos de ella por primera vez, o a niños muy pequeños, será suficiente con poner unos ejemplos breves como los que he incluido en el párrafo anterior, o extraídos de los comentarios que hayan hecho los alumnos. Con niños un poco mayores, se puede ampliar el concepto de mente poco amable a lo largo del curso.

Cuando trabajes con niños o adolescentes, es fundamental que los diálogos y explicaciones tengan relación con sus intereses o preocupaciones. En algunos casos, nuestros jóvenes amigos son muy locuaces, y nos resulta fácil explorar sus pensamientos directamente. Pero también hay veces en que los alumnos son bastante sutiles, y expresan sus pensamientos inconscientes con un silencio, levantando los ojos hacia el techo, o mediante cualquier otro gesto corporal o expresión facial. Si eres observador, y estás atento a lo que no dicen, tendrás numerosas oportunidades de ajustar la presentación a los participantes. Las dos descripciones que siguen ilustran cómo es el proceso.

«La cabeza en el juego»

A continuación, pongo un ejemplo de un diálogo sobre la práctica de Observando los pensamientos con un grupo de alumnos de quinto de primaria. Una mañana, mientras hacíamos la práctica Observando los pensamientos en una clase en la que la mayoría de los alumnos varones se habían mostrado bastante escépticos respecto al mindfulness, esos mismos niños se dieron cuenta de que muchos de los pensamientos que tenían eran sobre el partido de baloncesto que iban a jugar aquella tarde. Habían perdido el partido anterior, y ahora se enfrentaban a un equipo que pensaban que era mejor que el suyo. A muchos de los alumnos les preocupaba perder, jugar mal, fallarles a sus compañeros. Querían ganar.

Durante las sesiones anteriores, un niño en particular se había esforzado en todo momento por hacerse el indiferente, el gracioso (irrespetuoso) y por ser todo menos participativo, de esa manera en que suelen hacerlo algunos preadolescentes. Le pregunté, «Si estás pensando en ganar, y en perder, y en el resultado del juego, ¿tienes la cabeza *realmente* puesta en el juego? ¿Estás de verdad en lo que está pasando en el aquí y ahora?». Se le abrieron los ojos como platos. Se quedó con la boca abierta. Ahora sí. mindfulness ahora tenía relevancia para él. Contribuyó a ello una noticia que les di precisamente aquel día: dos de los mejores equipos de baloncesto profesional de todos los tiempos, Los Angeles Lakers y Chicago Bulls, utilizaban técnicas de mindfulness para poner la atención en *jugar de verdad el juego*: en la pelota, el aro, los compañeros de equipo y los oponentes. (Ten en cuenta que, para cuando leas esto, cualquiera de estas referencias será ya historia para la mayoría de los niños. Tendrás que poner ejemplos más contemporáneos, como Kobe Bryant, Tim Lincecum o los Seattle Seahawks.)

Más allá de «¿Qué c... hace?»

Cuando ayudamos a los jóvenes —sobre todo a los adolescentes— a explorar sus pensamientos, a menudo es conveniente ir muuucho más allá de lo que posiblemente estén dispuestos a confesar, si queremos *humanizar* su pensamiento, que tal vez, equivocadamente, consideren que es exclusivamente suyo.

¿Te acuerdas de mis amigos de cuarto de secundaria que estaban en el curso de apoyo de inglés? Un día, en su clase, mientras guiaba una práctica de Observando los pensamientos, dos de las chicas decidieron empezar a charlar y a limarse las uñas. Continué guiando la práctica mientras recorría el pasillo entre las mesas y, cuando llegué a las de ellas, simplemente les dije: «Daos cuenta de los pensamientos. Igual estáis pensando, por ejemplo, en los deberes, o en los planes que tenéis para el fin de semana, o igual estáis pensando, "¿Qué c... hace esta tía plantada delante de mi mesa?"». Dejaron de hablar.

Después de la práctica, la más habladora de las dos, y la menos participativa en la clase hasta aquel momento, preguntó con voz de incredulidad: «¿Usted sabe leer la mente?». Le contesté: «No, no sé leer la mente. Pero *tengo* una mente, y se parece mucho a la tuya. Me he pasado mucho tiempo observando mi mente, así que tengo una idea bastante aproximada de lo que la tuya podría decir». Al ir *más allá* de lo que la alumna hubiera estado dispuesta a poner en palabras, mis comentarios normalizaron su pensamiento, y aumentaron su curiosidad por el mindfulness y también su disposición a practicar.

Ejercicio de los nueve puntos y diálogo posterior (ocho a dieciocho años)

El ejercicio de los «nueve puntos» es muy útil para seguir investigando los hábitos de pensamiento; tiene muchas facetas atractivas. Reparte copias del Acertijo de los nueve puntos (que encontrarás al final del capítulo) y lee —o pide a un alumno que lea— las instrucciones en voz alta. Mientras los alumnos tratan de resolver el acertijo, paséate por la clase y haz algún comentario ocasional: «¿Cómo os habláis a vosotros mismos cuando probáis a hacer algo que es nuevo y difícil?», «¿Mantenéis una charla amable, que os anima, o una charla que os desalienta?», «¿Tenéis la tentación de renunciar, o de hacer trampas, o estáis dispuestos a seguir intentándolo?», «La manera de enfrentaros a este ejercicio ¿es parecida o diferente a la manera que tenéis de enfrentaros a otras dificultades?».

Estate atento a la hora de responder a preguntas de los alumnos como «¿Está bien así?». Yo generalmente me limito a repetir las instrucciones: «Las instrucciones dicen cuatro líneas rectas», «Te has saltado el punto del medio». Por favor, haz todo lo posible por evitar frases como «No, no está bien». Entre nuestros jóvenes amigos, son demasiados los que oyen ya ese mensaje con demasiada frecuencia. Cuando lo hayan hecho lo mejor que han sabido, puedes investigar con ellos las cuestiones que indico a continuación antes de mostrarles las distintas soluciones al acertijo.

Anímalos a reflexionar sobre cuánto de su diálogo interno era amable: «Cuando hacemos algo nuevo, algo que representa un reto, ¿cómo es un diálogo amable con nosotros mismos? ¿Qué nos decimos? Poned algún ejemplo».

Para muchos alumnos, lo importante será haber dado o no la respuesta correcta: haber encontrado la solución al acertijo, y que además les haya resultado fácil, o no haberla encontrado. Explícales que el propósito del ejercicio no es ese. Esto les llamará la atención, ya que la mayor parte del tiempo que pasan en el colegio lo dedican precisamente a eso. Recuérdales también que lo que a ellos les resulta fácil, puede no serlo para otros, y que lo que a otros les resulta fácil, puede no serlo para ellos.

Pídeles que piensen en distintas maneras de actuar ante algunas dificultades típicas de la vida cotidiana, como no entender bien los deberes, o tener un desacuerdo con un amigo. Ayúdales a entender que hay diversas opciones, y que hay un momento y un lugar para la mayoría de ellas. Actuar con sabiduría es recordar que tenemos distintas posibilidades y elegir la mejor que se nos ocurra en el momento: rendirnos, hacer un descanso y volver a probar después, trabajar con un compañero, pedir ayuda, buscar soluciones en internet, seguir intentándolo…

Explícales que, para encontrar la solución al acertijo, hace falta traspasar los límites de pensamiento acostumbrados y ser originales. Extiéndete sobre esta idea, haciéndoles ver que nuestra forma habitual de pensar (la mente poco amable) tiende a encasillarnos y encasillar a los demás, con pensamientos como «No se me dan bien los deportes», «Esa chica es mala», «Esta clase es un aburrimiento». Tal vez podrías detenerte aquí y pensar si hay algún alumno, algún cliente o algún niño a los que hayas encasillado: «Esa chica es hiperactiva» o «Este niño es un vago», y te desafío a que encuentres momentos durante la próxima semana, aunque sean muy breves, en que ese individuo se comporte de un modo que no se corresponda con el calificativo en el que lo habías encasillado.

Explicación de la práctica semanal (todas las edades)

Como de costumbre, antes de finalizar la sesión lee en voz alta la práctica semanal. De acuerdo con el tema central de la semana, el audio para la práctica guiada es Observando los pensamientos. Anima a los participantes a hacerla de verdad, y a estar atentos durante toda la semana a la mente poco amable.

La práctica semanal incluye, además, prestar mindfulness al comer todos los días. Anima a los participantes a estar plenamente atentos a la hora de seleccionar los alimentos que van a comer y en qué cantidad. Quizá quieran hacer el experimento de comer con atención plena algo que creen que les gusta mucho, y algo que creen que les gusta menos.

Práctica de mindfulness al escuchar como cierre de sesión (todas las edades)

Cierra la sesión dejando que uno o dos alumnos que hayan prestado especial atención durante la clase hagan sonar la campana tubular para la práctica final de escuchar.

Práctica semanal—Sesión 3

El mindfulness es curioso.

Nos pide que exploremos nuestro mundo interior y exterior.

Escucha el audio Observando los pensamientos al menos una vez al día. http://smarturl.it/pensamientos

Practica mindfulness en tu vida diaria.

- *Date cuenta de cuándo aparece la mente poco amable. ¿Qué dice normalmente?*
- *Come algo prestando atención plena.*

Con amabilidad y curiosidad, y sin sentimientos de culpa, rellena el diario de prácticas semanal.

Si tienes alguna percepción reveladora, alguna pregunta, o alguna dificultad que quieras contarme, o si no vas a poder asistir a la próxima clase, llámame por teléfono o envíame un correo electrónico.

Ejercicio de los nueve puntos

Bajo estas líneas hay una composición de nueve puntos.

Conecta todos los puntos trazando cuatro líneas rectas sin levantar el lápiz del papel, y sin retroceder sobre ninguna de ellas. Las líneas se pueden cruzar.

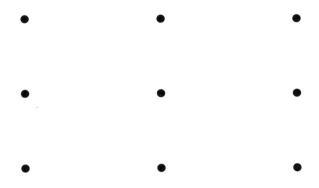

La solución más común al ejercicio aparece a continuación. El ejemplo empieza en el punto superior izquierdo. La línea baja recta hasta *más allá* del punto inferior izquierdo, luego en diagonal pasando por el punto medio inferior y *más allá* del punto derecho medio, hasta alinearse con el punto superior derecho, de vuelta hasta el punto superior izquierdo, y en diagonal hasta el punto inferior derecho. Para ampliar aún más las posibilidades, explícales que en realidad hay cuatro variantes de la solución —una empezando en cada esquina—, o más de una «respuesta» correcta.

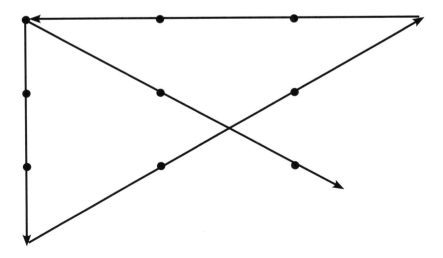

7. SESIÓN 4: SENTIMIENTOS Y EXPERIENCIAS DESAGRADABLES

Intenciones

Son tres las intenciones principales de esta sesión. La primera es revisar y comentar las experiencias de los participantes con las prácticas de Burbujas y Observando los pensamientos que han hecho durante la última semana. Este estudio nos lleva de modo natural a la segunda intención, que es explorar los pensamientos y sentimientos asociados con sucesos desagradables, y a una conversación sobre cuánto del malestar que sentimos se debe a la resistencia que oponemos, a querer que las cosas sean distintas. La ecuación «sufrimiento = dolor × resistencia» nos ofrece una forma interesante de presentar y debatir la idea. El tercer elemento de esta sesión es la práctica de Sentimientos, que ayuda a desarrollar la inteligencia emocional, o, como les digo a nuestros jóvenes amigos, la capacidad de «tener sentimientos sin que ellos nos tengan a nosotros». La sesión concluye con unos breves comentarios sobre el hecho de haber llegado al ecuador del curso.

Esquema: prácticas, ejercicios y diálogos

- Práctica de mindfulness al escuchar*
- Práctica de mindfulness al comer*
- Revisión de la práctica semanal*
- Ejercicio y comentarios sobre momentos desagradables*
- Diálogo sobre la ecuación «sufrimiento = dolor × resistencia»
- Revisión de la mente poco amable y diálogo sobre el tema
- Baile mindfulness *
- Práctica de Yoga para dedos y diálogo posterior
- Práctica de mindfulness a los sentimientos*

- Dibujos y haikus sobre sentimientos y diálogo posterior*
- Sugerencia de lectura en voz alta: *El monstruo de colores*, de Dr. Seuss
- Diálogo sobre el hecho de haber llegado a la mitad del curso
- Explicación de la práctica semanal*
- Práctica de mindfulness al escuchar como cierre de sesión.

Práctica de mindfulness al escuchar y de mindfulness al comer (todas las edades)

Una vez más, inicia la sesión escuchando, y luego comiendo, con atención plena. Aunque el tipo de refrigerio que llevo a clase suele depender de lo que consiga encontrar con más facilidad, a veces elijo intencionadamente llevar un refrigerio diferente al de la semana anterior, o volver a llevar el mismo. Por ejemplo, después de las naranjas estropajosas que mencioné en el capítulo 4, volví a llevar naranjas la semana siguiente para demostrar la idea de la impermanencia, la realidad de que las cosas cambian. Afortunadamente, la segunda remesa de naranjas estaba deliciosa.

Cuando los alumnos se van acostumbrando a las prácticas, es importante seguir animándolos a prestar atención: a *este* sonido, *esta* manzana, *este* bocado y *esta* experiencia. Lo mejor es hacer un breve inciso; sin embargo, quizá de vez en cuando sea conveniente exponer de un modo explícito la idea:

> *Los seres humanos, cuando creemos que «sabemos» —comer prestando atención plena, escuchar prestando atención plena, ir de casa al colegio, o lo que va a decir nuestro padre, nuestra madre o nuestro mejor amigo—, a veces nos desconectamos; y entonces nos perdemos lo que pasa de verdad: esta manzana, este sonido, la experiencia de caminar, lo que nuestro padre, nuestra madre o nuestro amigo en realidad está diciendo, nuestra vida…*

Revisión de la práctica semanal (todas las edades)

Después de la práctica del mindfulness al escuchar, pide a los participantes que te cuenten las experiencias que han tenido con las prácticas Burbujas y Observando los pensamientos durante la semana. El nivel de profundidad del diálogo dependerá de la edad del individuo o del grupo. A los más pequeños, basta con que les hagas las dos o tres primeras preguntas de la siguiente lista. Si trabajas con niños un poco mayores, recuerda que, aunque vale la pena explorar todas las preguntas, podrás volver a ellas más tarde, de modo que no hace falta que las formules todas de una vez. Como siempre, tendrás que adaptar cualquier pregunta, indicación o aclaración al entendimiento incipiente de *este* individuo o *este* grupo.

- *¿De qué pensamientos os disteis cuenta?*
- *¿Notabais cómo los pensamientos iban y venían?*
- *¿Eran pensamientos amables?*
- *¿Sabéis que muchos niños (adolescentes) tienen pensamientos, deseos y miedos parecidos a los vuestros?*
- *¿Descubristeis algún patrón de pensamiento?*
- *Los pensamientos que teníais, ¿eran verdad?*
- *¿Os creíais los pensamientos?*
- *¿Os identificabais con los pensamientos?*
- *¿Os disteis cuenta en algún momento de si los pensamientos, los sentimientos y las sensaciones físicas estaban relacionados?*

Aunque durante las sesiones de clase habéis tenido ya ocasión de hablar sobre la atención plena al comer, puede ser divertido e instructivo oír si los participantes han hecho la práctica semanal y cómo la han hecho. Podrías aprovechar el diálogo para enlazar esta práctica con la de Observando los pensamientos, preguntando, por ejemplo: «¿Os disteis cuenta de algún pensamiento mientras comíais prestando atención plena?».

Ejercicio y diálogo sobre momentos desagradables (seis a dieciocho años)

Para hacer la transición al ejercicio de momentos desagradables, puedes aprovechar el comentario que haya hecho algún alumno durante la charla informal antes de comenzar la sesión, después de la práctica de comer atentamente o durante la revisión de las prácticas semanales. Lo mismo que el ejercicio momentos agradables de la sesión 2, este está indicado para alumnos de 8 a 18 años, y puedes omitirlo si quieres cuando trabajes con niños más pequeños. Si decides hacerlo con niños de entre 4 y 6 años, procura que sea breve, sencillo y divertido. Simplemente invítalos a que hagan un dibujo de una experiencia desagradable que hayan tenido en los últimos días. Luego, ayúdales a hacer una breve reflexión verbal sobre lo que recuerdan que les pasó en la mente (pensamientos), en el corazón (sentimientos) y en el cuerpo (sensaciones físicas) durante el suceso. O mejor aún, cantad juntos una canción; una buena opción es «I Am Breathing», en *Calm Down Boogie*, de mi querida amiga y colega Betsy Rose. (Encontrarás el audio en iTunes y en Amazon.)

A los participantes de más edad, puedes orientarlos mientras recuerdan una experiencia desagradable y completan la hoja de prácticas titulada Un momento desagradable que te puedes descargar en http://editorialkairos.com/files/archivos/LugarTranquiloTarea.pdf. Reparte una copia a cada alumno y guíalos a lo largo del siguiente proceso:

Respirad despacio y profundamente varias veces seguidas para asentaros en el Lugar tranquilo. Cuando estéis listos, recordad algún suceso desagradable de esta última semana. Tal vez al oírme decir esto se os haya venido a la mente de inmediato una experiencia concreta; tal vez no. Algunas experiencias desagradables bastante comunes entre niños de vuestra edad son, por ejemplo, tener dificultades al hacer los deberes, tener un desacuerdo con un amigo o con alguien de la familia, perder la mochila con todas las cosas de clase dentro, suspender un examen, o haber fallado el último tiro a canasta en el partido de baloncesto. Algunos quizá tengáis experiencias desagradables más serias (más intensas). Para este ejercicio, podéis usar la experiencia que hayáis recordado o, si lo preferís, elegid una más ligera (menos intensa).

Cuando la hayáis elegido, dedicad un momento a recordar los pensamientos que teníais mientras vivíais esa experiencia... Mirad a ver cuántos pensamientos concretos sois capaces de recordar... Cuando hayáis terminado, recordad los sentimientos que teníais en esos momentos... Tal vez fuera un solo sentimiento, o tal vez fueran muchos... Ahora, mirad a ver si sois capaces de recordar lo que os sucedía en el cuerpo durante la experiencia... ¿En qué postura estabais?... ¿Qué expresión teníais?... ¿Cómo se sentía el cuerpo por dentro?

A vuestro ritmo, abrid los ojos, y empezad a añadir pensamientos, sentimientos y sensaciones corporales al dibujo de la hoja. Si preferís, podéis dibujar esos pensamientos, sentimientos y sensaciones corporales.

Mientras los participantes completan la hoja de practica, paséate por la sala y hazles algún comentario, o ponles suavemente la mano en el hombro a aquellos alumnos a los que podría ayudarles recibir un gesto de apoyo.

Una vez que hayan terminado, anímalos a leer en voz alta sus experiencias desagradables respectivas y los pensamientos, sentimientos y sensaciones físicas asociados. Como en el caso de los demás diálogos que incluyo en el libro, el que sigue a estas líneas puede iniciarse por parejas, en pequeños grupos, o ser un diálogo abierto al grupo entero. Si estás trabajando con un solo individuo, puede ser una simple conversación sincera entre vosotros. El siguiente es un ejemplo de diálogo con una niña de cuarto de primaria en un curso extraescolar.

Yo: Cuéntame, Ángela. ¿Cuál ha sido para ti el suceso desagradable?

Ángela: Quería ir a jugar con mi amiga, y mi madre me hizo recoger mi habitación antes de salir.

Yo: Sí, no poder hacer lo que queremos y cuando queremos puede ser desagradable. ¿Qué pensaste en esos momentos?

Ángela: Odio a mi madre. Es mala. *Nunca* me deja hacer lo que quiero. Es *muy* injusta.

Yo: ¡Excelente atención! Te diste cuenta de cantidad de pensamientos. ¿Y de los sentimientos?

Ángela: Estaba enfadada y triste.

Yo: ¿Alguna más?

Ángela: Sí. La verdad es que estaba también enfadada conmigo, porque mi madre me había dicho hacía rato que ordenara mi habitación, y se me había olvidado.

Yo: Muy atenta, otra vez. Suele ser mucho más fácil enfadarse con otra persona que responsabilizarnos de lo que elegimos hacer. ¿Y en el cuerpo qué pasaba, mientras tenías esos pensamientos y esos sentimientos?

Ángela: Um… Notaba los brazos y las manos como tensos, y la cara un poco arrugada y enfurruñada.

Yo: Gracias, Ángela, por contarnos tu experiencia con tanta valentía. ¿Alguien más quiere contarnos una experiencia desagradable?

Cuando hayan terminado de hablar, puedes explicarles que, por una parte, está el hecho en sí (tener que ordenar la habitación, el largo viaje en coche, el problema de mates difícil, la discusión…) y, por otro, están los pensamientos y sentimientos que le añadimos: «No me gusta nada hacer este viaje», «No sé hacer este problema; soy tonto», «Nunca me escucha», o incluso «Esta profesora medio loca no sabe de lo que habla». (Sonrisa.) El diálogo de la siguiente sección ofrece una manera lúdica de seguir explorando la diferencia entre la experiencia en sí y lo que nosotros le añadimos.

Sufrimiento = dolor × resistencia (ocho a dieciocho años)

Como decía hace un momento, gran parte del malestar que nos deja una experiencia desagradable suele estar provocado por los pensamientos y sentimientos que le añadimos al hecho en sí, pensamientos y sentimientos que tienen que ver con el pasado, o más a menudo con el futuro. «Mi madre hoy no me deja salir a jugar con mi amiga» se convierte en «Mi madre *nunca* me deja jugar con mis amigas». «Estoy aburrida en este momento» se expande, y da lugar a «Voy a estar aburrida *para siempre*», o «No consigo resolver este problema» cambia a «Soy tonta, y no seré capaz de resolver ningún problema *nunca jamás*». Buena parte de los pensamientos y sentimientos desalentadores son una simple resistencia a que las cosas sean como son, lo cual significa, en pocas palabras, querer que las cosas sean diferentes.

Mi amiga y colega Gina Biegel (2009), que en sus rigurosos estudios científicos ha documentado los beneficios de enseñar mindfulness a los adolescentes, hace suya la ecuación matemática que acuñó el maestro estadounidense de meditación Shinzen Young.

Sufrimiento = dolor × resistencia

Una traducción adaptada para niños es:

Malestar = experiencia desagradable × querer que las cosas sean diferentes

Para este diálogo, se puede traducir sufrimiento por malestar; dolor por experiencia desagradable, y resistencia, por querer que las cosas sean diferentes de lo que son. Casi todos los alumnos que tienen edad suficiente para saber multiplicar (mayores de ocho años) entienden esta ecuación. Si ves que todavía les cuesta entender el concepto de la multiplicación, y la ecuación así planteada les resulta desagradable (sonrisa), puedes usar esto como ejemplo en tiempo real, o usar la suma en vez de la multiplicación para transmitir la misma idea.

La ecuación les permite a los alumnos entender de una forma muy concreta cómo la resistencia (querer que las cosas sean diferentes) a menudo aumenta el sufrimiento (o malestar). En una escala del 1 al 10, en la que el 10 es el dolor máximo, invítalos a hacer una estimación del dolor o malestar que les ha causado un determinado suceso. Y utilizando la misma escala, pídeles que hagan una estimación de la resistencia que le oponían en el momento, es decir, de la intensidad con que querían que todo fuera de otra manera. Luego, pídeles que calculen su nivel de sufrimiento, o malestar. Si es posible, suelo hacer esta parte en una pizarra, y trabajo con dos o tres ejemplos que hayan puesto los participantes. A menudo intercambio y combino las palabras de las ecuaciones originales, y digo: «En la situación que acabas de describir, ¿cómo de dolorosa o desagradable fue la experiencia, en una escala del 1 al 10?».

Explícales que muchas veces, aunque no siempre, el grado de dolor o malestar que algo nos causa es el que es, y no se puede cambiar, y que la parte de la ecuación que sí podemos modificar es con cuánta intensidad queremos que las cosas sean distintas. Por ejemplo, no entrar en el equipo de fútbol podría suponer un grado 6 de malestar o dolor, y resistirse al hecho con pensamientos como «El proceso de selección ha sido injusto» podría ser también un grado 6 de resistencia. En esta situación, el sufrimiento alcanza el grado 36. Pregunta si a alguien se le ocurre alguna forma de pensar que pudiera causar menos sufrimiento: «Volveré a intentarlo el año que viene» podría representar un grado 2 de resistencia, lo cual rebajaría el resultado final de sufrimiento a 12.

Este es un diálogo real sobre un tema que tiene connotaciones desagradables para muchos alumnos: los deberes escolares.

Yo:	Dime, Tommy, ¿cuál es la experiencia desagradable que has recordado?
Tommy:	Hacer los deberes de mates.
Grupo:	(Quejido general.) Sí, para mí también.

Facilitador:	Y en una escala del 1 al 10, ¿cómo fue de desagradable?
Tommy:	11.
Grupo:	Sí, por lo menos 11.
Yo:	De acuerdo, quizá fuera 11. Te creo. Voy a invitarte ahora a que compruebes si *realmente* le corresponde un 11. Para mí, 11 sería que mi hijo tuviera un accidente grave, o que se quemara mi casa, o que se muriera alguien a quien quiero.
Tommy:	Vale, probablemente no sea un 11. Quizá un 7.
Yo:	De acuerdo, un 7. Ahora, ¿qué pensamientos tenías en esos momentos sobre los deberes y lo capaz que eras de hacerlos?
Tommy:	Estos deberes son un asco, los odio.
Grupo:	¡Sí!
Tommy	Y no sé hacerlos. Soy tonto. Me rindo.
Yo:	¿Y qué sentías?
Tommy:	Estaba muy enfadado. Me sentía un idiota, un inútil.
Yo:	Gracias por ser tan sincero, y por estar tan atento a tus sentimientos. ¿Y qué pasaba en esos momentos en el cuerpo?
Tommy:	Me dolía la cabeza, y estaba estresado.
Yo:	¿Y qué sensaciones te producía en el cuerpo ese estrés?
Tommy:	Como una tirantez.
Yo:	Y si tomamos todo eso junto —tus pensamientos, tus sentimientos, el dolor de cabeza—, en una escala del 1 al 10, ¿cuánta resistencia te parece que oponías?
Tommy:	8.
Yo:	¿Así que cuál era la puntuación final de sufrimiento?
Tommy:	7 por 8 son… ¿56?
Yo:	Veamos, teniendo en cuenta que no puedes cambiar los deberes y, por arte de magia, hacerlos desaparecer, o que se hagan ellos solos, ¿cómo podrías disminuir ese sufrimiento?
Tommy:	¿Disminuyendo el malestar?
Yo:	¿Y cómo podrías hacer eso?
Tommy:	¿No diciendo que son un asco, y repasando los apuntes?
Yo:	¡Me parece muy buen comienzo! Ahora al decirlo, ¿cómo se siente tu cuerpo?
Tommy:	Menos tirante, mejor, relajado.
Yo:	¿Qué os parece si todos los que habéis escrito que los deberes han sido vuestra experiencia desagradable hacéis el experimento de reducir el enfado (la resistencia) esta semana, y después me contáis?

He visto que, a muchos niños, esta ecuación les permite empezar a entender la relación entre el dolor (las circunstancias y sucesos de la vida) y el sufrimiento (lo que nosotros añadimos a esas experiencias). Una vez más, es fundamental tener en cuenta que muchos participantes están tratando con situaciones personales o familiares muy dolorosas, de enfermedad, penuria económica, un encarcelamiento o una muerte en la familia. En esos casos, para honrar sus experiencias, puedes elevar el grado de dolor en la escala. «Eso que cuentas es muy duro. Para mí, tener un hermano en la cárcel sería un 20. Vamos a quedarnos un momento en silencio y con tranquilidad y a reconocer ese dolor…».

Además, es importante no dar a entender que querer que las cosas sean distintas es malo o es un error. Simplemente, ayuda a tus alumnos a comprender que querer que las cosas sean distintas de lo que realmente son suele aumentar el grado de sufrimiento o malestar. También es importante dejar claro que admitir las cosas como son no significa necesariamente rendirse o no hacer nada para cambiar la situación. De hecho, muchas veces, aceptar las cosas como son nos permite tomar una «buena» decisión (sensata) sobre qué hacer acto seguido: recoger la habitación para poderme ir a jugar; hablar con el entrenador de fútbol para saber lo que opina; releer los apuntes de matemáticas.

La mente poco amable: exploración y diálogo (ocho a dieciocho años)

El diálogo que acabamos de ver, sobre los pensamientos asociados con las experiencias desagradables, sirve de transición a una breve revisión de la mente poco amable. Con frecuencia, esos pensamientos no son verdad, y se proyectan al futuro: «Esto no va a acabar nunca», «Soy un fracasado», «Nadie querrá jugar nunca más conmigo en el recreo». Sufrimos porque nos los creemos y nos identificamos con ello. Una niña de sexto de primaria, Rachel, dijo que la mente poco amable era como un «cotilleo dentro de la cabeza».

Curiosamente, una vez que los adolescentes y preadolescentes descubren que no necesitan creerse todo lo que les dicen los pensamientos, pueden plantearse la posibilidad de, quizá, no tener necesariamente que creerse tampoco los comentarios críticos y despiadados (a veces exageradamente crueles) de sus compañeros, entrenadores, profesores, padres y madres, ni tampoco el discurso incesante de los medios de comunicación que les dice quiénes deberían ser, qué aspecto deberían tener y cómo deberían comportarse, cómo deberían vestir y lo que deberían comprar. Con los adolescentes, puedes hacer las siguientes preguntas para explorar el tema en más profundidad.

- *¿Quién crees que deberías ser?*
- *¿Quién creen tu padre y tu madre que deberías ser?*
- *¿Quién piensan tus amigos que deberías ser?*

- *¿Quién piensan tus profesores que deberías ser?*
- *¿Quién te dicen la sociedad o los medios de comunicación que deberías ser?*
- *¿Tienen algún parecido todas esas ideas de lo que «deberías» ser con la persona que eres?*
- *¿Serás capaz de recordar, al menos de vez en cuando, que todos esos «deberías» no son más que pensamientos, y que no necesitas creértelos ni tomártelos de un modo personal?*

En conjunto, el diálogo sobre la mente poco amable y la exploración de las experiencias desagradables les ayudan a los participantes a aprender a observar sus patrones de pensamiento y de sentimiento, y a empezar a entender cómo afectan esos patrones a su experiencia.

Baile mindfulness (todas las edades)

Si el grupo empieza a estar inquieto, puedes organizar un baile de entre dos y cinco minutos. Conviene que tengas almacenada en el teléfono móvil un poco de música rítmica.

> *Parece que muchos estáis un poco agitados (inquietos). ¿Quién se siente agitado (inquieto)? Gracias por darte cuenta y por ser sincero. Vamos a ponernos de pie. Buscad un espacio donde podáis moveros sin chocar contra nada ni contra nadie. Si os parece bien, cerrad los ojos. Si no, enfocadlos por favor en el suelo. Dentro de un momento vais a oír unos sonidos. Dejad que el cuerpo se mueva al ritmo de los sonidos. (Pon música.) A ver si sois capaces de daros cuenta de los pensamientos y sentimientos mientras escucháis y os movéis. Mientras os movéis, daos cuenta de si la música os gusta u os parece un asco. Daos cuenta de si os sentís abochornados, a gusto o algo intermedio. Notad si disfrutáis u os resistís al moveros. Escuchando, moviéndoos, respirando, dándoos cuenta. Ahora, al apagarse el sonido, dejad que el cuerpo se aquiete… Descansad en la tranquilidad. Daos cuenta de cómo se sienten el cuerpo, la mente y el corazón en este momento… Cuando lo hayáis hecho, sentaos con calma y en silencio (volved a vuestros asientos).*

Yoga para dedos: práctica y diálogo posterior (todas las edades)

Una vez que el grupo se haya sentado, puedes pasar directamente al yoga para dedos. Invita a los alumnos a que coloquen la mano izquierda encima de su muslo izquierdo. Después, pídeles que utilicen la mano derecha para tirar hacia atrás el dedo anular de la mano izquierda. Diles que empujen hasta notar el límite, el punto en el que tienen que dejar de empujar para no hacerse daño o lesionarse.

Si da tiempo, puedes añadir algunos estiramientos, o posturas de yoga, senci-llos. Por ejemplo, haz que se pongan de pie y estiren ambos brazos hacia el techo, y luego se inclinen hacia la izquierda desde la cintura formando un arco, notando las sensaciones del estiramiento… A continuación, haz que repitan el estiramiento inclinándose hacia la derecha… Otro ejemplo sería echar los brazos hacia atrás y entrelazar los dedos detrás de la espalda, y poco a poco ir subiendo los brazos tan alto como puedan manteniendo el pecho en alto, notando las sensaciones en el pecho, en los hombros y en los brazos.

También puedes extenderte sobre la idea de estirarse hasta llegar al límite, y plantear la posibilidad de estirarse hasta el límite no solo física, sino también men-tal y emocionalmente.

Podéis probar a estiraros un poco más de lo que os resulta cómodo (de vuestra zona de confort), no solo con el cuerpo físico, sino también con la mente y el corazón. Por ejemplo, si tenéis que hacer para clase un trabajo muy difícil, o si estáis muy tristes, podéis hacer el experimento de estiraros y relajaros hasta el fondo de vuestra frustración o de vuestra tristeza. ¿Quizá seáis capaces de estar, simplemente estar, con vuestra frustración o tris-teza durante tres respiraciones seguidas? Lo mismo que al hacer los estiramientos físicos, es importante que sepáis cuándo dejar de estiraros, que aflojéis, que pidáis ayuda. Tal vez sigamos hablando de esto más adelante. Por ahora, igual os ayuda saber que, con ama-bilidad y curiosidad, podemos estirarnos con cuidado y entrar en cosas que sean un poco incómodas. Porque, como cuando estiramos el cuerpo, también la mente y el corazón se hacen más fuertes, más flexibles y más equilibrados cuando los estiramos.

Este tema se volverá a tratar, con más detalle, en la siguiente sesión. Una manera de estirarnos y entrar en sentimientos incómodos es la práctica Sentimientos.

Práctica de mindfulness a los sentimientos (todas las edades)

La práctica Sentimientos tiene la finalidad de cultivar la inteligencia emocional, e implica darse cuenta más plenamente del presente estado anímico o emocional. Podrás descargar una muestra de la práctica Sentimientos, indicada para todas las edades, en http://smarturl.it/4sentimientos. (Encontrarás más información al final del libro.) Invita a los participantes a sentarse o tumbarse en una postura có-moda, a localizar la respiración en la barriga, a descansar en el silencio y tranqui-lidad y, luego, a darse cuenta del sentimiento o sentimientos que estén presentes. Anímalos a reconocer que algunos de esos sentimientos tienen nombres comu-nes —como enfadado, contento, triste o entusiasmado— y otros, nombres más inusuales —como tempestuoso, jovial, apasionado o vacío—. (Un niño muy ocu-rrente llamó a su sentimiento Hierba.) Conviene explicarles que hay muchas capas de sentimientos, o que los sentimientos pueden ser pequeños (sutiles) y un poco tímidos, o grandes y poderosos (intensos).

Cuando lleven un rato atentos a los sentimientos, invítalos a darse cuenta de dónde «viven» esos sentimientos en su cuerpo: ¿inmóviles en el pecho?, ¿agitándose en la barriga?, ¿descansando en el dedo gordo de un pie? Anímalos luego a darse cuenta de la sensación que produce en el cuerpo el sentimiento. ¿Es pequeño o grande, pesado o ligero, blando o duro, caliente o frío, agitado o tranquilo? Cuida de verbalizar los términos de un modo que no dé a entender que un estado es preferible a otro.

Diles que, si cualquier indicación tuya les hace empezar a pensar en el sentimiento en vez de *experimentarlo*, basta con que presten atención a la respiración y vuelvan a estar con los sentimientos. (Esta indicación suele ser más necesaria cuando se trabaja con adultos, porque tenemos esa tendencia a pensar más en nuestros sentimientos que a *experimentarlos*.)

Al cabo de unos instantes, sugiéreles que se den cuenta de si el sentimiento es de algún color, o de varios colores, o que imaginen cuál o cuáles podrían ser —tal vez rojo oscuro, azul claro o verde brillante—, y que escuchen con atención al sentimiento para ver si tiene sonido, si se ríe, o gruñe, o gimotea... Después, invítalos a preguntarle al sentimiento qué quiere de ellos, y a darse cuenta de que normalmente los sentimientos nos piden cosas muy simples, como atención, tiempo o espacio. Por último, pregúntales si quieren y pueden darle al sentimiento lo que les ha pedido. Cierra la práctica descansando brevemente una vez más en silencio y quietud.

Dibujos y haikus de sentimientos: ejercicio y diálogo (todas las edades)

Después de la práctica, invita a los participantes a dibujar su sentimiento o a escribir un haiku sobre él. Los auténticos haikus son poemas de diecisiete sílabas repartidas en tres versos de la siguiente manera: el primero tiene cinco sílabas, el segundo siete y el tercero cinco. De todos modos, a menos que esté trabajando con una clase de Lengua, las instrucciones que suelo dar son más simples: «Escribid lo que se puede decir en una respiración». Este es un ejemplo delicioso de haiku de Sentimientos en una sola respiración que escribió Stephen, un alumno de cuarto de primaria: «Contento, dorado, cosquilloso».

Cuando los participantes hayan terminado los haikus o los dibujos, invítalos a expresar lo que hayan notado sobre sus sentimientos. Asegúrate de que lo que dices, tu tono de voz y tu lenguaje corporal transmiten aceptación de su experiencia *exactamente como es*. Si no tienen ningún sentimiento, ni múltiples sentimientos, no importa. Si los sentimientos no tienen color o sonido, tampoco. Si los alumnos descubren que están enfadados o desconsolados, son realidades que forman parte de la vida. En general, este proceso les permite a los niños *sentir* de verdad sus sentimientos. A diferencia de muchos adultos, nuestros jóvenes amigos no suelen tener dificultad para entender las instrucciones, ni piensan demasiado en lo que se les ha indicado que hagan. Por ejemplo, los niños pequeños, e incluso muchos adolescentes, suelen contestar con bastante naturalidad que el sentimiento era de tristeza, que era violeta oscuro, y que gimoteaba y pedía espacio.

Diálogo sobre el yoga «tímido»

Aunque los participantes siempre tienen derecho a abstenerse en cualquier diálogo, incluido el de esta exploración de los sentimientos, el nerviosismo que puede crearles verbalizar lo que sienten es una oportunidad más para la práctica de Sentimientos. Como decía en un apartado anterior, hacer la práctica de Sentimientos se puede conectar con estirarse en el yoga físico. Por ejemplo, a los niños más tímidos, sugiéreles que se *estiren* hacia hablar en voz alta y contar su experiencia, al tiempo que respetas sus límites. Recuérdales que, como pasa con los estiramientos físicos, la disposición que tendrán para ser simpáticos con sus sentimientos (para hacerse amigos suyos) y para expresarlos cambiará de un día a otro y de un momento a otro. Explícales que están aprendiendo a estar con los sentimientos en vez de ignorarlos o esconderlos (reprimirlos) o magnificarlos (recrearse en ellos).

En otra parte del libro he mencionado ya a Evan, un niño tímido que se sentó dando la espalda a la clase en las tres primeras sesiones. Después de la práctica de Sentimientos, le pregunté si quería hacer «yoga de hablar» y estirarse suavemente para contarnos su experiencia. Dijo que sí, y luego contestó a tres preguntas sencillas. Para él ¡fue un pequeño milagro!

Yo:	¿Qué sientes ahora?
Evan:	¿Nervioso?
Yo:	¿Qué sensación te produce nervioso en el cuerpo?
Evan:	Intranquilo.
Yo:	Y ese nerviosismo intranquilo, ¿es de algún color?
Evan:	Naranja.
Yo:	¡Gracias por ser tan valiente y estirarte para contarnos tu sentimiento!

Diálogo con las emociones

De vez en cuando, un sentimiento pedirá algo que el niño no quiera, o no pueda, darle; o pedirá algo que sería insensato que el niño le diera. En esos casos, quizá convenga facilitar un diálogo entre el niño y el sentimiento. Si estás trabajando con un grupo, ese diálogo individual se puede tener en presencia, y con el apoyo, de los demás compañeros o, si lo crees conveniente, en privado después de la sesión. A veces la rabia querrá que un niño le dé «un puñetazo en la cara a John», o la tristeza de una adolescente querrá que se autolesione; o, como en el siguiente ejemplo, el miedo querrá tomar el mando.

Mi hija Nicole ha tenido la amabilidad de darme permiso para transcribir aquí su diálogo con el miedo, como ejemplo del tipo de conversación que podemos establecer con él. Para situarnos, era la noche anterior al concurso de talentos de cuarto de primaria en el que iba a tomar parte. El ensayo de la tarde no había ido bien; su actuación había sido «desastrosa», y tenía miedo de volver a hacer una actuación desastrosa al día siguiente en el concurso, delante de todo el colegio. Durante la práctica de Sentimientos, cuando Nicole le preguntó al miedo qué quería de ella, el miedo le dijo que quería tomar el mando.

Un inciso. Yo me di cuenta de que mi primer pensamiento fue «Un momento, no puede querer eso; la práctica no va así. Se supone que un sentimiento puede querer tiempo, espacio y atención». A pesar de ello, le tomé la palabra, y a Nicole le pregunté «¿Y tú qué sientes al oírle decirte eso?». Me contestó: «No quiero que esté al mando». «Bien, pues díselo». Se lo dijo, y el miedo le respondió que le daba igual y que seguía queriendo estar al mando. Unos momentos después, Nicole le dijo al miedo: «Puedes venir, pero no puedes estar al mando». El miedo accedió, y Nicole decidió simbolizar el acuerdo metiéndose en el bolsillo del vestido una muñequita quitapenas que mi madre le había traído de Guatemala. Así que el miedo la acompañó al concurso, pero la alegría estaba al mando.

Hacernos amigos de las emociones abrumadoras
En este momento puede ayudar explicar:

Todos, niños y adultos, solemos tener cada uno nuestras maneras (habituales) de relacionarnos con los sentimientos. Sin atención plena (sin observar e indagar), la mayoría tendemos a vivir dentro de una franja muy estrecha [ilústralo con gestos de las manos] *que admite pocas variaciones; básicamente dos: ignorar (reprimir) los sentimientos, y vivir controlados (abrumados) por ellos. Dedicad un momento a examinar qué soléis hacer vosotros con los sentimientos fuertes (intensos).*

A aquellos que por lo general ignoramos (reprimimos) nuestros sentimientos, la práctica de Sentimientos que acabamos de hacer puede ayudarnos a tratar nuestras emociones con amabilidad y curiosidad (a ser emocionalmente más desenvueltos). A aquellos que tendemos a dejarnos controlar (abrumar) por nuestros sentimientos, quizá nos convenga pararnos un momento y asentarnos de verdad en Un lugar tranquilo antes de hacer la práctica de Sentimientos. Con un poco de práctica, podremos «tener sentimientos sin que esos sentimientos nos tengan a nosotros», lo cual significa darnos cuenta de nuestros sentimientos sin dejar que controlen nuestra forma de ser. Como todos sabemos, cuando los sentimientos controlan cómo nos comportamos, solemos hacer cosas de las que quizá nos avergonzamos un poco, o de las que luego nos arrepentimos.

Las emociones que se ocultan bajo el aburrimiento

Si un niño se queja continuamente de que se aburre, invítalo a mirar qué hay debajo del aburrimiento; a menudo descubrirá tristeza, rabia o miedo. Por ejemplo, Lee, un niño que había en uno de los primeros grupos que participaron en el estudio de parejas niño-padre/madre llevado a cabo en Standford, decía constantemente que se aburría. Dado que el curso formaba parte de una investigación y había que cumplir con las formalidades, los niños y sus progenitores tuvieron que rellenar montañas de papeles. Pero aquellos papeles se enviaron directamente al equipo de investigación. Así que, en la primera clase, les dije a los participantes que yo no estaba al tanto de la información que habían dado en los cuestionarios, y que, si había alguna circunstancia de la que consideraran que debía estar enterada, tendrían que hacérmela saber. Como durante la sesión Lee había dicho un par de veces que estaba aburrido, decidí hablar con él (y con su madre) después de la clase. En resumidas cuentas, resultó que la madre de Lee había decidido no contar que su marido había tenido una aventura amorosa y, de la noche a la mañana, se había ido a vivir a otro país. Obviamente, esta información me dio una nueva perspectiva de las circunstancias de Lee, y me animó a sugerirle que mirara debajo del aburrimiento para ver si quizá encontraba otros sentimientos que estuvieran presentes. Como no era de extrañar, Lee descubrió rabia, tristeza y confusión. Al cabo de un tiempo de hacer de seguido la práctica de Sentimientos, Lee fue capaz de reconocer y expresar los complejos sentimientos superpuestos que tenía respecto a la deserción de su padre.

A la hora de trabajar con los sentimientos de los participantes, sé perspicaz y realista, y date cuenta de qué puedes ayudarles a tratar y qué no. Dependiendo de tu experiencia y tus conocimientos, ante una revelación como la de la madre de Lee, quizá lo mejor sea poner al niño en contacto con un profesional experimentado. Que seas o no capaz de brindarle a un individuo el apoyo que necesita dependerá de la seriedad de tu práctica y de la capacidad que tengas para observar tus propios pensamientos, sentimientos, juicios y preocupaciones, y para responder en lugar de reaccionar. Si no tienes formación de terapeuta, puede que juzgues lo que te cuentan y te entre miedo; si la tienes, puede que te ampares en tu faceta «profesional». Haz todo lo posible por *estar con* el individuo y su experiencia y por *responder* con afecto y sabiduría.

Conversación en el ecuador del curso (todas las edades)

Recuérdales a los participantes que esta clase marca el ecuador del curso, y repasa brevemente los temas principales del programa. Pide voluntarios que quieran contar brevemente lo que recuerdan de los diversos temas importantes que se han tratado en el curso hasta este momento: los acuerdos de grupo, Un lugar tranquilo, la definición de mindfulness, prestar atención plena a la respiración, a las experiencias agradables, a los pensamientos, el ejercicio de los «nueve puntos», la mente poco amable, las experiencias desagradables, la ecuación sufrimiento = dolor × resistencia y, por último, los sentimientos.

Dentro de este contexto, puedes preguntar de nuevo qué tal se desenvuelven los participantes con las prácticas, y si a alguien le sigue costando encontrar tiempo para practicar o tiene dificultades con las prácticas en sí. Invita nuevamente a los participantes que hayan conseguido establecer un ritmo de prácticas a que cuenten a los demás qué les ha ayudado a conseguirlo. Recuérdales que, en nuestra cultura, es poco habitual detenerse y volver la atención hacia dentro, y que ellos están aprendiendo una forma muy especial de ser, que la mayoría de la gente no tiene ocasión de aprender nunca. Ayúdales a decidir un horario concreto para la práctica, y anima a aquellos que no hayan estado haciendo las prácticas a que sencillamente empiecen de nuevo en este momento, que es nuevo.

Conviene repasar también las actividades de mindfulness que los niños hayan hecho durante las tres últimas semanas, y que recuerden de qué se dieron cuenta al cepillarse los dientes, ponerse los zapatos o comer con atención. Y, una vez más, aquellos que en su día se olvidaron de que este aspecto formaba parte de la práctica semanal, sencillamente, pueden *empezar de nuevo* esta semana.

Un aspecto importante del mindfulness es darnos cuenta de cuándo nos hemos distraído, regresar y empezar de nuevo:

Dándonos cuenta de que la atención se ha apartado de la respiración, regresando, y empezando de nuevo a prestar atención a la respiración.

Dándonos cuenta de cuándo nos hemos dejado llevar por los pensamientos y los sentimientos, regresando, y empezando de nuevo a prestar atención al aquí y ahora.

Dándonos cuenta de que hemos dejado de practicar en casa, regresando, y empezando a practicar de nuevo.

Después del diálogo, ha llegado el momento de explicar la práctica semanal y de finalizar la sesión con la práctica de escuchar.

Explicación de la práctica semanal (todas las edades)

Para terminar, lee en voz alta la práctica semanal. De acuerdo con el tema central de la semana, que ha sido prestar atención plena a los sentimientos, la práctica guiada con audio es en este caso Sentimientos. Anima a los participantes a hacerla realmente, y a crear al menos dos expresiones artísticas de su sentimiento —dos dibujos, dos haikus, o un dibujo y un haiku— y a traerlas a clase.

Invítalos a que durante toda la semana se den cuenta de que querer que las cosas sean distintas de lo que son aumenta el sufrimiento, o el malestar.

La práctica semanal correspondiente a esta sesión incluye practicar a diario mindfulness al bañarse o ducharse, como se describe en el capítulo 3.

Práctica mindfulness al escuchar como cierre de sesión (todas las edades)

Concluye la sesión dejando que uno o dos alumnos que hayan estado particularmente atentos hagan sonar la campana tubular para la práctica de escuchar final.

* * *

Ahora que habéis llegado al ecuador del curso, es un buen momento para que tú también hagas algunas comprobaciones personales.

- *¿Cómo es tu práctica en la actualidad?*
- *¿Practicas? ¿Formalmente? ¿Y mientras enseñas?*
- *¿Eres consciente de las experiencias agradables de tu vida?*
- *¿Eres consciente de tus pensamientos, sobre todo de los que te encasillan y encasillan a los demás? ¿De la mente poco amable? ¿De la resistencia?*
- *¿Miras tus sentimientos con amabilidad y curiosidad?*
- *Si tu práctica ha decaído, ¿estás dispuesto a empezar de nuevo en este momento?*

Práctica semanal—Sesión 4

El mindfulness es amable.

Nos alienta a tratarnos y tratar a los demás con amabilidad y compasión.

Escucha la práctica guiada Sentimientos todos los días.
http://smarturl.it/4sentimientos

Haz al menos dos haikus, poemas o dibujos que muestren los sentimientos que has tenido durante la práctica de Sentimientos, y tráelos a clase la semana que viene.

Practica mindfulness en tu vida diaria.

- *Observa cómo el querer que las cosas sean distintas hace que el malestar sea mayor.*
- *Dúchate prestando atención plena.*

Con amabilidad y curiosidad, y sin sentimientos de culpa, rellena la hoja del diario de prácticas semanales.

Si tienes alguna percepción reveladora, alguna pregunta, o alguna dificultad que quieras contarme, o si no vas a poder asistir a la próxima clase, llámame por teléfono o envíame un correo electrónico.

8. SESIÓN 5:
RESPONDIENDO Y REACCIONANDO:
AGUJEROS Y CALLES DISTINTAS

Intenciones

Las intenciones de esta sesión son revisar la práctica de Sentimientos y extendernos sobre ella (incorporando la teoría de las emociones, y la improvisación de emociones, si da tiempo), así como sobre las experiencias desagradables de la vida real y la ecuación «sufrimiento = dolor × resistencia». Se suelen utilizar los estiramientos o el yoga suaves para explorar temas como el cuidado personal, el equilibrio (físico, mental y emocional) y la expansión de los límites personales acostumbrados. El poema «Autobiografía en cinco capítulos breves», de Portia Nelson, es una buena analogía de la diferencia entre responder y reaccionar. La mayoría de nuestros jóvenes amigos conectan con ella de inmediato, y la encuentran muy útil.

Esquema: prácticas, ejercicios y diálogos

- Práctica de mindfulness al escuchar*
- Práctica de mindfulness al comer*
- Ejercicio: una palabra*
- Revisión de la práctica semanal*
- Conversación sobre la teoría de las emociones
- Ejercicio de improvisar emociones*
- Sufrimiento = dolor × resistencia: repaso y diálogo
- Práctica de yoga*
- Diálogo sobre agujeros y la posibilidad de tomar calles distintas
- Sugerencia de lectura en voz alta: *Alexander y el día terrible, horrible, espantoso, horroroso*, de Judith Viorst y Ray Cruz*

- Práctica basada en la respiración (si da tiempo)*
- Explicación de la práctica semanal*
- Práctica de mindfulness al escuchar como cierre de sesión*

Práctica de mindfulness al escuchar (todas las edades)

Una vez más, inicia la sesión con la práctica de mindfulness al escuchar. Luego, haz la transición a la de mindfulness al comer, preferiblemente en silencio. Basta con que digas: «Bien, vamos a comer los tres primeros bocados en silencio. Antes de empezar, dedicad por favor un momento a mirar la pera y a daros cuenta de su peso… temperatura… forma… color… textura… olor… Y cuando estéis listos, dad despacio tres bocados atentamente, poniendo toda vuestra atención en la boca mientras masticáis y saboreáis. No tengáis prisa; saboread con calma».

Ejercicio: una palabra (todas las edades)

Después del último bocado atento, y antes de que los participantes abran los ojos, sugiéreles que se den cuenta de cómo se sienten en ese momento: cansados, relajados, nerviosos, contentos, enfadados, llenos de energía… Cuando hayan abierto los ojos y ampliado su atención hasta abarcar al resto de la sala, ve dando la vuelta al círculo y pidiéndoles a los participantes, de uno en uno, que digan una palabra o frase breve que exprese cómo se sienten. Es una manera rápida y sencilla de estimular la consciencia de las emociones y sensaciones corporales, de atraer a todos los participantes al momento presente y de que puedas hacerte una idea de cómo le está yendo a cada uno. No hace falta comentar nada; cada individuo dice su palabra o su frase, y eso es todo.

Después de descansar en quietud unos segundos, puede ser revelador repetir el ejercicio y que cada participante diga lo que siente ahora. Si, como suele ocurrir, los sentimientos de uno o más de ellos han cambiado durante este intervalo tan breve, basta con que hagas un comentario destacando precisamente eso: «Qué interesante. Antes estabas de mal humor, y ahora estás tranquilo. Sobre todo cuando tenemos sentimientos intensos, conviene que recordemos que los sentimientos no son permanentes, y que cambian».

Revisión de la práctica semanal (todas las edades)

Invita a los participantes a exponer ante el grupo sus representaciones artísticas de los sentimientos que han tenido durante la semana. Si alguno se ha olvidado de traer su dibujo o su poesía, puede comentar un sentimiento del que se haya dado cuenta a lo largo del día. Responde a sus obras prestando plena atención, quizá con un comentario sobre un tema relevante, individual o colectivo, o simplemente asintiendo con la cabeza en señal de reconocimiento; un silencio atento puede ser una respuesta muy satisfactoria.

Busca además oportunidades para subrayar otros principios del mindfulness. Por ejemplo, puedes recalcar el tema de la impermanencia con preguntas o comentarios como: «¿Sigues sintiéndote como antes?», «Al mirar atrás, ¿cuánto crees que duró aquel sentimiento?», «Lo mismo que el aire que respiramos y que los pensamientos, también los sentimientos vienen y van». O puedes hablar de la aceptación haciéndoles preguntas como «¿Has sido capaz de estar con tu sentimiento con amabilidad y curiosidad?», o «¿Has ignorado (reprimido) tu sentimiento o has hecho caso (cedido) a lo que te decía?», «¿Has sido capaz de tener ese sentimiento y darte cuenta de él, aunque fuera por un instante, sin que él te tuviera a ti y estuviera al mando de tu comportamiento?».

Conversación sobre la teoría de las emociones (ocho a dieciocho años)

Si da tiempo, estaría bien que incluyeras algunas nociones básicas de la teoría de las emociones. La breve introducción a la teoría de las emociones que hago bajo estas líneas es una adaptación de la introducción al curso de Equilibrio emocional basado en mindfulness (EEBM, o MBEB por sus siglas en inglés) que ya hemos mencionado. La parte dedicada a la teoría de las emociones se basa sustancialmente en la obra del doctor Paul Ekman (2003). Desde que hice el curso de formación para impartir el programa de EEBM, he incorporado una versión *simplificada* de nociones básicas a las sesiones con pacientes individuales y con grupos. Los principales conceptos de la teoría de las emociones están indicados a continuación, acompañados de algunas preguntas, para alentar el diálogo, y de información fundamental sobre la que indagar. El lenguaje que he utilizado en los ejemplos está indicado para niños de ocho a diez años. Si quieres modificarlo para trabajar con participantes de más edad, de entre once y dieciocho años, utiliza las frases que aparecen entre paréntesis.

Las emociones forman parte de la vida de todos los mamíferos.

¿Sabéis decirme nombres de mamíferos?

¿Qué tienen en común los mamíferos?

Los mamíferos alimentan a sus crías amamantándolas; suelen vivir en grupos, y son criaturas sociales.

Los científicos que estudian las emociones han descubierto que hay siete emociones universales, que todos experimentamos.

¿Sois capaces de adivinar cuáles son algunas de las emociones primarias?

Las emociones primarias son la alegría, el miedo, la rabia, la tristeza, la sorpresa, el desprecio y el asco. [La mayoría de los alumnos consiguen adivinar al menos las cuatro primeras.]

Las emociones nos ayudan a sobrevivir (tienen un propósito evolutivo), pues nos ayudan a detectar peligros, a superar retos y a conectar con nuestros seres queridos.

De las emociones que hemos nombrado, ¿cuáles nos ayudan a detectar peligros, a superar retos y a conectar con los seres queridos?

La alegría nos ayuda a conectar con nuestros seres queridos.

El miedo nos ayuda a evitar el peligro, y por tanto a sobrevivir.

La rabia nos ayuda a sobrevivir porque su energía sirve para superar obstáculos.

La tristeza hace saber a quienes nos quieren que estamos tristes, para que nos puedan consolar.

Cada una de las emociones primarias se corresponde, además, con una expresión facial y una respuesta corporal muy concretas.

¿Podéis mostrarme cómo es una cara sorprendida? [Quizá les ayude que tú hagas una demostración: los ojos abiertos de par en par, las cejas arqueadas, la boca abierta y la mandíbula colgando.]

Estirad las esquinas de la boca hacia arriba, hacia las orejas (sonreíd). ¿Cómo os sentís? ¿Qué notáis en el cuerpo?

Estirad las esquinas de la boca hacia abajo, hacia los hombros. ¿Cómo os sentís ahora? ¿Qué notáis en el cuerpo?

Hay pequeños gestos (incompletos) que juntos forman las expresiones faciales completas (específicas) de sorpresa, alegría y tristeza. Muchas veces, con hacer uno solo de esos pequeños gestos de la cara (expresión facial) que corresponde a una emoción, empezamos a sentir esa emoción.

Cuando no hacemos nada para que las emociones se vuelvan más pequeñas (para reprimirlas), ni las hacemos más grandes (las magnificamos), tienen su momento y su ritmo naturales.

A partir de vuestra experiencia, ¿cómo describiríais, o dibujaríais, una emoción con el paso del tiempo? [El gráfico típico es una simple onda o curva de campana, que puedes dibujar en la pizarra].

En vuestra vida diaria, ¿sois capaces de daros cuenta de cuándo empieza una emoción, cuándo llega a su punto más alto y cuándo termina?

Según vuestra experiencia, ¿qué pasa cuando una emoción llega al punto más alto (al pico)?

Al pico de una emoción se le llama «periodo refractario». Durante ese periodo, la emoción se apodera de nosotros y no podemos pensar con claridad.

¿Podríais describir un momento en que estuvierais en el periodo refractario?

Periodo refractario

Cuando estamos en periodo refractario, estamos controlados por nuestro cerebro de lagartija (reptiliano) y presos en la respuesta de lucha, huida o parálisis. Esto significa que, como las lagartijas, queremos o luchar o escapar o quedarnos paralizados. Una vez que ha pasado el periodo refractario, volvemos a tener acceso a nuestro maravilloso cerebro (y corazón) humano completo, incluidas las partes que son capaces de tener una perspectiva más amplia, de tener en cuenta lo que sentimos y queremos y lo que sienten y quieren otras personas (distintas perspectivas), de ser creativas, solucionar problemas…

El mindfulness nos puede ayudar a darnos cuenta del comienzo de una emoción, del periodo refractario y del final de la emoción.

Esa progresión ¿os recuerda a algo a lo que hayamos estado prestando atención plena (la respiración, los pensamientos, el sonido)?

Cuando nos damos cuenta de que estamos presos en una emoción, podemos elegir, al menos a veces (sonrisa).

A veces, lo mejor que uno puede hacer es elegir; como dice mi hijo con una sonrisa: «Callarse y quedarse ahí sentado». Es una táctica que usa a menudo con un chico con el que suele compartir coche. [Más tarde, se puede enlazar esta táctica al ejemplo de elegir una calle distinta para evitar la que tiene el gran agujero].

Después de oír estas explicaciones sobre la teoría de las emociones, Álex, un niño de diez años con el que trabajé en sesiones individuales, dijo que observar la progresión de la rabia le había parecido igual que observar la mecha encendida de una bomba, y *a veces* tenía tiempo de apagarla con el agua del mindfulness. Justin, otro niño de diez años con el trabajé en sesiones particulares, dijo que cuando empezaba a enfadarse era como hacer cola en un parque temático esperando a montarse en una atracción explosiva. Además, dijo que, si estaba muy atento, podía salirse de la cola y no montarse en la atracción (normalmente una gran discusión con su madre).

Una analogía que me gusta usar es la de observar las olas:

A menudo, las emociones fuertes nos toman por sorpresa, como un tsunami. El mindfulness nos puede servir de sistema de alarma. Si estamos atentos, vemos aparecer las primeras ondulaciones de una emoción, y luego las vemos ir convirtiéndose en olas más grandes y más poderosas. Una vez que las vemos empezar a formarse, podemos elegir dar un paso atrás y retirarnos a un lugar elevado donde las olas al romper no nos alcancen.

Para profundizar en el tema, puedes dibujar en la pizarra los patrones de los siguientes gráficos y explicar:

En la vida real, suele ser un poco más complicado, porque normalmente nuestras olas no están separadas (aisladas). Normalmente se combinan con las olas de otras personas, y cuando dos grandes olas alcanzan su máxima altura al mismo tiempo, se unen y crean una ola gigantesca y muy poderosa. Cuando una ola grande se combina con una ola pequeña, o con el agua en calma, disminuye de tamaño; la ola pequeña reduce o neutraliza la gran ola, y calma el agua. A veces, lo mismo que en una familia, una clase o un grupo de amigos, hay muchas olas distintas.

Si trabajas con adolescentes (o con padres, madres y profesores), puedes relacionar esta explicación con la teoría física de la propagación de las ondas:

En física, a la combinación de dos ondas que crea una onda mayor, se le llama interferencia constructiva. Cuando la cresta de una ola coincide con la depresión o valle de otra, se restan mutuamente y pueden llegar a anularse, y a esto se le llama interferencia destructiva. A veces, sin embargo, las cosas no son tan sencillas, y a esto se le llama interferencia mezclada: para complicar aún más las cosas, cada individuo puede tener más de una emoción, y puede que intervengan en la interacción muchos individuos. Ten esto en cuenta la próxima vez que tengas una discusión o un desacuerdo de cierta intensidad.

Las siguientes ilustraciones muestran imágenes básicas de estas combinaciones; cada línea representa las emociones de una persona. Estas analogías pueden ser particularmente útiles cuando habléis en clase de momentos difíciles con los amigos y la familia.

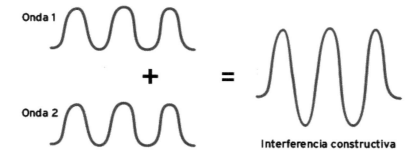

Onda 1

+ =

Onda 2

Interferencia constructiva

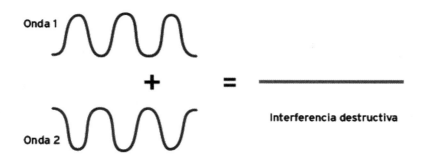

Onda 1

+ =

Onda 2

Interferencia destructiva

Interferencia mixta

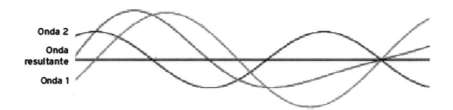

Onda 2
Onda resultante
Onda 1

Ejercicio de improvisar emociones

En uno de los cursos que imparto en internet, el participante, y amigo, Curtis Cramblett propuso un magnífico ejercicio de improvisación en el que la teoría de las emociones cobra vida. Consiste básicamente en lo siguiente: se define un espacio rectangular. Se utilizan señales visuales para designar el 25%, el 50%, el 75% y el 100% de la distancia de un lado del rectángulo al otro, y los participantes tienen que avanzar expresando una emoción en distintos porcentajes.

Por ser una emoción muy común y con frecuencia problemática, suelo empezar por la rabia. (Con niños pequeños, en lugar de utilizar porcentajes, puedes hablar de una cantidad pequeña, mediana o grande de rabia.)

Ahora vamos a jugar a expresar distintos sentimientos (emociones) con el cuerpo y con la cara. Por favor, poneos de pie. Vamos a usar el rectángulo que hay desde la pizarra hasta la ventana; el borde delantero de la estantería marca una cantidad pequeña (el 25%) de un sentimiento (emoción), la parte posterior de la estantería es una cantidad media (el 50%) y la papelera, una cantidad grande (el 75%). Dedicad un momento a descansar en la calma, y luego en el silencio; luego acercaos al extremo delantero de la estantería y demostrad una pequeña cantidad (25%) de rabia con el cuerpo y con la cara. Notad las sensaciones que os produce en el cuerpo, en la mente y en el corazón… Ahora dad un paso adelante, hasta colocaros en línea con la parte posterior de la estantería, y demostrad una cantidad media (50%) de rabia. Notad las sensaciones que produce en el cuerpo, la mente y el corazón…

Puedes comentar lo que observes, y hacerles preguntas a los participantes sobre lo que sienten en el cuerpo, la cara, la mente y el corazón. Por ejemplo:

- *Veo muchas mandíbulas tensas y puños apretados.*
- *¿Qué les pasa a los pensamientos cuando demostráis (encarnáis) rabia?*
- *¿Qué os sucede en el pecho?*
- *¿Conocéis (reconocéis) este sentimiento? ¿Os resulta familiar?*
- *¿Os sentís así muchas veces (a menudo)?*
- *¿Os sentís raros o a disgusto estando furiosos?*

Como es un ejercicio de mucha intensidad, conviene limitar las expresiones emocionales a un máximo del 75%. Por otra parte, no es muy probable que los participantes vayan a ser capaces de expresar el 100% de una emoción durante este ejercicio.

Ahora vamos a reducir la emoción a un 5%: solo un poquito de rabia. ¿Os sirve de algo conocer las sensaciones del cuerpo cuando estáis solo un poco enfadados?… ¿Os acor-

dáis de que antes hemos hablado de lo que pasa en el periodo de refracción, y de cómo nos ayuda estar muy atentos a lo que está empezando a pasar?... ¡Exactamente! Darnos cuenta es como el sistema de alarma del que hablábamos. A veces, cuando sabéis que estáis justo empezando a poneros furiosos, tenéis más posibilidades de elegir un comportamiento mejor que cuando estáis verdaderamente enfadados y en el periodo refractario.

Ahora vamos a quedarnos de pie en silencio y tranquilidad y a ver qué le pasa al sentimiento (emoción). ¿Crece (se intensifica)? ¿Desaparece (se disipa)? ¿Cambia?

Si da tiempo, puedes repetir el ejercicio con otras emociones: tristeza, miedo, envidia, contento. Lo mismo que suelo empezar por la rabia, suelo terminar con la alegría.

Diálogo sobre momentos desagradables (ocho a dieciocho años)

Invita a los participantes, sobre todo a los que no han hablado mucho en las sesiones anteriores, a que cuenten las experiencias desagradables que han tenido a lo largo de la semana. Anímalos a darse cuenta de que tanto lo agradable como lo desagradable son temporales, perecederos. Proponles que reflexionen un poco sobre cuánto de su malestar se debe a creer que el suceso desagradable que están experimentando durará para siempre (a esa proyección hacia el futuro) y a querer que las «cosas», que ellos mismos, los demás o la situación, sean diferentes de lo que son (resistencia).

Práctica de yoga (todas las edades)

Cuando hayáis agotado la conversación sobre los sucesos desagradables, el sufrimiento, el dolor y la resistencia, puedes pasar a un poco de yoga suave. Este yoga no consiste en «hacer» ninguna postura en particular ni ninguna secuencia de posturas, sino en ayudar a los participantes a estar plenamente presentes en su cuerpo. Como en el caso de otras prácticas, si tú personalmente no haces yoga con seriedad y regularidad, te recomiendo que, por respeto a la práctica y a los jóvenes a los que enseñas, establezcas una sólida práctica personal antes de impartir esta disciplina, ya que la falta de conocimientos en este terreno podría dar lugar a lesiones físicas.

A continuación he incluido las instrucciones básicas para hacer unas cuantas posturas de yoga sencillas. Verás que incluso las más básicas van acompañadas de comentarios para garantizar que los participantes no corran ningún riesgo, como, por ejemplo, la que indica cómo colocar el pie en la pantorrilla o en el muslo (¡no en la rodilla!) en la postura del árbol. Además de guiar los movimientos de cada postura, ofrece algún comentario y alguna palabra de aliento como los que he incluido bajo estas líneas. Como en las demás prácticas, es recomendable que hagas las posturas mientras vas guiando cada movimiento, paseando con frecuencia la mirada, eso sí, para asegurarte de que las indicaciones son lo bastante claras como para que los participantes entiendan la forma básica de la postura.

Sabéis cómo encontrar Un lugar tranquilo en los espacios presentes entre las respiraciones, y quizá incluso lo hayáis encontrado mientras leíais u os relajabais. Ahora vamos a encontrar Un lugar tranquilo dentro de algunos movimientos suaves y sencillos. El propósito de esta práctica es escuchar nuestro cuerpo y respetarlo, y tener curiosidad por descubrir cómo hacemos algo que no acostumbramos a hacer, algo nuevo.

Poneos de pie con los pies juntos; sentid los pies sobre el suelo; sentid los dedos de los pies tocando el suelo; sentid los talones tocando el suelo; sentid el borde exterior de los pies tocando el suelo, y el borde interior de los pies tocando el suelo. Mirad a ver si sentís la energía subiendo por los pies y por las piernas. Sentid lo fuertes y largas que son las piernas.

Encontrad la respiración en la barriga. Sentidla llenándose en la inspiración y vaciándose en la espiración… Estiraos todo lo que podáis.

Subid los hombros hacia las orejas, y luego dejadlos caer y relajarse suavemente.

Cerrad los ojos, encontrando de nuevo la respiración en la barriga… Descansando aquí.

Sentid cómo os equilibráis aquí. ¿Os dais cuenta de que lo que llamamos equilibrio es en realidad una serie de bamboleos y ajustes?… ¿Sabéis que otras partes de la vida son así también?… Quizá nos bamboleamos en el colegio o en los deportes, con los amigos o la familia. Y lo mismo que estando aquí de pie, podemos hacer ajustes, y encontrar el equilibrio en esas partes de nuestra vida, también.

Cuando estéis listos, abrid los ojos.

Mirad algo que esté quieto delante de vosotros, como el interruptor de la luz o el pomo de la puerta… Enfocad los ojos en ese punto quieto. Estirad los brazos hacia los lados de modo que el cuerpo forme un T. Descansad el peso en el pie derecho y sentidlo tocando el suelo. Sentid la pierna derecha recta y larga. Colocad la parte de abajo (planta) del pie izquierdo en la pantorrilla o el muslo derechos. Abrid con suavidad la rodilla izquierda hacia el costado izquierdo. Encontrad la respiración en la barriga. Estupendo [sonríe].

No importa que os bamboleéis y bajéis el pie al suelo. Probad otra vez. Sed delicados y amables con vosotros mismos. ¡Divertíos en medio de la dificultad! A esto se le llama postura del árbol. ¿Os sentís como un árbol… alto y fuerte… quizá con las ramas meciéndose en el viento? A ver si sois capaces de dejar la mente y el corazón quietos, incluso aunque el cuerpo se tambalee. Os ayudará tomároslo con sentido del humor. Bajad los brazos y la pierna. Sacudid el cuerpo; disfrutad sacudiéndolo.

Entrando en la quietud… Ahora estirad la esquina derecha de la boca hacia la oreja derecha, y la esquina izquierda hacia la oreja izquierda (sonríe). ¿Qué notáis cuando hacéis esto?

De nuevo, mirad un punto quieto. Estirad los brazos hacia los lados formando una T. Descansad el peso del cuerpo en el pie izquierdo; sentidlo tocando el suelo. Sentid la pierna izquierda recta y larga. Colocad la parte de abajo (planta) del pie derecho en la pantorrilla o el muslo izquierdos, y dejad que la rodilla izquierda se abra con suavidad hacia el costado izquierdo. Encontrando la respiración en la barriga, dejaos sonreír. Lo estáis haciendo de maravilla [sonríe].

Daos cuenta de cómo os habláis a vosotros mismos. Tened curiosidad por lo que os decís mientras intentáis hacer la postura. ¿Es amable? ¿Le hablaríais a un amigo como os estáis hablando a vosotros mismos? ¿Sois capaces de practicar ser amables?

Estupendo; ¡lo estáis haciendo genial! Volved a empezar desde el principio si es necesario.

Bajad los brazos y la pierna. Sacudid el cuerpo.

Ahora doblad las rodillas solo un poco y estirad las manos hacia el suelo. Dejad que la parte superior del cuerpo quede colgando desde la cintura, como si fuerais una muñeca de trapo. Si notáis dolor, doblad las rodillas un poco más.

Tratad de alcanzar cada uno vuestro límite. Como en el yoga para dedos, escuchad al cuerpo y notad el punto en el que os dice «Basta». No es necesario que os forcéis más allá de vuestro límite actual.

Daos cuenta de la sensación de estar más o menos cabeza abajo. Sentid la espalda y las piernas estirándose. Sentid la pesadez de la cabeza. Daos cuenta de la sensación de respirar en esta posición. Haced lo posible por que la atención entre en el cuerpo, sintiendo las sensaciones… Ahora doblad las rodillas con suavidad, y luego estirad los brazos hacia delante y poned las manos en el suelo, de modo que el cuerpo y el suelo formen una especie de triángulo. Sentid cómo se estira la parte posterior de las piernas. Si notáis dolor, doblad las rodillas un poco más. Sentid la fuerza de los brazos, que os sostienen en esa postura. Acordaos de respirar… Daos cuenta de si habéis empezado a comparar cómo lo estáis haciendo con cómo lo está haciendo algún compañero, y luego volved a poner la atención en el cuerpo, y en la respiración.

Ahora, prestando atención a cómo pasáis de una posición a otra, echad los pies hacia atrás y flexionad las piernas hasta quedaros de rodillas en el suelo, sentados sobre los pies estirados sobre el suelo y con los dedos apuntando hacia atrás. Colocad con suavidad la frente en el suelo y llevad los brazos hacia atrás hasta que casi toquen los pies. Descansad así, en esta forma oval. ¿Sentís el cuerpo entero respirando aquí? ¿Sentís la respiración en la barriga?… ¿Y en la espalda?… Id desplegándoos despacio. Sentaos y cruzad las piernas delante de vosotros. Estando así sentados con las piernas cruzadas, cerrad los ojos y descansad las manos sobre las rodillas. A esto se le llama postura de la montaña. Las montañas están quietas; no se alteran cuando hace sol, cuando el viento sopla con fuerza, cuando la nieve se arremolina. A veces, los pensamientos y los sentimientos son como el viento furioso o un remolino de nieve. Con la práctica, podemos aprender a estar igual de quietos que la montaña y a no alterarnos aunque los pensamientos y los sentimientos rujan y se arremolinen.

De nuevo, encontrad la respiración en la barriga. Ahora, mirad a ver si sois capaces de encontrar Un lugar tranquilo mientras descansáis y respiráis. ¿Habéis sentido la tranquilidad y la calma haciendo estos movimientos suaves?… Si no lo habéis sentido, no pasa nada.

Para terminar, respirad profundamente tres veces más. Recordad que vuestro Un lugar tranquilo está siempre con vosotros: cuando estáis quietos, cuando os movéis, cuando estáis contentos, cuando estáis tristes. Y podéis encontrarlo con facilidad prestando atención a la respiración, a vuestro cuerpo, o a lo que quiera que estéis haciendo en ese instante.

Diálogo sobre agujeros y calles distintas (ocho a dieciocho años)

La siguiente práctica está basada en el poema de Portia Nelson «Autobiografía en cinco capítulos breves» (1993). Empieza por pedirles al individuo o al grupo con que estés trabajando que se sienten en silencio y escuchen tranquilamente el poema que vas a leer.

Capítulo Uno
  Voy andando por la calle.
  Hay un agujero profundo en la acera.
  Me caigo dentro.
  Estoy perdida… No sé qué hacer.
  No es culpa mía.
  Tardo una eternidad en salir.

Capítulo Dos
  Voy andando por la misma calle.
  Hay un agujero profundo en la acera.
  Hago como que no lo veo.
  Me caigo dentro otra vez.
  No puedo creer que me haya caído en el mismo sitio.
  Pero no es culpa mía.
  Vuelvo a tardar bastante tiempo en salir.

Capítulo Tres
  Voy por la misma calle.
  Hay un agujero profundo en la acera.
  Veo que está ahí.
  Me vuelvo a caer… es un hábito… pero
  tengo los ojos bien abiertos.
  Sé dónde estoy.

Es culpa mía.
Salgo rápidamente.

Capítulo Cuatro
  Voy por la misma calle.
  Hay un agujero profundo en la acera.
  Lo rodeo.

Capítulo Cinco
  Voy por otra calle.

Después de leer el poema, invita a los participantes a comentarlo y a completar la hoja titulada Historia sobre agujeros y calles nuevas (diferentes) que podrás descargar en http://editorialkairos.com/files/archivos/LugarTranquiloTarea.pdf. El agujero puede ser cualquier dificultad que tenga cada participante, pero el poema habla en realidad de las dificultades que se repiten, y en ellas deberías hacer hincapié. Los adolescentes y preadolescentes pueden añadir algunas notas breves a la izquierda de la nueva calle que expresen sus pensamientos y sentimientos referentes a esa dificultad.

La mayoría de los niños mayores de ocho años pueden contarte cuáles son sus «agujeros» más comunes y explorar nuevas «calles» (otros posibles comportamientos, más creativos). Entre los agujeros comunes están los problemas con:

- Los deberes: posponer el momento de sentarse a hacerlos; desorganización; embestidas de la mente poco amable
- Los hermanos: burlas; peleas repetitivas
- Los amigos: sentirse excluido o celoso; asentir a algo para parecer lanzado e interesante; no decir lo se quiere decir; ser malicioso
- El padre o la madre: no escuchar; no sentirse escuchado; desacuerdos sobre responsabilidades y privilegios; conductas temerarias

Cuando trates estas cuestiones con los participantes, conviene mencionar que «algunas veces tenemos la sensación de que nos han empujado a un agujero; otras, quizá empujamos a alguien a un agujero o lo arrastramos con nosotros, y otras, es posible que nos caigamos en un agujero nosotros solos». Luego pregúntales: «¿Podéis poner algún ejemplo de esto?».

A las parejas niño-padre/madre, esta analogía suele resultarles particularmente elocuente, y a menudo se convierte en un chiste doméstico. El poema nos ofrece una síntesis muy gráfica que permite a los niños entender al instante los conceptos de reaccionar (caer en los agujeros habituales) y responder (elegir otra calle). Con los adolescentes y preadolescentes, puedes extenderte más sobre la diferencia entre *reaccionar* (actuando de forma automática, por hábito, generalmente durante el periodo refractario) y *responder* (parándose, respirando y eligiendo cómo comportarse).

Hace poco en una sesión particular, cuando terminé de leer el poema, la joven paciente, una niña llamada Rachel, describió un típico agujero de hermanas. Rachel, que estudia tercero de primaria, estaba en mi consulta, entre otras cosas, por tener fácilmente arrebatos de rabia y porque su rabia es muy intensa. Suele jugar en el patio con sus dos hermanas pequeñas. Describió un agujero que conoce bien. «Cuando juego con mis hermanas en el patio me gusta correr y hacer volteretas laterales. Caigo en un agujero de rabia cuando mis hermanas dan volteretas en el suelo (más despacio).» Le pregunté: «¿Cuál podría ser una calle distinta, en vez de caer en el agujero de la rabia y pelearte con tus hermanas?». Se le ocurrieron varias ideas: «Que mis hermanas den volteretas en otro sitio. Que mis hermanas corran y den volteretas laterales conmigo, o podríamos hacer las volteretas por turnos». Entonces le conté esto:

> *Cuando mi hija tenía cinco años, mi hijo Jason estaba haciendo una nave espacial de Lego de Star Wars muy complicada. Mi hija estaba aburrida, y se dedicaba a saltar encima de las instrucciones de Lego, al lado de su hermano, solo para fastidiarle. Le pregunté: «Nicole, ¿qué haces? ¿Qué clase de comportamiento es ese?». Me miró con curiosidad. Le dije: «Empieza por A». La palabra en la que estaba pensando era «agobiante». Me miró y, con toda naturalidad, me dijo: «Es comportamiento agujero».*

Volviendo al poema, Rachel y yo hablamos de que a veces los hermanos se arrastran uno a otro a un agujero. Quizá, en parte, sus hermanas disfruten dando volteretas en el suelo porque saben que ella se va a enfadar, y les divierte ver cómo se enfada, igual que a Nicole le divertía ver enfadarse a su hermano Jason. Planteamos luego un par de calles más que a ella no se le habían ocurrido: quizá ella podría dar también algunas volteretas en el suelo, o quizá podría hacer algo totalmente distinto. Terminamos la sesión acordando que tal vez fuera una buena idea hablar con sus hermanas de «calles nuevas» en un momento en que estuvieran tranquilas, y no en el patio cuando ya se sienta frustrada.

Práctica basada en la respiración (todas las edades)

Después de hablar de agujeros y calles distintas, quizá tengas tiempo de hacer una breve práctica basada en la respiración, como Un lugar tranquilo, Joya o Descanso. La mayoría de los días, será ya el momento de explicar la práctica semanal y de concluir la sesión, como siempre, con la práctica de escuchar.

Explicación de la práctica semanal (todas las edades)

Para terminar, lee en voz alta la práctica semanal. Se puede descargar la práctica Estiramientos suaves/yoga en http://smarturl.it/estiramientos. (Encontrarás más información al final del libro.) Para seguir con el tema central de la semana, que es la diferencia entre responder y reaccionar, la práctica del mindfulness en la vida cotidiana será ahora darse cuenta de los agujeros y de otras posibles calles.

Responde además a cualquier pregunta que tengan los participantes sobre la práctica semanal.

Práctica de mindfulness al escuchar como cierre de sesión (todas las edades)

Concluye la sesión dejando que uno o dos alumnos que hayan estado particularmente atentos hagan sonar la campana tubular para la práctica de escuchar final.

Práctica semanal—Sesión 5

El mindfulness tiene capacidad de respuesta.

Nos ayuda a elegir cómo comportarnos.

Haz la práctica guiada de yoga todos los días.

Practica mindfulness en tu vida diaria.

- *Date cuenta de los agujeros comunes, y haz el experimento de probar calles distintas.*
- *Sigue dándote cuenta de la mente poco amable.*

Con amabilidad y curiosidad, y sin sentimientos de culpa, rellena la hoja del diario de prácticas semanal.

Si tienes alguna percepción reveladora, alguna pregunta, o alguna dificultad que quieras contarme, o si no vas a poder asistir a la próxima clase, llámame por teléfono o envíame un correo electrónico.

---

9. SESIÓN 6:
RESPONDIENDO Y COMUNICANDO

Intenciones

Las intenciones de esta sesión son escuchar las experiencias de caer en agujeros (reaccionar) y de elegir calles distintas (responder) que hayan anotado nuestros jóvenes amigos durante la semana, explorar los pormenores de una comunicación difícil y presentar el corazón amable, como antídoto contra la mente poco amable. Además, introduciremos el escaneo corporal y las prácticas de caminar.

Esquema: prácticas, ejercicios y diálogos

- Práctica de mindfulness al escuchar*
- Práctica de mindfulness al comer*
- Revisión de la práctica semanal*
- Práctica de escaneo corporal*
- Ejercicio y diálogo sobre conversaciones difíciles*
- Práctica de mindfulness al caminar*
- Diálogo sobre el corazón amable*
- Sugerencia de lectura en voz alta: *Un poco de mal humor*, de Isabelle Carrier*
- Explicación de la práctica semanal*
- Práctica de mindfulness al escuchar como cierre de sesión*

Práctica de mindfulness al escuchar y al comer (todas las edades)

Como de costumbre, empieza por la práctica de mindfulness al escuchar y de mindfulness al comer. A estas alturas del curso, puedes hacer algún comentario breve para ayudar a los participantes a prestar atención al momento («Escuchad con toda atención…», «Respirando, escuchando, siendo…», «Masticando, saboreando…» «¿Sois capaces de poner esa atención amable y curiosa en la boca?»), o sencillamente podéis hacer estas prácticas en silencio.

Revisión de la práctica semanal (seis a dieciocho años)

Puedes preguntarles brevemente a los participantes por sus experiencias con la práctica de estiramientos suaves/yoga, pero el tema de mayor interés en este diálogo son sus reflexiones sobre los agujeros y la posibilidad de cambiar de calle. Estas son algunas preguntas breves que puedes hacerles sobre el yoga:

- *¿Habéis hecho la práctica de yoga?*
- *La hayáis hecho o no, ¿qué pensamientos y sentimientos os han surgido al oírme preguntar si habíais practicado?*
- *Si la habéis hecho, ¿qué os ha parecido?*
- *Si habéis hecho yoga más de una vez, ¿ha sido siempre igual, o cada vez ha sido distinto?*
- *¿Alguno perdisteis el equilibrio en la práctica de yoga? ¿Y en otras partes de vuestra vida?*
- *¿En qué se parece perder el equilibrio haciendo los deberes, o estando con los amigos y la familia, a los agujeros y la posibilidad de cambiar de calle?*

Si has preferido no hacer esta última pregunta, pasa ahora a explorar qué han descubierto los participantes sobre agujeros y la posibilidad de cambiar de calle (para responder, en vez de reaccionar, a las circunstancias de la vida) durante la última semana.

Puedes empezar con preguntas abiertas: «¿Alguno os habéis caído en un agujero esta semana?», «¿Alguno habéis elegido luego una calle distinta?», «¿Alguien se cayó en un agujero y luego salió?», «¿Alguien está dentro de un agujero ahora mismo?», «Recordad que todos caemos alguna vez en un agujero». Mientras los participantes cuentan sus experiencias, puedes responder haciéndoles las preguntas y los comentarios que te parezcan oportunos.

Los siguientes episodios tuvieron lugar dentro de las conversaciones de grupo sobre agujeros en las que cada participante hablaba de su experiencia. Los incluyo aquí para que veas el tipo de diálogo que puede surgir.

La analogía del béisbol

En una clase conjunta niño-padre/madre, Jacob, un niño de once años, hijo único, habló de un agujero en el que su madre y él caían con frecuencia. Él buscaba atención, y su madre quería tiempo y espacio; y si él insistía en atraer su atención, generalmente acababan discutiendo. Aparte de esto, a Jacob le encantaba el béisbol, de modo que utilizamos la analogía de que su madre le «lanzara una bola inesperada», dando a entender con ello que no podía atenderle en ese momento.

Como grupo, examinamos cómo sería una respuesta «jonrón». Un niño algo mayor llamado Jonathan sugirió que Jacob llegara a un acuerdo con su madre: él se dedicaría a sus cosas durante quince minutos, y luego ella jugaría quince minutos con él. A Jacob y a su madre les pareció que esto era preferible a su forma habitual de interactuar, tan poco satisfactoria.

Pasamos a la siguiente pareja del círculo, y, de una en una, todas tuvieron ocasión de describir una situación de potencial «bola curva» (agujero) que existiera en sus vidas, como que el marido o la esposa llegaran tarde a cenar, o que el padre o la madre se empeñaran en que sus hijos fueran a hacer senderismo con ellos y los niños no quisieran ir. En la mayoría de los casos, el niño o el progenitor que exponía la dificultad daba también su propia respuesta «jonrón»; y si no se le ocurría ninguna, había en la clase muchos expertos en «técnicas de bateo» para ofrecer ideas.

Aunque quizá en algún momento futuro utilice esta analogía con el béisbol, o alguna variante de ella, quiero subrayar que en su día surgió simplemente porque acababa de saber que a Jacob le apasionaba el béisbol, y mi intención era hablarle usando un lenguaje que tuviera algún significado para él. Desde que Jacob expuso la situación, el diálogo se centró en explorar las diversas posibilidades de *respuesta* que tenía. Sin duda, queda en pie una conversación paralela muy importante con la madre, sobre su papel en la creación del agujero, y las distintas calles que podría plantearse tomar.

Los momentos en que «casi...»

Michael, un alumno de cuarto de primaria de un barrio desfavorecido, describió un momento desagradable: su gato nuevo le había mordido, le dolía, y había tenido ganas de pegar al gato. Le pregunté: «¿Le pegaste?». Sonrió, y dijo simplemente: «No, pero casi». En la clase, empezamos a llamar a este tipo de situaciones «momentos en que casi».

Durante las restantes cinco semanas del curso, exploramos otros «momentos en que casi» que se dieran en casa, en el colegio y en la vida: no pegarle al gato, o al compañero acosador en el patio de recreo; no desanimarse pese a no saber cómo resolver un problema de matemáticas, o después de un desacuerdo con un buen amigo. Los adolescentes también tienen sus «momentos en que casi»: no copiar en un examen para sacar mejor nota, no tomar drogas, no tener relaciones sexuales sin protección, no montarse en el coche con un amigo ebrio, no unirse a una banda, y no plantarse delante de un tren de alta velocidad. La vida de nuestros hijos depende literalmente de que desarrollen la capacidad de elegir con sentido común y cambiar de calle, en esos difíciles «momentos en que casi».

Tristemente, en el 2010, en Palo Alto, la ciudad universitaria que hay justo al sur de donde vivo, seis adolescentes se quitaron la vida en el curso de seis meses poniéndose delante de un tren de alta velocidad. Es probable que los seis batallaran desde hacía tiempo con un sentimiento persistente de depresión y pensamientos suicidas —la mente poco amable saturada de esteroides: «Mi vida no tiene sentido», «Estaría mejor muerto», «A nadie le importo»—. ¿Habría cambiado algo que cualquiera de ellos hubiera aprendido a investigar esos pensamientos y sentimientos con la curiosidad, la perspectiva y la amabilidad que Michael había aprendido? Nunca lo sabremos. Pero, tal vez, si alguien les hubiera preguntado, al cabo del tiempo, «¿Y te pusiste delante del tren?», estarían todavía aquí para sonreír y decir: «No, pero casi».

Yo siempre me veo

En el curso de Michael, el debate sobre «momentos en que casi» dio pie a una conversación sobre que a uno lo pillen y a menudo lo castiguen cuando, en lugar de pararse, deja pasar de largo el «momento en que casi» y reacciona, y cae en un agujero. Esto, a su vez, dio paso a un diálogo sobre la culpa y la experiencia de sentirse culpable incluso aunque a uno no lo pillaran, y este diálogo me animó a contarles el siguiente relato. (Y, por cierto, a los participantes de todas las edades les encanta recostarse relajadamente en el asiento y escuchar un cuento.)

Érase una vez que, en las afueras de una gran ciudad, había una vieja escuela. Desde muy pequeños, los niños y las niñas iban a vivir a la escuela y a aprender del maestro. Un día, el maestro que se encargaba de la pequeña escuela decidió enseñarles a sus jóvenes alumnos una lección. Los reunió a su alrededor y les dijo: «Mis queridos alumnos, como veis, me estoy haciendo viejo. Cada día estoy más torpe, y ya no puedo atender a las necesidades de la escuela como antes hacía. Sé que todavía no os he enseñado a ganaros la vida, y solo se me ocurre una cosa que podría evitar que cerraran la escuela». Los alumnos se acercaron más a él con los ojos muy abiertos.

«Vivimos muy cerca de una ciudad llena de gente rica, que lleva en la cartera más dinero del que jamás podría necesitar. Quiero que vayáis a la ciudad y sigáis a esa gente mientras anda por las calles abarrotadas, o por los callejones desiertos. Y cuando nadie os vea, solo cuando nadie pueda veros, quiero que les robéis la cartera. De ese modo, tendremos suficiente dinero para mantener la escuela en marcha.» (Al llegar aquí, Michael y muchos de sus compañeros de clase suspiraron y sacudieron la cabeza.)

«Pero maestro —dijeron a coro las niñas y los niños sin poderse creer lo que oían—, usted nos ha enseñado que está mal apropiarnos de algo que no nos pertenece.» «Sí, es verdad —contestó el maestro—. Estaría mal robar si no fuera absolutamente necesario. Y escuchadme, ¡tenéis que recordar que no debe veros nadie! Si hay alguien que pueda veros, ¡no debéis robar! ¿Entendéis?»

Las niñas y los niños se miraron con nerviosismo unos a otros. ¿Se había vuelto loco su amado maestro? Le brillaban los ojos con una intensidad como no habían visto nunca. «Sí, maestro», dijeron en voz baja. «Bien —contestó él—. Ahora marchaos, y recordad, ¡nadie debe veros!» Las niñas y los niños se pusieron de pie y, sin decir nada, fueron saliendo en fila del edificio. El viejo maestro se levantó y se quedó mirándolos hasta que los perdió de vista. Cuando se giró para volver a entrar, vio que una alumna seguía de pie en un rincón del aula. «¿Por qué no has ido con los demás? —le preguntó—. ¿Es que no quieres ayudar a salvar la escuela?»

«Sí quiero, Maestro —dijo la niña en voz baja—, pero usted ha dicho que teníamos que robar sin que nadie nos viera, y sé que no hay ningún sitio en la Tierra donde no pueda verme nadie, porque yo siempre me veo.»

«¡Magnífico! —exclamó el maestro—. Esa es precisamente la lección que esperaba que todos aprendierais, pero tú has sido la única que la has entendido. Ve corriendo y diles a tus amigos que vuelvan a la escuela antes de que se metan en algún lío.» La niña salió corriendo y encontró a sus amigos, que se habían congregado nerviosos donde el maestro no pudiera verlos intentando decidir qué iban a hacer. Cuando volvieron a la escuela, el maestro les contó lo que la niña había dicho, y todos entendieron la lección.

Este cuento suele provocar muchos comentarios entre los participantes, así que normalmente no habrá necesidad de que digas nada para alentar el diálogo. Sin embargo, puedes preguntar: «¿Y qué tiene que ver el cuento con nuestra conversación sobre agujeros y "momentos en que casi" y la posibilidad de elegir cómo comportarnos? Hagamos lo que hagamos, siempre hay una parte consciente de nosotros que nos observa en silencio, y que puede orientarnos si somos capaces de pararnos y escuchar».

Cuando la conversación sobre agujeros y calles distintas, sobre momentos en que casi y sobre el hecho de que siempre nos vemos toque a su fin de un modo natural, puedes pasar a la práctica de escaneo corporal.

Práctica de escaneo corporal (todas las edades)

Muchos elementos del curso tienen la finalidad de ayudar a los participantes a estar más presentes en su cuerpo y a desarrollar una percepción cada vez mayor de las sensaciones físicas. Esta consciencia acrecentada de la sensación «interna» les ofrece información vital sobre el estado de su cuerpo físico (salud y enfermedad, funcionalidad y daños, energía y fatiga, saciedad y hambre…). Además, teniendo en cuenta que los pensamientos y los sentimientos se manifiestan en el cuerpo en forma de sensaciones físicas, cuanto más conscientes seamos de nuestro cuerpo, más conscientes seremos de los complejos estados mentales-emocionales interrelacionados. La práctica de escaneo corporal ayuda a los participantes a estar más plenamente integrados en su cuerpo.

Como ya comenté en un capítulo anterior, he visto que resulta beneficioso introducir el escaneo corporal en la sesión 6 (y no en la sesión 1, como en el MBSR para adultos). Incluso un escaneo corporal muy breve dura alrededor de doce minutos, por lo cual es importante que los niños tengan cierta experiencia del silencio y la tranquilidad, y alguna forma de lidiar con las distracciones, el aburrimiento y el nerviosismo antes de disponerse a hacer esta práctica «más larga». Puedes descargar un escaneo corporal guiado para todas las edades en http://smarturl.it/escaneo. (Encontrarás más información al final del libro.)

Los participantes pueden tumbarse en el suelo o sentarse en una silla para hacer esta práctica. Empieza por pedirles que noten la respiración en la barriga y descansen en el Lugar tranquilo. Luego, invítalos a darse cuenta de las sensaciones que notan en los dedos de los pies: de la sensación de cada dedo, y de los espacios entre los dedos, o de la sensación que les produce el contacto con los calcetines y los zapatos, o el contacto de los dedos de los pies con el aire, si están descalzos. «Deja que la atención se desplace por la planta de los pies; nota el arco de la planta, y sube luego por los lados del pie hasta los tobillos. Con cada exhalación, deja que los dedos de los pies, los pies y los tobillos se aflojen (déjalos simplemente ser), y, con la inspiración, dirige la atención a la parte inferior de las piernas…» Continúa guiando el ascenso lento por el cuerpo, dándoles tiempo para que noten suficientes sensaciones en cada zona como para anclar su atención, y utilizando la exhalación para relajar la zona, y la inspiración para dirigir la atención a la zona siguiente.

Como escucharás en el audio, uso la palabra «pelvis», y la defino como el lugar donde las piernas se conectan con el resto del cuerpo, o tronco. Habrá ocasiones en que la mención de la pelvis provocará risas nerviosas o comentarios entre los adolescentes y preadolescentes. Si es así, basta con que digas: «Dirige una atención amable y curiosa a los pensamientos y sentimientos que aparezcan mientras estás atento a esta parte del cuerpo. ¿Te sientes abochornado o incómodo? ¿Te entran ganas de hacer bromas, no quieres inmutarte, quieres demostrar que estás por encima de cualquier tontería? Sean cuales sean los pensamientos, simplemente date cuenta».

Para concluir, invítalos a seguir respirando y atendiendo al cuerpo entero: dándose cuenta de él, percibiéndolo, dejándolo ser tal como es, y luego descansando en la calma y tranquilidad. Por favor, haz el ejercicio lo bastante a menudo como para que la experiencia que vayas adquiriendo te ayude a guiar la práctica. Anima a los participantes a seguir plenamente atentos y en silencio mientras explicas la hoja de la conversación difícil.

Ejercicio y diálogo sobre conversaciones difíciles (seis a dieciocho años)

Ya seamos niños o «mayores», gran parte de nuestro estrés, nuestra infelicidad y nuestras dificultades nacen de la comunicación tan poco hábil que tenemos con los demás. Por si fuera poco, esa comunicación tan poco hábil contribuye a menudo a aumentar el estrés, la infelicidad y las dificultades de esas personas. Muchas de las indicaciones básicas que se hacen en esta sección tienen la finalidad de ayudar a los niños y a los adolescentes (y a los adultos) a escucharse a sí mismos y escuchar a los demás atentamente, para poder comunicarse luego con más claridad y compasión.

El siguiente ejercicio está pensado para que, en esos momentos en que la comunicación se complica, nuestros jóvenes amigos aprendan a pararse y a considerar lo que sienten y quieren, lo que el otro siente y quiere, y cómo podrían resolver las cosas. Combinados, estos pasos favorecen la empatía y la compasión con uno mismo y con los demás, y sientan las bases para una resolución creativa de los problemas y una verdadera cooperación (literalmente, operar juntos). Cuando los conflictos se resuelven de este modo, es menos probable que los niños arrastren consigo un bagaje emocional y mental que les impida estar de verdad atentos, en clase y al relacionarse con sus compañeros y con su familia. Esto significa que estarán más predispuestos a interesarse en los procesos fundamentales de aprendizaje y conexión dentro y fuera del aula.

Ejercicio sobre una conversación difícil

Mientras repartes la hoja (que puedes descargar en http://editorialkairos.com/files/archivos/LugarTranquiloTarea.pdf), presenta el ejercicio diciendo algo parecido a esto:

Cuando estamos disgustados, encendidos, en el punto más alto del periodo refractario, a menudo reaccionamos soltando cada pensamiento y sentimiento que nos viene a la mente. Si nuestro interlocutor hace lo mismo, pronto nos encontramos zarandeados por grandes olas de reactividad, y a punto de ahogarnos en un tsunami de pensamientos y sentimientos compartido.

Así que vamos a usar la hoja para practicar. Cerrando los ojos; haciendo varias respiraciones lentas y profundas; quedándote en la calma y la tranquilidad, recuerda una conversación difícil que hayas tenido esta semana: una discusión con un compañero, un amigo, alguien de la familia… Abriendo los ojos, vamos a ponernos con la hoja. El primer paso para comunicarnos de una manera eficaz y satisfactoria es preguntarnos: «¿Qué siento», «¿Qué quiero?». Cuando hayáis recordado lo que queríais y cómo os sentíais en esa discusión, escribidlo. Basta con unas pocas palabras.

A veces nos sale rápidamente una respuesta clara a estas preguntas, y a veces tenemos que pararnos y escucharnos de verdad; se necesita un poco de práctica. Pero es muy importante que sepáis cómo os sentís (cuáles son vuestras emociones) y qué queréis (cuáles son vuestros deseos) antes de dar los siguientes pasos.

El segundo paso del proceso es tener en cuenta lo que la otra persona siente y quiere. Sin tener esto en cuenta, es muy difícil comunicarse y avanzar hacia una solución. De modo que paraos un poco, olvidaos por un momento de lo que vosotros sentíais y queríais, y procurad entender lo que sentía y quería la otra persona. Y cuando creáis que la habéis comprendido, escribid unas cuantas palabras o frases cortas.

Ahora que entendéis mejor lo que queríais y sentíais, y lo que la otra persona sentía y quería, ¿cómo podéis salir de este agujero? ¿Qué otras calles podríais tomar? ¿Hay posibilidad de encontrar una solución creativa? Si se os ocurre alguna idea, anotadla. Si estáis estancados, tendréis la oportunidad de hablar de posibles soluciones con un compañero dentro de un minuto.

En momentos difíciles, la combinación de prestar atención a nuestros sentimientos y deseos y a tener luego en cuenta los sentimientos y deseos de los demás nos ayuda a ser más comprensivos, con nosotros y con ellos.

A los adolescentes y preadolescentes, es conveniente invitarlos a *pararse* y examinar de verdad cada cuestión, diciéndoles algo de este estilo:

Haced todo lo posible por no acelerar el proceso. Daos de verdad tiempo para entender vuestra perspectiva y la del otro. Por ejemplo, si una «amiga» no os ha incluido en sus planes (os ha rechazado), quizá queráis hacer ver que no os importa. La verdad, sin embargo, tal vez sea «Estoy dolida, confundida y enfadada. Y aunque mi "amiga" siga tratándome mal, quiero seguir siendo amiga suya». A veces quizá os asuste un poco, y os haga sentiros vulnerables, admitir, incluso para vosotros mismos, lo que realmente sentís y lo que realmente queréis.

Cuando dediquéis un poco de tiempo a descubrir la verdad de la situación, tal vez os deis cuenta de que en realidad no queréis ser amigos de esa persona, o que la persona de la que queréis seguir siendo amigos se siente insegura y no quiere o no sabe ser vuestra amiga; o que por mucho que de verdad queráis ser amigos suyos, esa persona no quiere ser amiga vuestra. Incluso aunque no os guste lo que descubráis, reconocer lo que sentís y queréis y, luego, tomar en consideración lo que la otra persona siente y quiere os da una información valiosa a la hora de plantearos los distintos comportamientos que podéis adoptar. En el ejemplo anterior, si descubrís que queréis tener amistad con esa persona, y que ella no está, en el mejor de los casos, muy segura de querer que seáis amigos, podríais elegir intentar hablar con ella, o ser un amigo para vosotros mismos tratándoos con amabilidad y respeto, o buscar otras amigas. O si os dais cuenta de que esa persona está siendo en realidad cruel con vosotros, quizá queráis pedirle consejo a un adulto de confianza.

Diálogo sobre una conversación difícil (de ocho a dieciocho años)

Una vez que los participantes hayan completado la hoja, pídeles que formen parejas —a poder ser, no con su mejor amigo— para hablar de las dificultades de comunicación que acaban de concretar sobre el papel. Si las circunstancias que han elegido son demasiado íntimas (bochornosas, delicadas, intensas), pueden elegir otra conversación problemática ligeramente «más fácil» de la que hablar. (Si estás trabajando con un solo individuo, obviamente la explicación del ejercicio es un simple diálogo.)

Cuando todos los participantes tengan ya un compañero, puedes dejar que cada pareja elija quién será el participante A y quién será el B, o designarlos tú mismo; por ejemplo, el participante A es el que tenga el pelo más corto, o el más joven, o aquel cuyo nombre esté en primer lugar, por orden alfabético.

Explícales que el participante A empezará por contar un caso concreto de conversación difícil, mientras el participante B escucha muy atentamente: con su corazón y su atención, además de con los oídos. Para estimular el proceso, puedes usar las siguientes preguntas, y darle al participante A un minuto aproximadamente para responder a cada una de ellas. Todas las parejas trabajarán al mismo tiempo mientras vas leyéndole las preguntas al grupo.

- *¿Cuál fue la dificultad? Descríbesela brevemente a tu compañero.*
- *¿Cómo te sentías en esos momentos difíciles?*
- *¿Qué querías?*
- *¿Cómo crees que se sentía la otra persona?*
- *¿Qué crees que quería la otra persona?*
- *¿Qué ocurrió finalmente?*
- *Al volver la vista atrás, ¿qué otras calles, soluciones o formas de resolver la dificultad crees que habrían sido posibles?*

Cuando termine de hablar el participante A, el participante B practicará ahora el hablar con mindfulness, hablando con amabilidad y curiosidad, haciendo preguntas y comentarios sobre lo que ha oído. Después, se invierten los papeles.

Una vez que todas las parejas se hayan contado y hayan comentado sus respectivas experiencias, puedes proponer una conversación con todo el grupo: «Levantad la mano los que queráis contar al grupo cuál ha sido vuestra dificultad y lo que habéis escrito, o si no habéis conseguido encontrar una solución creativa y os gustaría que el grupo os ayudara».

Durante la conversación, conviene que insistas en la importancia de explorar cómo se sentía la otra persona y lo que quería. Ayúdales a entender que a menudo lo que la otra persona quiere es, básicamente, muy parecido a lo que queremos nosotros, incluso en medio de los desacuerdos y las dificultades de la comunicación.

Suena a que tu amigo simplemente quería sentirse bien, hacer las cosas a su gusto… ¿No querías también tú sentirte bien, hacer las cosas a tu gusto?… ¿No es eso lo que todos queremos normalmente?… ¿No os parece interesante que, incluso cuando tenemos dificultades con alguien, en el fondo compartimos el mismo deseo de sentirnos bien? A mí personalmente, cuando me enfado de verdad con alguien, me ayuda recordar que lo único que él quiere también es sentirse bien, ser feliz.

Sobre tu papel como facilitador

Es importante ayudar a los niños y adolescentes a descubrir y expresar lo que de verdad sienten y quieren, incluso aunque no sea políticamente correcto: «Estaba tan fuera de mí que tenía ganas de pegarle». (O, en el caso de algunos adolescentes, «de matarle».) Como práctica, párate aquí un momento y date cuenta de los pensamientos, sentimientos y reacciones físicas que te provoca la frase anterior…

¿Has tenido miedo? ¿Has empezado a juzgar esas palabras? ¿Te has descubierto queriendo corregirlo o arreglarlo? Si es así, ¿estás juzgando ahora ese miedo y esos juicios e intentando arreglar tu deseo de arreglarlo? Recuerda que, idealmente, como facilitadores y como seres humanos que intentamos hacerlo lo mejor posible, nuestro papel es, en primer lugar, dejar el espacio para que *tanto nosotros como los demás seamos exactamente como somos*. ¿Estás dispuesto a admitir que a veces has estado tan furioso que has pensado en hacerle daño a alguien?

Es inevitable que te encuentres con jóvenes como Michael que, al hablar de los «momentos en que casi», te digan con toda honestidad: «Le quería pegar». (Ese «le» podría ser un gato, un hermano, un amigo, el matón del colegio o un miembro de una banda rival.) Cuando un joven habla con esa honestidad, en vez de hacerle sentirse mal por ello, dale las gracias. Conecta con él donde está en ese momento, y dile algo como, por ejemplo:

Gracias por ser tan sincero. Te entiendo. Igual que tú, a veces he estado tan enfadado que he querido hacerle daño a alguien. Ser honestos sobre estos sentimientos y deseos nos puede ayudar a elegir cómo comportarnos. A veces, cuando fingimos que no estamos enfadados, la ira sale sin que nos demos cuenta y hacemos algo que luego lamentamos haber hecho. Así que es un acto de valentía y de inteligencia ser sinceros con nosotros mismos.

Paradójicamente, este tipo de comentario, reconociendo la intensidad de la ira y el impulso de agredir o de defendernos si nos sentimos amenazados, normaliza una experiencia humana muy común y demuestra que, además, es posible sentirse intensamente furioso, querer hacer daño, y sin embargo *elegir* otro comportamiento.

Ahora bien, es igual de importante no dejar a los participantes atrapados en sus sentimientos y deseos, y ayudarles a dar los siguientes pasos: a tener en cuenta la perspectiva del otro, y a elegir cómo comportarse. Es fundamental recordarles a nuestros jóvenes amigos que decidirse a investigar las dificultades que tienen para comunicarse con alguien no significa que conseguirán lo que quieren (o, más exactamente, lo que *piensan* que quieren, que normalmente es un determinado resultado en el mundo material).

A veces, al avanzar en el proceso, es posible que descubran que quieren algo diferente de lo que pensaban que querían. Este puede ser un buen momento para recordarles que «sufrimiento = dolor × resistencia», y que cuando se empeñan en querer que las cosas sean distintas de lo que son, están contribuyendo a que el malestar que sienten sea mayor. A la vez, es importante no dar a entender que no deberían querer lo que quieren, o que no deberían tomar las medidas necesarias para obtener los resultados que desean, mientras con ello no hagan daño a nadie. En definitiva, el propósito es entender lo que de verdad sentimos y queremos, y lo que otros de verdad sienten y quieren, para darnos una auténtica oportunidad de pensar en opciones que nos permitan, y permitan a los demás, ser lo más felices posible.

A los adolescentes y preadolescentes, puedes plantearles la idea de que «cuando apuntamos a alguien con el dedo, hay tres dedos doblados que nos apuntan a nosotros», e invitarlos a explorar su significado: a menudo, lo que más difícil nos resulta de otra persona es reflejo de nuestro propio comportamiento. «Seguro que todos habéis dicho en algún momento, "Estaba tan ocupado discutiendo que no me escuchaba". ¿Sois capaces de recordar algún momento en que fuerais vosotros los estabais tan ocupados discutiendo —aunque fuera en la cabeza, y no en voz alta— que no le escuchabais a él?»

Investigar de esta manera las dificultades de la comunicación en cada situación concreta que se nos presenta tiene además otros beneficios: nos hace ser más conscientes de nosotros mismos (tal vez los adolescentes incluso sean capaces de reconocer patrones de comportamiento); nos hace más capaces de mirar las cosas desde otras perspectivas, y de demostrar mayor empatía, compasión y resiliencia; nos permite comunicarnos con más eficacia; alienta la cooperación y la resolución creativa de los conflictos, y, en definitiva, nos aporta más energía para que nos entreguemos sin reservas a aprender y a vivir.

Práctica de mindfulness al caminar (todas las edades)

Lo más probable es que, después de esta conversación, los participantes estén un poco nerviosos (inquietos) y con ganas de moverse. Si notas que el grupo necesita quemar energía, puedes empezar por una práctica de caminar a paso rápido, como se indica a continuación, y cambiar luego a un caminar más tranquilo. Si el tiempo lo permite, quizá prefieras hacer la práctica al aire libre.

Ya sea dentro o fuera, la práctica de mindfulness al caminar es como sigue: pide a los participantes que se levanten, junten los pies y cierren los ojos. Invítalos a descansar en la tranquilidad y, luego, a que presten atención a lo que esté sucediendo en los pies. Anímalos a notar los pequeños ajustes que hacen los pies para mantener el cuerpo en equilibrio. Después, pídeles que abran los ojos y que muy lentamente den un paso adelante con el pie derecho, notando las sensaciones al levantar el pie, al llevarlo hacia delante y al posarlo en el suelo, con toda la atención puesta en el pie. A continuación, invítalos a dar atentamente diez pasos *lentos* y pararse. Si ves que caminan deprisa o con torpeza, quizá quieras hacer un concurso para ver quién es capaz de andar más despacio y con más atención *sin* tambalearse. Como en las prácticas basadas en la respiración, anímalos a darse cuenta de cuándo la mente se ha distraído y a volver a enfocar la atención en las sensaciones de caminar. Una vez que hayan captado la idea básica, puedes variar la práctica. Por ejemplo, podrías indicarles que caminen en línea recta, separados unos de otros, o como grupo, en círculo.

Práctica de mindfulness al caminar a paso rápido (ocho a dieciocho años)

Para un grupo de quince a veinte participantes, si estáis al aire libre, designa un espacio cuadrado para caminar de aproximadamente cinco metros por cada lado. Explíca a los participantes que el ejercicio consiste en caminar a paso normal dentro del espacio marcado, y darse la vuelta y cambiar de dirección *antes* de chocar contra un compañero o de llegar al borde del espacio. Tal vez convenga que les recuerdes la importancia, una vez más, de que se permitan ser amables, no se expongan a riesgos innecesarios, presten atención plena a su cuerpo y se responsabilicen de él. Luego, rétalos a que, manteniendo la atención, empiecen a caminar un poco más rápido.

Indícales que vayan aumentando gradualmente la velocidad y que cambien de dirección cada siete pasos, o antes, si es necesario para no chocar contra alguien. Indícales también que estén atentos a su cuerpo, a sus compañeros *y* a los espacios entre sus compañeros (que son como los espacios entre respiraciones, o entre pensamientos). Luego, pídeles que anden muy deprisa, y cambien de dirección cada cinco pasos. Después, que anden muy deprisa con los puños cerrados, levantando los hombros y con las mandíbulas apretadas, y cambien de dirección cada tres pasos. Invítalos a darse cuenta de la sensación que les produce. A algunos, esta manera de andar tensa y apresurada tal vez les resulte familiar.

Por último, invítalos a quedarse quietos y simplemente notar cómo se sienten después de haber caminado así: «¿Qué está ocurriendo en el cuerpo?», «¿Cómo es la respiración?», «¿Cómo son los latidos del corazón?», «¿Qué está ocurriendo en la mente?». Mientras pasan de la posición de pie a la posición sentada, anímalos a mantener la atención, y a darse cuenta de los pensamientos, sentimientos y sensaciones físicas que aparecen durante la transición.

Diálogo sobre el corazón amable (todas las edades)

A continuación, invita a los participantes a quedarse en la tranquilidad y la calma de la postura sentada. Como brevísima introducción —o «entremés»— a la práctica de amor bondadoso, invítalos a ofrecerse a sí mismos una pequeña muestra de amabilidad dedicándose el simple deseo «Que yo sea feliz».

Ahora vamos a hacer una práctica nueva, muy corta. Dentro de un momento voy a invitaros a que os digáis algo a vosotros mismos en silencio. Procurad daros cuenta de los pensamientos, de los sentimientos y de lo que suceda en el cuerpo. Allá vamos. Cerrando los ojos, a tu propio ritmo, ofrécete por favor un deseo de amabilidad, diciéndote: «Que yo sea feliz»… Cuando te hayas ofrecido esta sencilla amabilidad y te des cuenta de cómo respondes a ella, puedes abrir los ojos.

Inicia una breve conversación, animándolos a darse cuenta de cómo ha sido hacerse a sí mismos esa ofrenda y de cuál ha sido su respuesta, con preguntas de este estilo:

- *¿Os ha resultado fácil ofreceros amabilidad?*
- *Si no es así, ¿qué os lo ha impedido?*
- *¿Os ha gustado recibirla o la habéis ignorado?*
- *¿Qué habéis sentido al ofreceros amabilidad a vosotros mismos?*

Normalmente, los participantes notan distensión, alivio, indiferencia o resistencia. Como conclusión, basta con que comentes que ofrecernos amabilidad a nosotros mismos es una buena respuesta a la mente poco amable, o un antídoto contra ella, y que haréis más prácticas de amor bondadoso en la próxima sesión.

Explicación de la práctica semanal (todas las edades)

Acuérdate de dejar tiempo al final de la clase para leer en voz alta la práctica semanal. El audio para la práctica guiada es el del escaneo corporal —que puedes descargar en http://smarturl.it/escaneo—, y los participantes podrán alternar esta práctica con la de mindfulness al caminar. Pueden caminar despacio, como han hecho durante la sesión, o pueden caminar a su paso normal prestando atención a los *ocho* sentidos mientras caminan. La práctica de mindfulness para el día a día es estar atentos a las dificultades de comunicación en situaciones concretas, y pararse a descubrir sus sentimientos y deseos, los de su interlocutor y elegir luego cómo comportarse. Este es un buen método para mantenerse alejados —o salir— de los agujeros y descubrir calles nuevas.

Responde a cualquier pregunta que tengan los participantes sobre la práctica semanal.

Práctica de mindfulness al escuchar como cierre de sesión (todas las edades)

Cierra la sesión dejando que uno o dos alumnos que hayan estado particularmente atentos hagan sonar la campana para la práctica de escucha final.

Práctica semanal—Sesión 6

El mindfulness es honesto

Nos pide que seamos leales a nuestras experiencias, y que honremos la experiencia de los demás.

Alterna el escaneo corporal con la práctica de mindfulness al caminar.

Practica mindfulness en tu vida diaria.

- *Da un paseo al aire libre y date cuenta de las vistas, los sonidos, los olores, la sensación del contacto con el aire, y de tus pensamientos y sentimientos.*
- *Investiga comunicaciones difíciles.*

Practica responder (en vez de reaccionar) a la mente poco amable y a los agujeros, cada vez que se presente la ocasión, y durante conversaciones difíciles.

Con amabilidad y curiosidad, y sin sentimientos de culpa, rellena el diario de práctica semanal.

Si tienes algún momento revelador, alguna pregunta, o alguna dificultad que quieras compartir, o si no vas a poder asistir a la próxima clase, llámame por teléfono o envíame un correo electrónico.

---

10. SESIÓN 7:
COMUNICACIÓN Y AMOR

Intenciones

Las intenciones de esta sesión son, por un lado, involucrar a los participantes en un diálogo donde puedan comentar y demostrar las aplicaciones del mindfulness en comunicaciones difíciles, y continuar desarrollando la capacidad de responder en vez de reaccionar. Se explorarán los impulsos, y se ofrecerán unas fórmulas mnemotécnicas que enlazan los diversos elementos. Y, para terminar, se presentará formalmente la práctica del amor bondadoso.

Esquema: prácticas, ejercicios y diálogos

- Práctica de mindfulness al escuchar*
- Práctica de mindfulness al comer*
- Impulsos: ejercicio y diálogo*
- Revisión de la práctica semanal*
- Comentario de engache*
- Diálogo sobre responder en vez de reaccionar
- Sugerencia de lectura en voz alta *Nuna sabe leer la mente*, de Orit Gidali y Aya Gordon-Noy*
- Práctica de mindfulness en movimiento: hacer lluvia*
- Aikido: ejercicio y diálogo*
- Uniéndolo todo: prácticas ABC, STAR y PEACE*
- Amor bondadoso: práctica* y diálogo
- Explicación de la práctica semanal*
- Práctica de mindfulness al escuchar como cierre de sesión*

Práctica de mindfulness al escuchar (todas las edades)

Como es habitual, inicia la sesión con la práctica de mindfulness al escuchar, y luego quizá una breve práctica de atención a la respiración. A estas alturas del curso, si pides voluntarios, es posible que algún niño o adolescente se atreva a guiar una práctica sencilla. Puede ser revelador y grato oír sus interpretaciones. Si no hay ningún voluntario, puedes guiar una breve práctica adicional o pasar directamente a la práctica de mindfulness al comer.

Impulsos: ejercicio y diálogo (todas las edades)

Cuando trabajo con niños pequeños, y a veces incluso con adolescentes, suelo hacer la transición al tema de los impulsos leyéndoles, mientras comen, un capítulo de *Sideways Stories from Wayside School*, de Louis Sachar, titulado «Paul». El cuento es un diálogo entre Paul y la tentación. Trata sobre advertir los impulsos, y elegir si dejarnos llevar por ellos o no. Ofrece una perspectiva humorística de los «momentos en que casi» y de los agujeros y la posibilidad de cambiar de calle (en otras palabras, sobre responder en vez de reaccionar).

En resumen, la tentación anima a Paul a tirarle a Leslie de las coletas. En principio se resiste. Luego le tira de la coleta izquierda, primero, y acto seguido de la derecha. Después de cada tirón, Leslie chilla, y le explica a la profesora que Paul le ha tirado de la coleta, y, las dos veces, la profesora pone una marca en la pizarra al lado del nombre de Paul. Al cabo de un rato, Leslie vuelve a chillar (no queda claro si realmente Paul ha vuelto a tirarle de la coleta), y Paul se gana la tercera marca, y, antes de que terminen las clases, la profesora lo envía a casa en el autobús de la guardería. El cuento ofrece una oportunidad estupenda para hablar sobre los impulsos y la posibilidad de elegir, en respuesta a preguntas como estas:

- *¿Ha habido veces en que has sentido el impulso de hacer algo poco agradable o a escondidas, como tirarle a una niña de la coleta, quitarle un caramelo a un compañero, cotillear, o copiar en un examen?*
- *¿Has oído una voz dentro de la cabeza que dice: «¡No! ¿Qué estoy haciendo? Me voy a meter en un lío»?*
- *¿Has oído otra voz que dice: «Solo un tironcito»?*
- *¿En qué nos ayuda darnos cuenta de estos impulsos y voces?*
- *¿Por qué es tan difícil a veces escuchar la voz amable del sentido común y elegir una calle diferente?*

Picor

El ejercicio que propongo a continuación es una manera rápida, sencilla, divertida y táctil de explorar los impulsos. Observa lo que experimentas mientras lees los siguientes párrafos para familiarizarte con él. Luego, en la sesión, utiliza tu experiencia para guiar a tus jóvenes amigos a explorar este impulso tan común y poderoso:

> *Por favor, cerrad los ojos. Dentro de un momento voy a decir una palabra, y quiero que os deis cuenta de lo que os pasa en el cuerpo y en la mente al oírla. Procurad daros cuenta solamente, sin hacer ningún movimiento. ¿Listos?, aquí va la palabra: «Picor»…*
>
> *¿Qué habéis notado?…*
>
> *Levantad la mano si, de repente, habéis sentido un picor que no habíais notado hasta ese momento. Levantad la mano si habéis sido capaces de notarlo sin rascaros. Si os habéis rascado, ¿os habéis dado cuenta de los pensamientos que os han venido a la mente antes de rascaros? ¿Qué decían? ¿Quizá habéis pensado: «¡Bah!, voy a rascarme solo una vez», «La profe no se va a dar cuenta», «Me da igual lo que haya dicho» o «No lo decía en serio»? Una vez más, lo importante no es haberlo hecho bien o mal, ni que os sintáis bien o mal por cómo lo habéis hecho; lo importante es que nos demos cuenta de nuestro cuerpo, de nuestros pensamientos y sentimientos y luego elijamos cómo actuar. ¿No os parece interesante que una simple palabra puede producirnos sensaciones en el cuerpo, y que esas sensaciones puedan provocar pensamientos e impulsos, y que esos impulsos puedan traducirse en acciones?*

Si da tiempo, puedes probar a hacer el mismo ejercicio con otras palabras, como por ejemplo «galletas» o «deberes». Si trabajas con niños un poco mayores, puedes añadir además un diálogo en torno a las imágenes mediáticas y la publicidad, con preguntas y comentarios como estos:

> *¿Qué relación podría tener este ejercicio con la publicidad?… Exactamente. La publicidad utiliza palabras e imágenes para crear pensamientos e impulsos.*
>
> *¿Hay tipos particulares de pensamientos que la publicidad intente provocar?… Eso es: de deseo o necesidad, y pensamientos de la mente poco amable o de inseguridad.*
>
> *¿Por qué deberíamos recordar esto? Para poder observar nuestros pensamientos e impulsos y luego elegir si queremos, o no, gastarnos el dinero en una marca determinada de pantalones vaqueros.*

Revisión de la práctica semanal (todas las edades)

Después de leer el cuento, puedes pasar a la habitual revisión de la práctica semanal.

Estar en el cuerpo

Pregúntales a los participantes por su experiencia con el escaneo corporal y la práctica de mindfulness al caminar. Como de costumbre, hazles algunos comentarios o preguntas breves que les ayuden a responder:

- *¿Alguien ha hecho el escaneo corporal?*
- *¿Cómo ha sido?*
- *¿A alguien le ha resultado difícil?*
- *No hay que preocuparse; cuando te des cuenta de que te has distraído, basta con que vuelvas a enfocar la atención en la zona del cuerpo que esté describiendo la grabación.*
- *Si sientes el impulso de moverte, mira a ver si, cuando lo notes, eres capaz de quedarte con él durante tres respiraciones antes de moverte. Y cuando te muevas, trata de hacerlo con mucha atención.*
- *¿Alguien ha jugado a prestar atención plena (mindfulness) al caminar?*
- *Si se os ha olvidado, ¿queréis probar a hacerlo esta semana?*
- *¿Y el paseo al aire libre?*
- *¿Qué os pareció, salir a andar y prestar atención a las vistas, los sonidos, las sensaciones del cuerpo moviéndose en el espacio?*

Comunicación difícil: «apaga el ordenador» (de ocho a dieciocho años)

Si los participantes son lo bastante mayores, pregúntales ahora por la experiencia que han tenido con las comunicaciones difíciles durante la semana. Te recomiendo que empieces por contar alguna experiencia tuya de la semana anterior y que escuches cualquier observación y sugerencia que quieran hacerte los participantes. Esto les hará entender a tus jóvenes amigos que los adultos tenemos a menudo conflictos similares a los suyos. Además, les permite ser testigos del proceso de indagación en una situación real, pero en la que no están personalmente implicados, y les da la oportunidad de compartir la perspicacia desarrollada a base de trabajo durante las últimas semanas. Y lo que es igual de importante, te permite a ti beneficiarte de su sabiduría y de una perspectiva diferente.

Fue Henry, un alumno de sexto de primaria, quien contó la situación que se describe bajo estas líneas en un curso para alumnos y padres/madres que impartí en Stanford. (Trabajar con parejas de niño-padre/madre ofrece oportunidades y desafíos muy singulares, que exploraremos con más detalle en el capítulo 15.) Aunque esa interacción difícil que utilizo aquí como ejemplo se expuso en un curso de este tipo, se habría podido exponer con la misma facilidad en uno solo para preadolescentes. Lo he transcrito tal como ocurrió, para que entiendas por qué elegí explorar un determinado diálogo difícil con un determinado grupo una determinada tarde de otoño; es una de las infinitas respuestas a un momento dado. El proceso básico para guiar esta clase de indagación es el mismo si trabajas con un individuo, un grupo de niños o adolescentes o un grupo de padres/madres y participantes.

En esta clase en concreto, uno de los temas candentes para padres, madres e hijos era negociar en casa el uso del ordenador. En muchos casos, el niño quería seguir jugando, y el padre o la madre querían que dejara ya el ordenador y se ocupara de sus tareas o hiciera los deberes de clase, o quizá querían usar ellos el ordenador. Cuando Henry, que era el niño más locuaz del grupo y el más enganchado al ordenador, terminó de exponer la situación, lo invité a que hiciera el papel de su madre en el diálogo, y otro niño se ofreció a hacer el papel de Henry. Como verás, Henry fue bastante hábil en su papel de madre.

Madre:	Por favor, deja ya el ordenador.
Hijo:	Pero mamá, ¡estoy justo a mitad del nivel 37 del juego!
Madre:	Ya te entiendo, cariño, pero necesito usar el ordenador.
Hijo:	Pero mamá, nunca antes había llegado al nivel 37. Déjame terminar.
Madre:	¿Cuánto crees que vas a tardar?
Hijo:	Cinco minutos.
Madre:	Vale. Puedo esperar cinco minutos. Voy a poner la alarma. Cuando suene, es mi turno.
Hijo:	Vale.

En el debate que surgió a continuación en la clase, se objetó que los niños no siempre calculan con exactitud el tiempo que necesitan para completar un nivel, y no siempre dejan de jugar cuando suena la alarma. De todos modos, tanto niños como padres y madres coincidieron en que el diálogo que acababa de representarse había sido más comprensivo y eficaz que las discusiones frustrantes que acostumbraban a tener sobre el tema, y que contenía un elemento esencial, que era el respeto y confianza mutuos. Los niños querían que sus padres entendieran que el juego era importante para ellos, y los padres querían evitar las negociaciones interminables y agotadoras.

Comentamos también la ventaja de tratar la situación y llegar a acuerdos familiares en un momento neutral, *antes* de que alguien quisiera usar el ordenador, o ya lo estuviera usando. La semana siguiente, las familias dijeron que, en la mayoría de los casos, el diálogo sobre el ordenador había sido mucho menos estresante y mucho más grato.

El proceso será más o menos el mismo cuando lo utilices con parejas de participantes que cuando trabajes con un solo individuo en tu consulta. Por ejemplo, si una adolescente llegara a tu consulta y te contara, como lo habría hecho en una clase de grupo, que sus padres la agobian continuamente diciéndole que deje el teléfono móvil o el ordenador, podrías pedirle que hiciera el papel de padre o de madre mientras tú o un colega hacéis el papel de ella. Después de representar el diálogo, puedes aplicar a la situación elementos habituales del curso: respirar, darse cuenta de los pensamientos y los sentimientos, la teoría de las emociones, escucharse a uno mismo y escuchar al otro con atención plena, elegir calles distintas…

Comentario de enganche (ocho a dieciocho años)

Los niños y jóvenes de entre ocho y dieciocho años escriben habitualmente en el colegio comentarios de texto. El «comentario de enganche» es una variante mucho más personal que nos permite seguir estudiando la diferencia entre responder y reaccionar. Consiste simplemente en que el niño observe y comente un momento en que estuviera «enganchado». ¿Quiénes eran los personajes principales? ¿Cuál era el «gancho»? ¿Qué pasó? ¿Qué pensamientos y sentimientos había detrás de la acción? ¿Qué otros finales hubieran sido posibles? ¿Qué decisiones habrían sido más sabias? (Nota: te hará falta una hoja para esta actividad. Puedes descargar un modelo en http://editorialkairos.com/files/archivos/LugarTranquiloTarea.pdf.) Con una sonrisa, diles algo de este estilo:

> *Ahora voy a pediros que escribáis un breve comentario de texto.* (Invariablemente, habrá unas cuantas quejas.) *Daos cuenta de los pensamientos y sentimientos que han aparecido cuando he dicho esto. ¿Habéis pensado: «Aj, ¿por qué nos hace escribir un comentario de texto la profesora de mindfulness?». Yo, en vuestro caso, habría pensado lo mismo* (sonrisa). *De todos modos, este breve comentario de «texto» es en realidad un comentario de «enganche», sobre alguna vez que os hayáis «enganchado» a algo o a alguien. ¿Alguien puede poner un ejemplo de algún momento en que se haya quedado enganchado en los dos últimos días?… Sí, cuando perdiste el verdadero comentario de texto porque se estropeó el ordenador. De acuerdo, ¿alguien tiene otro?… Cuando tu amigo se burló de la ropa que llevabas. Estupendo. ¿Se os ocurre a todos algún ejemplo? Si no recordáis ninguno, levantad la mano.* (Habla un momento con cada participante al que no se le ocurra ningún ejemplo, y ayúdales a encontrar algún momento en que estuvieran «enganchados».)
>
> *Ahora que todos tenéis un ejemplo, rellenad la hoja del «comentario de enganche» con unas pocas frases que describan el «enganche» —el suceso que os enganchó—, los principales personajes implicados, vuestros pensamientos y sentimientos, vuestras acciones, otros finales posibles o calles distintas, qué habría hecho vuestro yo más sabio…*

Responder en vez de reaccionar (ocho a dieciocho años)

Llegados a este punto, conviene repasar el curso entero en el contexto de responder en vez de reaccionar a las dificultades. Pídele al grupo, o al niño con que estés trabajando, que enumere los pasos necesarios para responder en vez de reaccionar. Por supuesto, si se olvidan de un paso, puedes darles alguna pista para ayudarles a recordarlo.

- Darse cuenta de que hay una dificultad
- Utilizar la respiración para situarnos en el Lugar tranquilo
- Prestar atención a los pensamientos, sentimientos y sensaciones físicas
- Si hay otras personas implicadas, tomar en consideración sus pensamientos y sentimientos y lo que quieren
- Elegir una calle en vez de caer en un agujero

Práctica de mindfulness en movimiento: hacer lluvia (todas las edades)

Hacer lluvia es un ejercicio experiencial en el que los participantes representan a una pequeña orquesta y, juntos, contigo como director, creáis el sonido de una tormenta que se va haciendo cada vez más fuerte, y luego va perdiendo intensidad. Si nunca lo has visto ni lo has hecho, teclea en Google la frase «orquesta haciendo lluvia» para ver un ejemplo profesional; sin ninguna duda, es uno de esos casos en un que un vídeo vale más que mil palabras.

Indica a los participantes que se coloquen en dos hileras, formando un semicírculo frente a ti. Pídeles que cierren los ojos, sientan la tranquilidad y escuchen el silencio y los sonidos de la sala. Luego, invítalos a abrir los ojos y a copiar tus movimientos mientras extiendes cada uno de ellos de izquierda a derecha. Generalmente la indicación que les hago es: «Cuando apunte a vuestra sección, por favor copiad el movimiento que esté haciendo y seguid haciéndolo hasta que le dé a vuestra sección un nuevo movimiento». Empieza mirando de frente a la sección de la orquesta que tienes a tu izquierda, apuntando hacia ella y haciendo el primer movimiento: frotar las manos. *Lentamente* ve girando hacia la derecha, extendiendo el movimiento de izquierda a derecha. Luego, con las cejas arqueadas y la sonrisa de director de orquesta, vuélvete hacia el extremo de la sección izquierda, apunta hacia ella y haz el segundo movimiento: chasquear los dedos. Repite los mismos pasos con cada movimiento de la siguiente lista; ve extendiéndolo de izquierda a derecha e indicando cuándo debe empezar a hacerlo cada sección de la orquesta.

- Quietos
- Frotar las manos
- Chasquear los dedos
- Darse cachetes en los muslos

- Saltar y aterrizar
- Darse cachetes en los muslos
- Chasquear los dedos
- Frotarse las manos
- Quietos

Al terminar, pídeles a los participantes que cierren los ojos de nuevo, sientan la tranquilidad y la calma, escuchen el silencio y los sonidos de la sala y se den cuenta de sus pensamientos y sentimientos. Este ejercicio se puede plantear como simple práctica de movimiento, breve y divertida, o la puedes usar para recordar a los participantes que, como las tormentas naturales, las tormentas mentales y emocionales aparecen en el horizonte, duran lo que duran, y al final pasan.

Aikido con atención plena: ejercicio y diálogo (ocho a dieciocho años)

El aikido es un arte marcial en el que el participante conecta y se funde con la energía del atacante para redirigirla. Este ejercicio, que explora diversas respuestas a ser «atacado», está sacado del programa MBSR. Posiblemente beneficie sobre todo a los niños mayores de diez años. Si da tiempo, puedes incluirlo para ayudar al grupo o al individuo a seguir explorando formas de desenvolverse en conversaciones difíciles o conflictos interpersonales.

Esta es una sesión rica y variada, y, aunque no es necesario incluir en ella este ejercicio, vale la pena que tengas el aikido con atención plena en tu repertorio. El propósito del ejercicio es guiar a los participantes para que, con tu ayuda, experimenten cuatro formas distintas de responder al conflicto: sumisa, evasiva, agresiva y asertiva. La experiencia guiada y el diálogo posterior tienen la finalidad de ayudarles a explorar los pensamientos, sentimientos y sensaciones físicas que acompañan a cada tipo de respuesta, y a descubrir patrones en su modo habitual de reaccionar en distintas situaciones. Para muchos jóvenes, el simple hecho de enterarse de que hay cuatro formas básicas de responder al conflicto es de por sí una valiosa revelación, y ser capaces de reconocer esos comportamientos en ellos mismos y en otros es inestimable. En definitiva, este ejercicio es una manera más de ayudar a nuestros jóvenes amigos a desarrollar la capacidad de elegir respuestas sensatas y eficaces, en vez de reaccionar con automatismo o de un modo que acabe acarreándoles problemas.

Dependiendo de cuáles sean la dinámica del grupo y el espacio disponible, piensa bien si quieres que hagan la demostración un solo individuo o varios, o si prefieres que los participantes se agrupen por parejas para hacer el ejercicio. Confía en tu intuición, y estate dispuesto a ponerte a prueba tú también, ya que, a menudo, son precisamente los alumnos y los grupos con los que menos queremos arriesgarnos —por temor a que se desmadren, o a sus reacciones habituales— los que tienen las experiencias más reveladoras. Repito, utiliza tu sabiduría, acércate a ese miedo, y elige sabiamente. Aunque soy una mujer menuda (mido 1,55), con frecuencia (pero no siempre) elijo el macho, o la hembra, «alfa» para que escenifique interactuando conmigo una o varias de las respuestas. En los siguientes párrafos, explico la forma de presentar el ejercicio como demostración y como práctica por parejas.

Demostración

Pídele al grupo que observe en silencio, dándose cuenta al mismo tiempo de las sensaciones físicas, sentimientos y pensamientos que tengan mientras escenificas las cuatro respuestas al conflicto. Elige a un participante para que te ayude a representar las cuatro, o a cuatro participantes distintos, uno para cada respuesta. Luego, invita a la persona que has elegido a que se dirija hacia ti con los brazos extendidos hacia delante y manifiestamente furiosa.

Sumisa: cuando la persona esté cerca, agáchate asustado, con expresión de miedo.

Evasiva: cuando la persona esté cerca, hazte a un lado con expresión indiferente.

Agresiva: cuando la persona esté cerca, empújala enérgicamente con expresión furiosa.

Asertiva: cuando la persona esté cerca, agárrala de un brazo y, moviéndote y bailando con ella, hazla girar 180° con una expresión de calma en tu cara.

Después de cada demostración, invita a los participantes a reflexionar atentamente.

- *¿Qué pensamientos, sentimientos y sensaciones físicas habéis tenido mientras observabais?*
- *¿Os sentíais más identificados conmigo —con la persona que está a punto de ser abordada—, o con Anna, la persona que se acerca?*
- *¿Qué podría estar pensando y sintiendo la persona que se acerca?*
- *¿Qué podría estar pensando y sintiendo la persona que va a ser abordada?*
- *¿En qué momento os habéis sentido como la persona que se acerca? ¿Y cómo la persona que va a ser abordada?*
- *¿Qué situaciones os hacen reaccionar o responder de cada una de las maneras que lo he hecho yo en esta situación?*

Participación

Si decides que el grupo haga el ejercicio por parejas, pídeles a los participantes que elijan la persona con la que van a trabajar y que formen luego dos filas, una enfrente de la otra, a unos tres metros de distancia. (Ten en cuenta que será difícil que los participantes estén en completo silencio.) Anímalos a prestar atención a los pensamientos, sentimientos, sensaciones físicas y movimientos mientras hacen el ejercicio. Antes de empezar, te recomiendo que les hagas respirar lenta y profundamente varias veces seguidas y a darse cuenta de sus pensamientos y sentimientos mientras lo hacen. Además, es primordial recordarles que es responsabilidad suya hacer esta práctica de un modo que garantice la seguridad de todos. Luego, susúrrales a cada uno de los grupos colocados en fila las siguientes instrucciones «secretas»:

Para la respuesta sumisa, indícales a los componentes del grupo A que caminen furiosos, con los brazos estirados hacia delante, hacia sus parejas del grupo B. Indícales a los componentes del grupo B que se agachen con expresión de miedo cuando su pareja se les acerque.

Para la respuesta evasiva, indica al grupo B que caminen furiosos, con los brazos estirados al frente, hacia sus parejas alineadas en el grupo A. Indica a los miembros del grupo A que esquiven a sus parejas del grupo B con expresión de indiferencia cuando los vean acercarse.

Para la respuesta agresiva, indícales de nuevo a los componentes del grupo A que caminen furiosos y con los brazos estirados hacia sus parejas del grupo B. Indica al grupo B que extiendan los brazos al frente y empujen con expresión furiosa a sus parejas del grupo A cuando se acerquen.

Para la respuesta asertiva, vuelve a indicarles a los miembros del grupo B que extiendan los brazos y se dirijan con expresión furiosa hacia sus parejas del grupo A. Muéstrales a los miembros del grupo A cómo tomar con la mano izquierda, suavemente, la mano izquierda de sus parejas del grupo B, cómo colocar luego la mano derecha en la espalda de sus parejas y hacerlas girar lentamente 180º.

Después de escenificar cada respuesta, invítalos a reflexionar con atención.

- *¿Cómo ha sido la experiencia de acercaros furiosos a vuestra pareja?*
- *¿Cómo ha sido la experiencia de ver a vuestra pareja acercarse furiosa?*
- *¿Hay algo de esto que os resulte familiar?*
- *¿Qué situaciones suelen haceros reaccionar o responder así?*

Diálogo sobre aikido

Después de comentar las cuatro situaciones, inicia un debate de grupo sobre la relación entre estas cuatro maneras de responder al conflicto y la exploración que en sesiones anteriores se ha hecho sobre las conversaciones difíciles, los agujeros y la posibilidad de cambiar de calle. Mientras haces de moderador del debate, es importante que tengas en cuenta las siguientes consideraciones.

A menos que tengamos mucho cuidado, podemos dar a entender que la respuesta asertiva es en general la manera preferida, «correcta» o «mejor» de responder. Sin embargo, por mi experiencia, conviene estudiar estos comportamientos como parte de un *continuum*: de sumisa a evasiva, de esta a asertiva y de asertiva a agresiva. Personalmente, entiendo que la verdadera atención plena es saber elegir lo que conviene en cada momento. A veces lo sensato es ser sumiso. A veces, es una actitud seria y enérgica la más apropiada. Si no estamos plenamente atentos, reaccionamos por hábito y hacemos lo mismo de siempre, ya sea para agradar o para dominar a los demás. La propuesta es reconocer nuestros modos de comportamiento habituales y empezar a elegir con sensatez cómo responder según las circunstancias.

Escuché una noticia fascinante en la Cadena Pública Nacional de Radio que ilustra la capacidad para hacer precisamente eso, y que pone en entredicho las ideas preconcebidas que tenemos sobre cuándo son apropiadas la sumisión, la evasión, la asertividad o la agresividad. Un adolescente se acercó a un hombre, sacó una navaja y le pidió la cartera. Cuando cuentes la noticia en clase, quizá quieras pararte al llegar aquí y preguntarles a tus jóvenes amigos qué habrían hecho ellos en esa situación. Las respuestas más típicas son que habrían reaccionado con sumisión o con agresividad.

En este caso, el hombre le dio la cartera. Cuando el joven ya se alejaba, el hombre lo llamó y le ofreció su chaqueta, y luego lo invitó a comer. El joven aceptó, pagó la comida con el dinero del hombre y le devolvió la cartera. El hombre le ofreció entonces veinte dólares a cambio de la navaja.

Si decides contarlo en clase, utilízalo como una invitación a seguir indagando. La intención, con este diálogo, es explorar nuestras respuestas habituales y si hay alternativas que pudieran ser más idóneas, no es querer dar a entender que la respuesta del hombre, ni ninguna respuesta en particular, sea buena ni mala, correcta ni incorrecta, mejor ni peor. Cuando yo lo cuento, cuento también que, sinceramente, si me encontrara en esa situación, probablemente mi respuesta sería sumisa.

Juntando todas las piezas: las prácticas ABC, STAR y PEACE

Posiblemente recuerdes que al principio del libro decía que, a mi entender, el mindfulness es «prestar atención aquí y ahora, con amabilidad y curiosidad, y elegir luego cómo comportarnos». El curso entero está pensado para ayudar a los jóvenes a aplicar esta actitud en su vida diaria. A continuación, explico tres fórmulas mnemotécnicas para ayudarles a hacerlo: ABC, para niños de cinco a siete años; STAR, para niños de ocho a doce, y PEACE para preadolescentes y adolescentes.

ABC (de cinco a siete años)

Para los niños pequeños, es mejor simplificar las cosas al máximo. A esta edad, la mayoría conocen el alfabeto o, al menos, las primeras letras. Puedes, además, jugar con las palabras en inglés y decir algo así:

En la vida a veces es útil recordar nuestros ABC, especialmente cuando las cosas se ponen difíciles. Así que, cuando las cosas sean difíciles, recuerda este ABC (mencionar que es en inglés):

- *A de* attention *(atención). A veces es útil pararnos y prestar atención a la*
- *B de* breath *(respiración). Normalmente cuando prestamos atención a nuestra respiración es más fácil*
- *C de* choose *(escoger). Cuando paramos y prestamos atención a la respiración, entonces a veces podemos escoger de forma más amable, podemos hacer una elección, más amable con nosotros y con los demás.*

STAR (de ocho a once años)

La estrella es un símbolo suficientemente elocuente para los niños de estas edades. El acrónimo STAR les será fácil de recordar. Explícales que esta sencilla práctica, además de ayudarles a reducir el estrés antes de un examen o durante el examen, les será de utilidad en muchas otras situaciones difíciles:

La práctica STAR es muy sencilla, y quizá os resulte útil cuando tengáis un examen, mientras hacéis los deberes o si os encontráis ante cualquier otra dificultad. Los pasos son los siguientes:

- *S de* stop. *Cuando estéis ante una dificultad, como por ejemplo una pregunta del examen a la que no sabéis responder, o cualquier otra dificultad que os encontréis en la vida, paraos.*
- *T de tomar aire. Normalmente, respirar despacio y profundamente varias veces seguidas relaja la mente y nos permite…*
- *Aceptar. La A es de aceptar: que tenéis una dificultad, que no sabéis la respuesta y que estáis un poco nerviosos.*
- *R de recomenzar o retomar. Cuando estéis listos, después de haber respirado lenta y profundamente varias veces y de haber aceptado las cosas como son, podéis recomenzar, e intentar de nuevo resolver el problema, o pasar al siguiente.*

Recordad que esta práctica la podéis usar cuando os encontréis con un problema difícil en un examen, o en los deberes, o con otras dificultades que tengáis en la vida.

PEACE (de doce a dieciocho años)

La práctica PEACE es la más activa de la serie de prácticas de respuesta. Es una práctica formal detallada y, como en el caso de otras prácticas formales, es mejor guiarla despacio y hacerla repetidamente. Con el tiempo, los adolescentes son capaces de captar con naturalidad qué aspectos de la práctica son más relevantes para una determinada situación, y acaban reteniendo los elementos básicos de la práctica.

Si nos acordamos de usarlo, el mindfulness nos puede ayudar a saber qué hacer en situaciones difíciles, tanto ante sucesos comunes de la vida cotidiana, como perder el teléfono móvil, como en situaciones más críticas, como no haber aprobado una asignatura, haber roto con tu novia o tu novio, que a un amigo vuestro lo metan en la cárcel, o tal vez incluso que os metan en la cárcel a vosotros, quedaros embarazadas, o que haya muerto alguien de la familia o del barrio.

El mindfulness es mucho más que observar la respiración. Para mí, la fuerza y la belleza del mindfulness es que usarlo me ayuda cuando las cosas se ponen de verdad difíciles.

PEACE es un acrónimo que podéis usar en cualquier situación difícil. Podríais empezar a practicar con los pequeños contratiempos y enfados diarios. Si las circunstancias son más serias, tal vez necesitéis repetir la práctica muchas veces al día, y quizá queráis, además, pedir ayuda a un amigo, a vuestro padre, vuestra madre, un orientador o un médico.

Los pasos son los siguientes:

P de parar. Cuando te des cuenta de que estás en una situación difícil, para.

E de exhalar. Cuando exhales, tal vez quieras dejar salir un suspiro, o un gruñido, o incluso un sollozo. Y después de exhalar… ¿qué quieres?… Inspirar… simplemente continúa respirando.

A de aceptar. Mientras sigues respirando, acepta la situación como es. He perdido la mochila con todos los libros; mis padres se divorcian; mi mejor amiga sale ahora con el chico que me acaba de dejar. Aceptar una situación no significa que te guste; significa sencillamente que reconoces que es como es, tanto si te gusta como si no.

La A corresponde también a admitir, permitir: la situación y tu reacción a ella, ya sea de rabia, desolación, desconsuelo, envidia, o todas ellas a la vez.

Haz lo posible por descansar en el Lugar tranquilo y observar los pensamientos, sentimientos y sensaciones corporales. Date cuenta de si en algún momento tienes la tentación de reprimir la experiencia haciendo ver que no te afecta, o de añadirle dramatismo repitiéndote escenas y frases en la cabeza o repitiéndoselas a tus amigos. Y asume eso también, acéptalo (sonrisa). Mira a ver si puedes descubrir una vía intermedia: una manera de tener pensamientos y sentimientos sin que los pensamientos y sentimientos te tengan a ti y te hagan actuar de formas que más tarde quizá lamentes

C es de coger (esCoger). Antes de responder, considera —durante unos instantes, días, semanas, o incluso meses, dependiendo de la situación— cómo quieres responder. Para dar con la mejor respuesta posible, necesitarás algunas ces adicionales: claridad, coraje, compasión y comedia.

Claridad es tener claro lo que quieres, cuáles son tus límites y de qué eres responsable.

Coraje significa tener la valentía para decir la verdad y oír las verdades de los demás.

Compasión significa ser amable contigo mismo y con los demás, y entender lo increíblemente difícil que es a veces ser humano.

En cuanto a comedia, yo prefiero la palabra «humor», pero no empieza por C (sonrisa). Es sorprendente lo mucho que nos ayuda a veces tener un poco de sentido del humor y no tomarnos a nosotros mismos demasiado en serio.

Y, para terminar, E es de entregarte a una nueva relación. Después de que te hayas parado, y hayas exhalado, aceptado la situación y considerado cuál es la respuesta más apropiada, estás preparado para entregarte a una nueva relación con la otra persona, con la situación y con la vida.

Acuérdate, si es posible, de practicar primero con pequeños incidentes, y de que en circunstancias extremas quizá tengas que repetir los pasos una y otra vez, y recibir además otra clase de apoyo. Cuanto más practiques, más estarás haciendo realidad aquella frase de John Lennon: Give PEACE a chance, *démosle una oportunidad a la PAZ.*

Amor bondadoso: práctica y diálogo (todas las edades)

Hay varias razones entretejidas, todas igual de importantes, para ofrecerles este ejercicio a los niños. Un aspecto fundamental de esta práctica es guiar a los participantes para que experimenten lo que es ser amado, ser y sentirse dignos de amor, siendo tal como son. Indudablemente, nos gustaría que todos los niños y adolescentes tuvieran esta experiencia a menudo; por desgracia, sabemos que en muchos casos no es así. Cultivar la generosidad de corazón y extenderse amor bondadoso a sí mismos es un potente antídoto contra los mensajes negativos que les llegan repetidamente de la mente poco amable, de sus compañeros, su padre, su madre, otros adultos importantes y los medios de comunicación. Muchos jóvenes oyen mensajes negativos con tanta frecuencia que acaban por interiorizarlos y creérselos. Dado que la práctica de amor bondadoso nos ayuda a ser compasivos con nosotros mismos, es un poderoso antídoto para la negatividad reiterada.

La doctora Kristin Neff, pionera en el estudio de la compasión hacia uno mismo, insiste en la diferencia entre la compasión hacia uno mismo y la autoestima. La autoestima se basa en la evaluación, y refleja la apreciación que cada uno hacemos de nuestra valía; nos comparamos con los demás, y la percepción que tenemos de nosotros se basa en nuestros «éxitos» o «fracasos» recientes. Tengo una buena imagen de mí misma porque en un sentido u otro soy mejor que tú, o tengo una buena imagen de mí misma porque hace poco he triunfado en lo que fuere.

Por el contrario, la compasión hacia uno mismo se basa en la comprensión de que todos los seres humanos, nosotros incluidos, tenemos dificultades y, al mismo tiempo, merecemos ser tratados con bondad. A diferencia de la autoestima, la compasión hacia nosotros mismos no depende de la evaluación que hagamos de quienes creemos ser, de nuestros éxitos o fracasos, ni de si somos más o menos que los demás.

La doctora Neff y sus colegas (Neff, Hsich y Dejitterat, 2005) destacan tres componentes de esa compasión: tratarnos bien a nosotros mismos, comprender la cualidad humana que compartimos, y darnos cuenta con atención plena. Es de esperar que, para ahora, esté claro que el programa Un lugar tranquilo enfatiza dos de estos elementos: el darse cuenta, y el ser amables con nosotros mismos. La doctora Neff describe el darse cuenta con atención plena como la voluntad de observar con franqueza y claridad los pensamientos y emociones negativos, sin reprimirlos ni magnificarlos, y el tratarnos bien a nosotros mismos como el cultivo de la amabilidad hacia nosotros, en especial cuando sufrimos, fracasamos o sentimos que somos unos ineptos. El tercer elemento, la compasión hacia nosotros mismos, consiste en reconocer que el sufrimiento y los sentimientos de ineptitud forman parte de la experiencia humana que compartimos, algo por lo que todos pasamos, y no algo que me sucede solo «a mí». Es un elemento que se trata igualmente en muchos diálogos del programa Un lugar tranquilo, tanto de modo sutil como explícito.

Según la doctora Neff, la compasión hacia nosotros mismos no solo aumenta nuestro bienestar, sino también nuestra resiliencia. De hecho, sus estudios muestran que aumenta la capacidad de los estudiantes para hacer frente a lo que consideran un fracaso escolar, y que favorece las estrategias de afrontamiento centradas en las emociones, mientras que hace disminuir las estrategias orientadas a una evasión de la realidad (2005, págs. 263-287). Y aunque los estudios tienen que documentar aún la experiencia común de que la compasión hacia uno mismo aumenta la compasión hacia los demás, y viceversa, dos estudios recientes, uno dirigido por la doctora Neff (Neff y Germer, 2013) y el otro, por la doctora Hooria Jazaieri y sus colegas (2012) en el Centro para la Investigación y la Enseñanza de la Compasión y el Altruismo (CCARE, por sus siglas en inglés), han revelado que la compasión hacia uno mismo y la compasión hacia los demás están correlacionadas. Por consiguiente, es muy probable que la amabilidad hacia uno mismo incluida en la práctica de amor bondadoso aumente indirectamente la amabilidad y la compasión hacia los demás.

Por otra parte, la práctica de amor bondadoso cultiva explícitamente en nuestros jóvenes amigos la capacidad de demostrar amabilidad, atención y afecto hacia otros seres. En ella, envían amabilidad y amor a personas a las que conocen bien, a otras a las que no conocen bien, y a personas con las que tienen alguna dificultad, o que ya no están físicamente presentes en sus vidas. Cuando se añade a «tomar perspectiva» (intentar entender los motivos del otro) que practicábamos en el ejercicio de las conversaciones difíciles, la práctica de amor bondadoso puede aumentar la empatía y la compasión hacia los demás. Con el tiempo, esta práctica puede transformar las relaciones difíciles incluso aunque el comportamiento de la otra persona no haya cambiado. Los jóvenes que durante mucho tiempo han sentido animosidad hacia un determinado individuo o grupo suelen sorprenderse al descubrir que sienten menos rabia o agresividad hacia ellos después de hacer esta práctica.

Por tanto, la intención de la práctica de amor bondadoso que se explica a continuación es aumentar la compasión hacia uno mismo, el bienestar y resiliencia, y la compasión hacia los demás seres. Está descrita deliberadamente en términos más bien vagos. Como decía en el capítulo 3, es fundamental que hayas establecido con seriedad tu propia práctica antes de enseñar mindfulness y amor bondadoso a otras personas. Si no has hecho nunca la práctica tradicional de amor bondadoso, comprométete por favor a practicarla a diario al menos durante dos meses, antes de enseñársela a otros. Es una práctica a la vez gozosa y rigurosa, y si no puedes basarte en tu propia experiencia, corres el riesgo de conmoverte o de ser excesivamente sentimental durante la sesión. Puedes descargar un modelo de esta práctica apropiado para todas las edades en http://smarturl.it/amorbondadoso. (Encontrarás más información al final del libro.)

Práctica de amor bondadoso (todas las edades)

Deja que los participantes se asienten en el Lugar tranquilo, bien sentados en una silla, o bien tumbados en el suelo. Al cabo de unas cuantas respiraciones, invítalos a recordar un momento en que sintieran que alguien los quería, o que a alguien le importaban de verdad: su padre, su madre, un entrenador, un profesor, una vecina, un amigo, un hermano o hermana, o incluso una mascota… Diles que ese momento puede ser tan simple como una palabra amable o una palmada en la espalda. Anímalos a recordar los detalles del momento —la hora, el sitio, la voz de esa persona— y a dejar luego que el sentimiento de importarle a alguien, o de sentirse queridos, les llene por completo. Añade que el sentimiento puede ser muy pequeño (sutil) o grande y poderoso (intenso), y que, en cualquiera de los casos, es perfecto tal como es.

Como las circunstancias de la vida son muy diversas, es importante que los términos que utilices para referirte a esa persona afectuosa o amable sean muy amplios. De entrada, quizá sea conveniente que añadas alguna frase como «recuerda algún momento de la última semana», o «acuérdate de alguien a quien ves a menudo». Puede ser particularmente importante hacerlo si estás enseñando la práctica en un sitio donde haya bastantes probabilidades de que los cuidadores de los participantes sean inaccesibles o estén ausentes, quizá incluso de que estén en la cárcel o hayan muerto. Expresarte así reducirá al mínimo la posibilidad de que un niño o un joven elija de entrada a alguien que se ha ido, que está en la cárcel o ha muerto. Con el tiempo, y la práctica, podrán incluir a personas que ya no estén físicamente presentes en su vida, y, de hecho, para muchos niños es una práctica extraordinariamente valiosa porque les conecta con seres queridos a los que ya no ven.

Sugiéreles que envíen afecto o amor a la persona (o animal) que hayan recordado. Anímalos a ofrecerle en silencio un deseo bondadoso a esa persona, como «Que seas feliz», y a sentir de nuevo las atenciones o el amor de esa persona hacia ellos. A los niños pequeños les encanta lanzar besos al aire al enviar sus deseos. Antes de pasar a la siguiente fase de la práctica —extender amor bondadoso a un desconocido, o a alguien que les resulte indiferente—, sugiéreles que se envíen amor a sí mismos y se deseen en silencio «Que yo sea feliz».

Se puede repetir la secuencia dirigiendo los buenos deseos a otras dos o tres personas. Pueden probar a enviar cariño o amor a alguien a quien no conozcan demasiado: el niño que se sienta tres filas más atrás en la clase de matemáticas, el conserje del colegio, la dependienta de una tienda; o pueden enviarles esos sentimientos a alguien con quien tengan una relación difícil en ese momento: la niña que hasta hace poco era su mejor amiga, su hermano pequeño… Después de enviar ternura, amor y buenos deseos a cada uno de ellos, pídeles que se envíen amor y buenos deseos a sí mismos.

Cuando estoy con adolescentes y preadolescentes, suelo añadir a sus buenos deseos hacia sí mismos la frase «tal como soy»: «Que sea feliz tal como soy». Para contrarrestar la mente poco amable, les animo también a enviar ternura, amor y buenos deseos a un aspecto de sí mismos que no les guste o que aborrezcan. «Que mi pelo sea feliz», «Que mi rabia esté tranquila y en paz», «Que mi lentitud al leer se llene de alegría». Diles que no importa que les parezca cursi o ridículo; anímalos a que, como dice el anuncio de Nike, «lo hagan» y punto, porque son precisamente esos aspectos que no nos gustan de nosotros, o que incluso detestamos, los que más necesidad tienen de nuestra amabilidad. Diles que pueden jugar con distintas frases y descubrir cuál es la que más les convence.

Finaliza la práctica pidiéndoles que se envíen amor a sí mismos y sientan el amor que reciben de vuelta, y luego enviando amor al mundo entero: a las personas, animales, plantas, a la tierra, y también al sol, a las estrellas y a la luna, y sintiendo el amor que el mundo entero les envía a su vez.

Diálogo sobre el amor bondadoso (de ocho a dieciocho años)

A los niños menores de ocho años puedes decirles sencillamente: «¡A que es genial acordarnos de que podemos enviarnos amor y cariño a nosotros mismos y enviárselo a otras personas también!».

Con los mayores de ocho años, puedes explorar la práctica con más detalle haciéndoles las siguientes preguntas. Ten presente que a algunos niños y adolescentes esta práctica les resulta embarazosa o intensa.

- *¿Qué os ha parecido la práctica?*
- *¿Qué sentimientos y pensamientos habéis tenido mientras la hacíais?*
- *¿Os ha resultado fácil o difícil enviar amor a otras personas? ¿Y recibirlo de ellas? ¿Y enviároslo a vosotros mismos?*
- *¿Habéis tenido ganas de bromear sobre ello o de no hacer la práctica?*
- *¿Qué sensaciones os ha producido en el cuerpo?*
- *¿Qué os parece saber que podéis enviar y recibir amor?*
- *¿Vais a seguir jugando o trabajando con esta práctica?*
- *¿Vais a probar a hacerla con personas con las que tengáis una relación difícil?*
- *¿Os gustaría probar a usarla como antídoto para la mente poco amable?*

Explicación de la práctica semanal (todas las edades)

Por último, explica la práctica semanal. De acuerdo con el tema central de la semana, la práctica guiada es amor bondadoso. La práctica de atención plena en la vida diaria incluye imaginarse cómo nos ve y cómo entiende el mundo la persona que tenemos delante, en medio de una discusión o de una situación difícil, y responder con el corazón amable en vez de reaccionar desde la mente poco amable en situaciones estresantes.

En el programa de ocho semanas, la siguiente será la última sesión. Por tanto, como se indica en la hoja correspondiente del diario de prácticas semanales, les pido a los participantes que traigan algo que simbolice su experiencia del curso. No suelo hacer más indicaciones que las que están escritas en la hoja; no quiero condicionar su elección, y me gusta que me sorprendan.

Responde también a cualquier pregunta que tengan sobre la práctica semanal.

Práctica de mindfulness al escuchar como cierre de sesión (todas las edades)

Cierra la sesión dejando que uno o dos alumnos que hayan estado especialmente atentos hagan sonar la campana para la práctica final de escuchar.

Práctica semanal—Sesión 7

El mindfulness es para toda la vida.

La práctica perfecciona la práctica.

Escucha la práctica guiada de amor bondadoso todos los días. http://smarturl.it/amorbondadoso

Practica mindfulness en tu vida diaria.

- *Cuando tengas una dificultad o un desacuerdo con alguien, imagínate e imagina el mundo desde su perspectiva.*
- *En situaciones estresantes, responde con el corazón amable en vez de reaccionar desde la mente poco amable.*

Con amabilidad y curiosidad, y sin sentimientos de culpa, rellena el diario de prácticas semanales.

La próxima semana será nuestra última clase. Trae, por favor, algo que represente lo que el Lugar tranquilo y el mindfulness significan para ti: una mandarina, un haiku, un dibujo, un cuento corto, un poema que te guste, una canción...

Si tienes algún momento revelador, alguna pregunta, o alguna dificultad que quieras compartir, o si no vas a poder asistir a la próxima clase, llámame por teléfono o envíame un correo electrónico.

---

11. SESIÓN 8:
EL FINAL DE LA EXHALACIÓN

Intenciones

Las intenciones para esta sesión son comentar las experiencias que han tenido los participantes al enviar y recibir amor, recordarles que, con un poco de práctica, pueden seguir desarrollando esas capacidades, y finalmente pasar a la «compleción». El proceso de compleción tiene cuatro componentes principales: darles a los alumnos la oportunidad de que expresen lo que el curso ha significado para ellos, tanto en privado, en forma de «carta a un amigo», como delante de sus compañeros, durante alguna conversación de grupo; pedirles que comenten sus pensamientos y sentimientos sobre el hecho de que el curso toque a su fin; invitarlos a que cuenten las diversas maneras en que pueden hacer suya la práctica, y, por último, recordarles que estarás a su disposición si quieren ponerse en contacto contigo en el futuro.

Esquema: prácticas, ejercicios y diálogos

- Práctica de mindfulness al escuchar*
- Práctica de mindfulness al comer*
- Revisión de la práctica semanal*
- Práctica elegida por el grupo o práctica de la Linterna*
- Ejercicio: carta a un amigo
- Ceremonia de cierre*
- Comentarios sobre la finalización del curso*
- Práctica de mindfulness al escuchar como cierre de sesión*

Práctica de mindfulness al escuchar y de atención plena al comer (todas las edades)

Como los participantes conocen ya bien estas prácticas, les puedes decir que hoy escucharéis y comeréis en «silencio». Puedes simplemente hacer sonar la campana tubular y luego, con unas pocas palabras, pasar a la práctica de comer en silencio. Cuando hayáis terminado, invita a tus jóvenes amigos a descansar en el Lugar tranquilo y a estar atentos a cualquier pensamiento o sentimiento que tengan sobre el curso y sobre que el curso esté a punto de concluir.

Revisión de la práctica semanal (seis a dieciocho años)

Empieza por preguntar a los participantes por su experiencia con la práctica de amor bondadoso. Puedes usar las preguntas de la sesión 7. Asegúrate de que hagan sus comentarios aquellos a los que les ha dejado indiferentes o les ha resultado desagradable o inquietante, y no solo aquellos que han disfrutado con la práctica o a los que les ha parecido una experiencia positiva. Recuérdales que la experiencia está bien tal como haya sido, que es posible que cambie de un día para otro, y que ahora están más preparados para acoger lo que quiera que surja durante la práctica.

Práctica a elección del grupo o práctica de la Linterna

Hay diversas opciones para la «última» práctica guiada del curso. Deja que el corazón te guíe. Puedes dejar que el grupo elija una de entre todas las que habéis hecho juntos: práctica de Un lugar tranquilo basada en la respiración, observando los pensamientos, sentimientos, el escaneo corporal, amor bondadoso, y ABC, STAR o PEACE. O también puedes proponer simplemente la práctica de la Linterna que se describe a continuación. No hay una práctica mágica para finalizar el curso; estará bien la que se elija espontáneamente en el momento, y a menudo suele ser mágica.

Práctica de la Linterna (todas las edades)

Esta práctica incluye muchos de los elementos principales con los que se ha trabajado durante el curso y es una elegante práctica final de grupo. En realidad, es una versión infantil de la práctica de atención abierta de los adultos.

Invita a los participantes a acomodarse y cerrar los ojos, y a enfocar la linterna de la atención en la respiración y, entre respiraciones, en el Lugar tranquilo…

Al cabo de un minuto aproximadamente, invítalos a alumbrar con la linterna de la atención el sonido, a escuchar los sonidos de la sala, los sonidos que hay más allá de la sala, los sonidos de su cuerpo, la respiración, los latidos del corazón, un tintineo en los oídos…

Al cabo de otro minuto más o menos, invítalos a enfocar la linterna de la atención en sus cuerpos, a notar los lugares en que el cuerpo está en contacto con la silla, con la ropa, con el aire, las zonas del cuerpo en que hay una sensación de comodidad y de incomodidad…

De nuevo, al cabo de un rato, invítalos a enfocar la linterna de la atención en sus pensamientos, a darse cuenta de cómo vienen y van.

Luego, invítalos a alumbrar con la linterna de la atención los sentimientos, en especial cualquier sentimiento sobre el curso y sobre que el curso esté tocando a su fin; simplemente a darse cuenta de lo que quiera que sientan en el momento…

Después, pídeles que alumbren con la linterna de la atención la respiración, y seguidamente el propio Lugar tranquilo… Simplemente respirando, y descansando en el silencio y la tranquilidad.

Al terminar la práctica, puedes comentar que saber que tenemos una linterna de atención puede sernos muy útil, y que, con la práctica, podemos aprender a encenderla y a elegir en qué la queremos enfocar; podemos expandir el rayo de la atención hasta que lo abarque todo, o podemos concentrarlo en una sola cosa: la pelota y la portería, una pregunta del examen, la persona que está delante, el sabor de una mandarina… Esta capacidad de expandir y concentrar (o enfocar) la luz que emite la linterna de la atención puede sernos muy útil a la hora de participar en algún deporte o tocar un instrumento, de hacer un examen o mantener una conversación difícil.

Para cerrar el círculo, pídeles a los participantes que vuelvan a dirigir la atención a la respiración, y luego invítalos a descansar en el Lugar tranquilo. Detente aquí un momento; después, pídeles que sigan en silencio mientras les indicas cómo escribir la Carta a un amigo.

Ejercicio: carta a un amigo (de ocho a dieciocho años)

Reparte folios y lápices, o bolígrafos, e invita a los participantes a escribir una breve carta a un amigo que no sepa nada del Lugar tranquilo ni del mindfulness, explicándole la sensación de descansar en el Lugar tranquilo, o en el darse cuenta, y cómo aplicar la atención plena en su vida diaria. Si quieres, puedes fotocopiar y distribuir el modelo de carta que incluyo al final del capítulo .

Explícales que el amigo puede ser cualquiera, incluido un animal de compañía o un amigo imaginario. Diles que no hace falta que pongan su nombre al final de la carta, y que, a menos que quieran hacerlo, las cartas no se van a enviar; escribirlas es solo una manera de contarte confidencialmente lo que el curso ha significado para ellos. Recuérdales que es una clase de mindfulness, no de gramática (a no ser, claro está, que sí lo sea) y que pueden escribir lo que piensen y sientan de verdad sin preocuparse de la ortografía. Ten en cuenta que quizá haya uno o dos participantes con distinto nivel de conocimientos a los que escribir les resulte difícil; puedes ofrecerte a transcribir sus cartas. Yo, generalmente, me quedo con las cartas de los participantes. Si hay alguno que quiere conservar o enviar la suya, le pido permiso para hacerle una fotografía con el teléfono móvil, o una fotocopia, para mi archivo personal.

Ceremonia de cierre (todas las edades)

Anima a los participantes a compartir lo que han traído como símbolo de su experiencia con el mindfulness, y pídeles que expliquen por qué o en qué sentido la representa. Como en el resto de los diálogos, es elección tuya hacer algún comentario o no, según te parezca más conveniente. Date cuenta de tu posible apego a que los participantes hayan disfrutado del curso y hayan sacado algo útil de él; cuida de permitirles que su experiencia sea la que es.

Los niños a menudo suelen traer comida. Una niña muy tímida de cuarto de primaria trajo manzanas, y el diálogo, que tengo grabado en vídeo para mostrarlo en el curso que imparto a través de internet, fue el siguiente:

Yo: ¿Por qué te recuerdan las manzanas el mindfulness?

Sonia: Las manzanas me recuerdan a dulce. No sé, las ha «elegido» mi madre.

Yo: ¿Las ha elegido tu madre?

Sonia: (*Asiente con la cabeza.*)

Yo: ¿Sabía que en clase muchos días comemos manzanas? ¿Se lo habías contado?

Sonia: (*Asiente con la cabeza.*)

Yo: ¿Has comido alguna manzana muy atentamente con tu madre?

Sonia: (*Asiente con la cabeza.*)

Yo: ¿¡De verdad!? ¿Le enseñaste cómo hacerlo?

Sonia: (*Asiente con la cabeza.*)

Yo: ¿Y qué le pareció?

Sonia: Dijo que era demasiado lento (*se ríe bajito*).

Yo: ¿Y qué le dijiste tú sobre la lentitud?

Sonia: Que era por el dulzor.

Yo: ¿Para saborearlo, para saborear el dulzor?

Sonia: (*Asiente con la cabeza.*)

Yo: ¿Y entonces qué dijo? ¿Que seguía siendo demasiado lento? (*me río bajito*).

Sonia: (*Asiente con la cabeza.*)

Yo: Va a necesitar alguna lección más, Sonia…

Sonia: Siempre oye los audios…

Como acostumbran a hacer muchos alumnos, esta niña hispana había compartido en casa con su familia las distintas prácticas de mindfulness. Les había enseñado la práctica de atención plena al comer, había escuchado con ellos las prácticas guiadas y les había contado el cuento del agujero y la posibilidad de cambiar de calle, y su familia había usado el cuento para resolver un conflicto recurrente que se daba en el pequeño apartamento donde vivían y en el que los numerosos ocupantes se disputaban el espacio: Sonia necesitaba y quería hacer los deberes; su hermana pequeña quería jugar y la molestaba con frecuencia, lo cual las hacía caer a ambas en el agujero de la frustración. Acordaron tomar una calle distinta, y usar un reloj. Cuando sonaba la alarma al cabo de treinta minutos, Sonia había tenido tiempo de hacer los deberes mientras su hermana jugaba o coloreaba, y era el momento de pasar quince minutos jugando con ella. De modo que las manzanas que Sonia llevó a clase representaban en realidad la introducción del mindfulness en una familia entera de origen hispano con escasez de recursos económicos.

Conversación de fin de curso (todas las edades)

Me gusta iniciar el diálogo de fin de curso asimilándolo a la respiración. Suelo decir que el final de curso es como el final de la exhalación. A continuación, hay una pausa, y luego comienza la inspiración. Cada participante elige si continuará practicando y cómo lo hará. A algunos alumnos les parecerá que ha sido una experiencia interesante y eso será todo; otros continuarán la práctica a diario y la incorporarán a sus vidas; otros recurrirán a ella o la recordarán en momentos de estrés.

Deja tiempo para preguntas, en especial sobre dificultades o dudas. Al llegar este momento, muchos participantes expresarán su tristeza porque el curso se acabe y lamentarán no haber practicado más. Puedes animarlos a permitirse sentirlo y a utilizar esos sentimientos como motivación para empezar a practicar de nuevo, ahora, en este momento. A otros participantes les preocupará que, sin la estructura del curso y el apoyo del grupo, tal vez descuiden la práctica y olviden eso tan valioso que han descubierto. Una vez más, anímalos a que se permitan sentirlo, y a elegir si desean seguir practicando y cómo lo harán. Podrás responder prácticamente a cualquiera de estas preguntas sugiriéndoles que se den cuenta de sus pensamientos y sentimientos con amabilidad y curiosidad y luego elijan un comportamiento.

Acuérdate de explicarles también que, aunque gran parte del curso ha estado enfocado en el uso del mindfulness en circunstancias difíciles, los animas a que sigan siendo plenamente conscientes de los muchos momentos agradables de sus vidas. Felicítalos por haber completado el curso y haber dedicado su tiempo a desarrollar la capacidad de estar plenamente atentos a sí mismos, a su experiencia y a los demás con amabilidad y curiosidad, y para elegir luego cómo comportarse.

Al final del diálogo, les entrego una lista de lecturas (la encontrarás en el apartado «Recursos») y otra de actividades locales que puedan apoyar su práctica. Se pueden descargar listas actualizadas de libros y grabaciones en inglés para cada grupo de edad en mi sitio web: www.stillquietplace.com. Y recursos en español en: www.unlugartranquilo.com. Insisto en la importancia de que hagas saber a los participantes que estás a su disposición y que pueden ponerse en contacto contigo por teléfono o correo electrónico en cualquier momento. Ha habido participantes que me han enviado un mensaje de correo electrónico seis meses o un año después de que hubieran terminado las clases, normalmente preguntándome cómo podía ayudarles el mindfulness en un momento difícil.

Práctica de mindfulness al escuchar como cierre de sesión (todas las edades)

Si da tiempo y los participantes están de acuerdo en prestar toda su atención a cada toque, suelo invitarlos a que cada uno de ellos haga sonar la campana tubular una vez para la práctica final de mindfulness al escuchar. Cuando trabajo con niños pequeños, el curso termina a menudo con el grupo entero rodeando entusiasmados al niño que toca la campana, sonriendo y escuchando muy atentamente hasta que el sonido desaparece en el silencio y la calma.

*   *   *

Felicidades por haber completado los capítulos de las sesiones y haber dedicado tu tiempo a cultivar la capacidad de compartir Un lugar tranquilo y las prácticas de mindfulness con los jóvenes.

Ahora que tú también has llegado al final del curso, en esta pausa que se abre al final de la exhalación, por favor, dedica todo el tiempo que sea necesario a repasar el material y a decidir si quieres impartirlo y cómo. Al igual que les ocurre a los participantes, algunos lectores pensarán que el libro ha sido interesante, y eso será todo; otros elegirán dar el siguiente paso. En los dos capítulos siguientes encontrarás indicaciones que te ayudarán a saber si estás preparado para impartir el programa Un lugar tranquilo a niños y a adolescentes, recomendaciones para prepararte y algunas advertencias importantes.

Si tienes algún momento *mindful*, alguna pregunta, o alguna dificultad de la que te gustaría hablar, por favor, llámame por teléfono o envíame un correo electrónico.

Practicando—Sesión 8

El mindfulness es tuyo.

Haz tuyas las prácticas.

Hazte la promesa de practicar durante _____ minutos _____ veces a la semana.

Ponte un recordatorio en el calendario (teléfono móvil). Luego, dentro de un mes, con amabilidad y curiosidad, mira a ver si has cumplido la promesa.

Si la has cumplido, elige si quieres seguir practicando.

Si no la has cumplido, elige si quieres empezar a practicar de nuevo.

Practica mindfulness en tu vida diaria.

- *Simplemente ¡hazlo!* (Just do it!)

Si tienes algún momento *mindful*, alguna pregunta, o alguna dificultad de la que te gustaría hablar, por favor, llámame por teléfono o envíame un correo electrónico.

Carta a un amigo

Escríbele una carta breve a un amigo que no sepa nada de mindfulness, describiendo:

- Qué se siente al descansar en el Lugar tranquilo, o al descansar en la consciencia.
- Cómo has empleado el mindfulness en tu vida diaria.

Simplemente escribe lo que sientes y lo que piensas, sin preocuparte de la gramática. Si te resulta difícil escribirlo, me puedes contar lo que te gustaría decir y lo escribiré por ti.

12. ¿ESTOY PREPARADO? CUALIDADES Y CUALIFICACIONES PARA VISITAR EL LUGAR TRANQUILO CON LOS NIÑOS

Como has visto durante la lectura, a lo largo del curso volvemos muchas veces sobre los mismos temas con nuestros jóvenes amigos, para ampliarlos y ahondar en ellos un poco más cada vez. En esta sección, vamos a repasar algunas recomendaciones que se detallaban en el capítulo 3 sobre cómo desarrollar tu propia práctica de mindfulness y cómo ofrecer el mindfulness a los alumnos. Ahora que tienes una idea más clara de lo que es el curso, es fundamental que prestes una atención amable y curiosa a la pregunta «¿Estoy preparado para compartir con niños y adolescentes el Lugar tranquilo?». En este capítulo se explican el contexto histórico en que se creó el programa MBSR y, atendiendo al saber colectivo de los pioneros de su aplicación en el norte de California, qué cualidades y cualificaciones se consideran necesarias para hacer este trabajo,

Aunque el diálogo franco y riguroso que se describe a continuación tuvo lugar hace casi 25 años, es de relevancia inmediata aquí y ahora. En lo que respecta a su desarrollo, el mindfulness para jóvenes se encuentra actualmente en el mismo punto en que se encontraba el mindfulness dentro del campo de la medicina cuando se produjo la conversación. Hay un interés y unas expectativas enormes, lo cual crea magníficas oportunidades, pero tiene también posibles peligros. Más importante aún, en este momento, es que la indagación que sigue a estas líneas es íntima, estrictamente personal: *¿Estás preparado?* Para responder, describo las fases por las que he pasado en mi viaje de indagación, y posteriormente de enseñanza y de enseñanza a los jóvenes.

A mediados de los años noventa del siglo pasado, un pequeño grupo de profesores de MBSR del norte de California —se nos acabó conociendo como el Grupo «norcaliforniano» de asesoramiento para la integración del mindfulness en la medicina— nos reuníamos una vez al mes para apoyarnos mutuamente y comentar las alegrías y dificultades de enseñar y facilitar mindfulness. Por aquella época, el sistema hospitalario Kaiser del norte de California decidió ofrecer el MBSR a nivel regional a través de sus departamentos de educación sanitaria. El modelo de educación sanitaria que utilizaba Kaiser era entregar a un educador sanitario cualificado un programa tipificado sobre un determinado tema (dejar de fumar, bajar de peso, reducir el estrés mediante la aplicación del mindfulness [MBSR]) y que el educador sanitario impartiera el programa más o menos al pie de la letra.

A raíz de esto, nuestro grupo tuvo noticia de varios casos en que se había contratado a profesionales sin experiencia en mindfulness para impartir el programa de MBSR en una serie de centros repartidos por toda la región. Una mujer a la que se había contratado para impartirlo se dio cuenta de que el mindfulness era muy diferente de los demás programas de educación sanitaria, y de que necesitaba tener experiencia personal para poder impartir auténticamente el MBSR y de una manera efectiva. Dice mucho a su favor que se pusiera en contacto con uno de los miembros del grupo de asesoramiento en busca de ayuda. La experiencia de esta mujer, entre otras, nos hizo plantearnos cómo podíamos colaborar con los administradores encargados de la contratación de instructores, y con los propios instructores, para garantizar que el programa de MBSR se ofreciera, en el sistema Kaiser y en cualquier otro, con el mismo grado ejemplar de integridad y, como resultado, el mismo nivel de eficacia con que se ofrecía en la Clínica de Reducción de Estrés de la Universidad de Massachusetts.

Cualidades y cualificaciones

La experiencia colectiva del grupo puso algo de manifiesto con mucha claridad: que un profesor o instructor debe tener una «práctica establecida» y enseñar basándose en su experiencia. Sin embargo, especificar lo que esto implicaba en realidad para nosotros, para los administradores de los hospitales y para los instructores resultó ser en sí un verdadero ejercicio de mindfulness. Juntos, pasamos casi un año debatiendo y perfilando las cualidades y cualificaciones que debía tener un instructor de MBSR, y en 1996 redactamos finalmente un documento titulado *Recomendaciones generales: cualificación de los profesores que impartan los programas de Reducción del estrés y de Reducción del dolor crónico basados en mindfulness.* El documento es conciso y está redactado con elocuencia. Tuvo un gran impacto, puesto que estaba escrito por una respetada comunidad de pioneros en la introducción del mindfulness en la medicina, la mayoría de los cuales siguen siendo líderes en este terreno.

Como en el caso de otros elementos de este libro, he conservado la esencia, la claridad y la intención del documento, y, a la vez, he hecho pequeñas adaptaciones para dirigirme a los profesionales que trabajan y juegan con niños y adolescentes (que aparecen en cursivas en el siguiente texto). Dada la vulnerabilidad de los jóvenes, respetar la intención de estas directrices tal vez sea más importante todavía, cuando se les enseña a ellos, que en la enseñanza para adultos.

Recomendaciones generales: cualificación de los profesores que impartan programas juveniles de reducción del estrés basados en mindfulness

Muchos *colegios y centros comunitarios* están creando en la actualidad programas de mindfulness *para niños y adolescentes*. Basándonos en nuestra experiencia, aquellos que dirigimos y enseñamos los programas ya existentes suscribimos firmemente las directrices que se especifican a continuación. Las intenciones al formularlas han sido atender a una necesidad y mantener la integridad del trabajo. No pretendemos que estas normas tengan valor absoluto, sino que aporten claridad al proceso de (formación y) contratación de los instructores de mindfulness.

El papel principal de un instructor de mindfulness es ofrecer un método con el que *desarrollar competencias sociales, emocionales y académicas y trabajar con el estrés y el sufrimiento*. Es un trabajo delicado, y exige por tanto que los instructores tengan un nivel de preparación distinto, y generalmente superior, al que se necesita para impartir la mayor parte de los métodos de reducción del estrés.

Este documento describe tanto la cualificación *mínima* que debe tener un instructor de mindfulness como las cualidades ideales que debe reunir. Queremos puntualizar que esas cualidades son de primordial importancia. Somos conscientes de que hay individuos que cumplen los requisitos de seriedad, constancia y dedicación en lo que a experiencia de mindfulness se refiere, pero que no son capaces de enseñar; y excepcionalmente hay individuos que no cumplen los requisitos específicos y que, sin embargo, han desarrollado las cualidades de profesor y son capaces de hacerlo.

Cualidades

- Capacidad para crear un ambiente seguro en el que los participantes puedan explorar su territorio físico, mental y emocional.
- *Gran* capacidad para empatizar con la experiencia de cada participante y para mantener en todo momento una perspectiva libre de prejuicios.
- Voluntad de aceptar cualquier experiencia de un participante en lo referente a sensaciones físicas, emociones o pensamientos, y a interesarse por ella.
- Honestidad, respeto y compasión hacia lo que significa ser humano.
- Cualidad de imperturbabilidad.
- Discernimiento para hacer comentarios y sugerencias apropiados (*útiles*) a cada participante.

- Atención constante al proceso evolutivo de cada individuo y del grupo en conjunto.
- Compromiso de aplicar los principios del mindfulness en situaciones de la vida cotidiana que para el propio instructor representen un reto personal.
- Capacidad de personificar (*encarnar*) y transmitir la aceptación de uno mismo y otros principios del mindfulness.
- Capacidad (*constante*) para inspirar y mantener el interés, la adhesión y el respeto de los participantes.
- *Amor por los jóvenes y voluntad de conectar con ellos.*

Cualificaciones

- Práctica diaria de mindfulness.
- Cinco años de experiencia en mindfulness.
- Amplia experiencia de retiros de mindfulness (se recomienda haber participado en numerosos retiros de entre cinco y diez días, o más). Esto desarrolla el conocimiento experiencial de los diversos estados mentales que pueden surgir durante el proceso de la práctica del mindfulness, y es por tanto imprescindible en un instructor.
- Capacidad de traducir el mindfulness a lenguaje coloquial.
- Amplia experiencia en la enseñanza del yoga u otra práctica de movimiento comprendida en el contexto del mindfulness. Entre los elementos esenciales de ese contexto están la ausencia de esfuerzo y el respeto por la experiencia de cada individuo. La atención debe estar puesta en el proceso en sí y no en los resultados. Esto les permite a los individuos investigar sus limitaciones y, simultáneamente, probar con suavidad a superarlas.
- Experiencia profesional (*credenciales de profesor* o equivalente) con los *jóvenes*.
- Capacidad para orientar al grupo dando prioridad absoluta al propio proceso de descubrimiento y aprendizaje.
- Asociación actual con una comunidad de colegas del mindfulness (profesores y participantes) que estimulen el continuo desarrollo profesional.

Momentos «¡Oh, mierda!»

Tal vez mientras leías las directrices hayas experimentado en algún momento lo que con cariño me refiero como un momento «¡Oh, mierda!». Aunque el tiempo varía, los momentos «¡Oh, mierda!» surgen prácticamente para todos los que estamos comprometidos a hacer este trabajo con integridad. Cuando el momento llega, nos decimos: «¿Realmente estoy preparada para hacer esto? ¿Soy capaz de hacerlo con desenvoltura, elegancia, vulnerabilidad, devoción y valentía? ¿Estoy a la altura de la responsabilidad y el privilegio que es enseñar?». Así que… ¡felicidades!, porque esto indica tu compromiso a hacer este trabajo con autenticidad. Sigue respirando y confía en que encontrarás *tu* manera de hacerlo.

El proceso de creación de las cualidades y cualificaciones fue intenso y me facilitó, a mí y a muchos de mis colegas, nuestros propios momentos «¡Oh, mierda!». Los míos estaban relacionados con tener que reconocer que, aunque estaba ya impartiendo cursos, no podía marcar, como me hubiera gustado, dos casillas fundamentales de la lista de cualificaciones: los requisitos 2, cinco años de experiencia de mindfulness, y 3, amplia experiencia en retiros de mindfulness. En cambio, gracias al riguroso curso de *coach* en el que participaba, había desarrollado ampliamente las cualidades requeridas. De modo que seguí enseñando. Por mi compromiso a hacer el trabajo con integridad, continué mi práctica diaria y, en cuanto pude, participé en un retiro de mindfulness en silencio. Desde entonces, durante los veinte últimos años, he mantenido la práctica casi diaria y todos los años he participado al menos en un retiro de silencio.

Otras indicaciones

Todas las cualidades de la lista anterior deben mantenerse dentro de un contexto de humildad, como expresan el punto 4 —respeto y compasión hacia lo que significa ser humano, y honestidad al respecto— y 8 —compromiso para aplicar los principios del mindfulness en situaciones de la vida cotidiana que para el propio instructor representen un reto personal—. Ninguno somos capaces de encarnar todas las cualidades al mismo tiempo, y, si creemos que sí lo somos, lo más probable es que no estemos prestando suficiente atención (sonrisa). La pregunta fundamental es: ¿te comprometes a encarnar todas las cualidades y a prestar atención, y a ser rigurosamente honesto, a la vez que compasivo contigo mismo, cuando no lo consigues? Esta es la esencia del mindfulness, y la medida más reveladora de tu propio viaje personal *y* de tu capacidad para compartir este trabajo con otros.

De modo que, por favor, párate aquí, respira hondo, despacio, varias veces seguidas, y pregúntatelo… Después de haber leído esto, ¿qué pensamientos, sentimientos y sensaciones físicas están presentes?… ¿Eres capaz de dejar que tu experiencia sea en este momento exactamente como es, sin sentir la necesidad de cambiarla o arreglarla?… ¿Eres capaz de empezar donde estás, y dar el siguiente paso?… La intención de este capítulo es llevarte a ese momento en que digas «¡Oh, mierda!» y obligarte a preguntarte «¿Estoy *de verdad* preparado para enseñar?». Solo tú lo sabes. Vive dentro de esta pregunta hasta que la respuesta sea clara y constante, o al menos esté clara la mayor parte del tiempo. Si descubres que estás preparado, ¡lánzate con audacia y confianza! ¡Pásalo bien y disfruta del viaje! Las vistas son espectaculares y cambian continuamente.

Recuerda, como dice Richard Bach, que «Aprender es descubrir lo que ya sabes. Hacer es demostrar que lo sabes. Enseñar a otros es recordarles que ya saben, igual que tú. Somos todos aprendices, hacedores, profesores».

Mi trayectoria

Hay muchos momentos y circunstancias desde los que cualquiera puede empezar a contar su historia. Aunque todos ellos tienen sus orígenes en la niñez, o posiblemente en la niñez de nuestros padres, y tal vez de los suyos, yo voy a empezar en el verano de 1989. Me acababa de casar, competía en pruebas de ciclismo y estaba a punto de empezar el segundo año de carrera en la Facultad de Medicina. Estaba pensando en ir a ver a un psicólogo deportivo, para que me ayudara a mejorar el aspecto mental de hacer ciclismo, cuando otra ciclista me invitó a asistir a un taller que impartía su *coach* transformacional, Georgina Lindsey. La señora Lindsey era cofundadora de la empresa consultora transformacional estadounidense Sports Vision. En pocas palabras, aquel día cambió mi vida. Aunque no lo supiera en aquel momento, fue el día de mi presentación al precioso ámbito de la consciencia plena que más tarde conocería y amaría: el Lugar tranquilo.

En el invierno de 1990, tuve dos «accidentes» casi seguidos yendo en bicicleta. El *coaching* me permitió descubrir que las cosas no son siempre lo que parecen, y que los accidentes son a menudo, si no siempre, oportunidades encubiertas. Durante el tiempo que estuve yendo a las sesiones de rehabilitación para ejercitar la rodilla, retomé el hilo de algunos aspectos de mi vida —internos y externos— que había descuidado, y una de las novedades fue que me afilié a la Asociación Médica Holística Estadounidense (AHMA, por sus siglas en inglés). Entre el material que me entregaron al hacerme miembro, estaba el anuncio de la conferencia anual de la asociación. Aunque sentí unas ganas enormes de participar en este nuevo mundo, estaba claro que no era el momento: habían terminado los plazos de inscripción y de solicitud de becas y alojamiento. Aun así, recordé una frase del *coaching* sobre la diferencia entre «dejarnos guiar por la *visión*, en vez de por las circunstancias». Seguí la visión, no hice caso de las circunstancias y envié una solicitud. Y por uno de esos misterios de la vida, otra mujer canceló su plaza en el último momento ¡y recibí su alojamiento y su beca!

Al igual que cuando mi compañera me presentó a la señora Lindsey, en la conferencia tuve la innegable sensación de volver a casa, de nuevo. A diferencia de lo que había visto en la facultad de medicina, los médicos de la AHMA disfrutaban de verdad con su trabajo; trataban a los pacientes como seres humanos enteros, no como enfermedades, y los apoyaban en todo aquello que contribuyera a mejorar su salud y su calidad de vida. Al mirar atrás, hoy veo que fue una mezcla de arrogancia y adhesión entusiasta a la *visión* lo que me impulsó a enviar una breve carta al consejo directivo con sugerencias de cómo podía la AHMA fomentar el holismo en los estudiantes de medicina y en los médicos residentes. En junio de aquel año, solo cuatro meses después de la conferencia, milagrosamente formaba parte de la junta directiva de la AHMA.

A principios de 1993, la emisión de la serie *Healing and Mind* [Curación y Mente], dirigida y presentada por el periodista Bill Moyers, en la cadena de televisión pública estadounidense PBS, fue un acontecimiento crucial para la medicina holística y para mí personalmente. Después de ver la parte sobre la Clínica de Reducción del Estrés, de la Universidad de Massachusetts, tuve la certeza de que quería hacer este trabajo. Leí el libro *Vivir con plenitud las crisis* [*Full Catastrophe Living*, 1990], que había escrito el director de la clínica, Jon Kabat-Zinn, e inmediatamente empecé a practicar mindfulness todos los días.

Pese a mi reducida experiencia en la práctica formal, una mezcla ya familiar de arrogancia, fe, persistencia e intuición me hizo ponerme en contacto con el doctor Kabat-Zinn en la Clínica de Reducción del Estrés, *repetidamente*. Utilizando una de las «distinciones» [nuevas posibilidades de acción] que se aprenden a hacer en el *coaching* ontológico, me atreví a formular una «petición escandalosa»: pedí que se me permitiera participar en un curso de formación intensivo de reducción del estrés basado en la atención plena (MBSR). Una vez más, la vida me recompensó por haber confiado en la «visión» y haber seguido su hilo. Para que pudiera compaginar el curso con mi trabajo, la Clínica de Reducción del Estrés me permitió asistir a la mitad de lo que se conoce como las ocho semanas de prácticas. La directora del programa no solo me concedió un mes para que me dedicara de lleno a estudiar mindfulness, sino que alabó mi entusiasmo por asistir al programa ¡y consiguió una subvención que me cubría todos los gastos!

En 1993, pasé un mes de octubre maravillosamente dinámico en la Costa Este. Me sumergí en la práctica y el estudio del mindfulness y asistí a todas las clases que se impartían en la clínica, que eran las primeras cuatro clases de seis cursos distintos, pero complementarios, del programa MBSR. Participar en seis cursos distintos me dejó muy claro que, aunque el plan de estudios constituye una base sólida, cada profesor, cada grupo, cada momento, y por tanto cada curso, es único.

Acabé entendiendo de verdad lo que Jon Kabat-Zinn quería decirnos a mí y a los demás futuros profesores de mindfulness con aquello de «No podéis enseñar "mi" curso». Enseñar basándonos en nuestra propia práctica y experiencia de la vida exige, sin duda, más valentía, fe y humildad que recitar el currículo normalizado; sin embargo, es la manera de enseñar u orientar —respetando simultáneamente el plan de estudios fundamental, nuestra propia práctica y las experiencias de los participantes— lo que permite que se produzca una verdadera transformación, tanto en nosotros como en aquellos a los que enseñamos.

Al regresar a California, me organicé para poder asistir durante ocho semanas al curso entero de MBSR, de principio a fin, que impartía una colega. La potente combinación del *coaching* y del mes que había pasado en la Clínica de Reducción del Estrés con el reciente curso de ocho semanas me abrió la mente y el corazón, y aumentó mi deseo de empezar a poner los beneficios de las prácticas al servicio de los demás. En mi último año de residente, fiel aún a la misma «visión» con mi particular combinación de devoción y audacia, diseñé una prueba controlada aleatorizada de 100.000 dólares para evaluar no solo los beneficios individuales del mindfulness, sino también la rentabilidad de enseñar mindfulness a los pacientes que sufrían dolor y enfermedades crónicos en el centro clínico Kaiser Santa Clara. El año siguiente, me ofrecieron la oportunidad de ser jefa de residentes de Medicina interna. Acepté, en gran parte porque el puesto me permitía impartir varios cursos de MBSR en el contexto de los ensayos clínicos.

Afortunadamente, si haber seguido fiel a la «visión» me ha dado, por una parte, oportunidades extraordinarias, por otra me ha templado también el carácter (un poco, al menos). Estaría dando una imagen poco exacta de la realidad si no mencionara que seguir esa visión ha significado tener que *traspasar* continuamente cada una de las ideas preconcebidas que tenía sobre la persona que creía que debía ser, como deportista, médica, esposa y madre. En un principio, la decisión de introducir este trabajo en mi vida profesional y personal se encontró con la oposición de los médicos veteranos con los que trabajaba, de mis amigos, mi familia, mi marido y hasta de mis propios pensamientos. Pero ni siquiera ante esa oposición me aparté de la visión que me había llevado hasta allí, o quizá sería más acertado decir que la visión no estaba dispuesta a apartarse de mí.

Y siguiendo la visión, más momentos «¡Oh, mierda!»

Desde que empecé a compartir Un lugar tranquilo con los niños, he tenido más momentos «¡Oh, mierda!». El más desconcertante llegó después de oír a un colega asegurar, «Joh Kabat-Zinn dice que no se les debe enseñar mindfulness a los niños». Acto seguido, vi cómo las dudas me iban asaltando en oleadas. Luego, como quería estar segura de qué había dicho Jon *realmente*, abrí el libro *Padres conscientes, hijos felices* (Kabat-Zinn y Kabat Zinn, 1997) y leí el capítulo titulado «Atención plena en el aula. Aprender a conocerse a uno mismo en el colegio». En él, Jon y su esposa, Myla, hablan sobre Cherry Hamrick, una profesora de quinto de primaria de South Jordan, Utah, que incorporó el mindfulness a su clase, en un colegio de un barrio predominantemente mormón. El capítulo termina con estos dos párrafos:

Lo anterior no quiere decir que debamos enseñar a nuestros hijos a meditar formalmente, aunque puede que surjan ocasiones en las que con naturalidad aparezca una aplicación útil de la meditación. Por ejemplo, cuando se hacen daño, podemos sugerir a nuestros hijos pequeños que miren atentamente y se den cuenta del «color» que tiene su dolor y cómo cambia de un momento a otro. O cuando les cuesta relajarse o dormirse, podemos enseñarles a «flotar» en las olas de su respiración, como si fueran en una pequeña embarcación. O también podemos preguntarles si recuerdan las veces en las que sus mentes se han «agitado» por algo que alguien hizo o dijo, o cuando alguien hirió sus sentimientos.

Creemos que es acertado guiarnos por las señales que recibimos de nuestros hijos y por los intereses que expresan en las diferentes edades. En última instancia, la mejor manera de enseñar es a través del ejemplo, con nuestro compromiso de estar presentes y nuestra sensibilidad ante ellos. Cuando meditamos formalmente sentados o tumbados, estamos encarnando el silencio y la quietud. Nuestros hijos nos ven profundamente concentrados y se familiarizan con esta forma de estar. Muchas de las revelaciones y de las actitudes que se despliegan con nuestra práctica de atención plena se filtrarán con naturalidad en la cultura familiar y afectarán a nuestros hijos en modos que les serán útiles en sus propias vidas.

Después de releer el capítulo, la duda se calmó un poco. Enseñar mindfulness a los niños no había sido mi primera intención; era a donde la visión me había llevado. Las prácticas que habían ido surgiendo espontáneamente —Sentimientos, Algas, la mente poco amable— eran muy similares a los ejemplos que ponían Jon y Myla; y como a los alumnos de Cherry Hamrick, parecía que a los niños a los que se las enseñaba les resultaban beneficiosas.

Al cabo de un tiempo, me acordé de cuando Jon nos habló de la ocasión en que le habían invitado a presentar el trabajo de la Clínica de Reducción del Estrés al Dalái Lama. Hubo quien dio por hecho que al Dalái Lama no le parecería ni sensato ni beneficioso impartir el programa MBSR. Recuerdo que Jon nos contó que estaba dispuesto a escuchar con respeto cualquier objeción que el Dalái Lama pudiera expresar. Y, también, que la noche antes de hacer la presentación, supo con toda claridad que iba a seguir haciendo su trabajo en la Clínica de Reducción del Estrés, con o sin la aprobación del Dalái Lama.

Recordar este episodio de discernimiento y de adhesión a una visión me hizo sonreír, y me afianzó un poco. También yo estoy dispuesta a oír y considerar meticulosamente cualquier objeción. Y, hasta la fecha, he elegido seguir adelante con cautela, fe y valentía, dejando que mis experiencias y las de los niños vayan desenrollando el hilo de la «visión» y me guíen.

Al mirar atrás, veo con claridad que mi visión, mi hilo con sus hebras de arrogancia, devoción, valor, fe e intuición, me ha llevado a utilizar el formato MBSR para introducir lo que he descubierto y experimentado gracias a la práctica del mindfulness y al *coaching* en los ámbitos de la medicina y la educación. Ofrecer estas prácticas a los niños es la modalidad de medicina preventiva más verdadera que conozco. A mi entender, el *coaching* y el mindfulness son procesos entretejidos para:

- Vivir en todo el esplendor de la realidad del momento presente
- Darnos cuenta de nuestras formas habituales de pensar, sentir y reaccionar
- Entender que «yo» soy mucho más que mi pensar, sentir y reaccionar limitados
- Desarrollar la capacidad de responder, con gracia y sabiduría, a las circunstancias de la vida
- Tratarme y tratar a los demás con amabilidad y compasión
- Aprender a morar en la consciencia plena, también llamada el Lugar tranquilo

Que encuentres gran dicha en seguir el hilo de tu visión y en compartir los preciosos regalos del Lugar tranquilo con los jóvenes.

13. NOTAS Y ADVERTENCIAS

En este capítulo, haré algunas consideraciones dirigidas expresamente a quienes ofrecen el programa a pacientes individuales, y otras dirigidas a terapeutas y a maestros y profesores que trabajen con grupos. Además, haré algunas advertencias y pondré ejemplos que las ilustren, y terminaré haciendo un repaso de algunos de los principios fundamentales para presentar este programa.

El trabajo con pacientes individuales

Recuerda que, aunque los ejercicios se presentan aquí como un programa que va avanzando de nivel de un modo secuencial, las propuestas surgieron inicialmente en respuesta a momentos de la vida cotidiana con mis hijos, mis alumnos y mis pacientes. Es más, cuando trabajo con pacientes en mi consulta, muchas veces selecciono solo algunas partes del programa, y con frecuencia ideo prácticas nuevas a la medida de cada individuo. Si eres terapeuta, *coach* o profesional afín, o padre o madre que trabajes individualmente con un niño o un adolescente, puedes atenerte a la estructura del curso sesión a sesión, como se describe en el libro, u organizar el programa basándote en las necesidades concretas del joven al que ayudas. Por ejemplo, si un niño con el trabajas tiene dificultad para encauzar la ira, puedes hacer hincapié en la práctica de Sentimientos, la teoría básica de las emociones, observar las olas de la emoción y responder en vez de reaccionar («elegir una calle distinta», del capítulo 8). Si un cliente está deprimido, puedes enfatizar las prácticas de Observando los pensamientos, haciendo hincapié en el darse cuenta de la mente poco amable y amor bondadoso. Si un cliente tiene TDAH o TDA (déficits de la función ejecutiva), puedes centrarte en desarrollar la atención con prácticas basadas en la respiración, la práctica de la Linterna y el darse cuenta de cuándo la mente se distrae. Como mínimo, es recomendable ofrecer a cada individuo una experiencia de calma y tranquilidad, así como indicaciones de cómo observar los pensamientos, los sentimientos y las sensaciones físicas y elegir un comportamiento.

Nota para los terapeutas

Si eres terapeuta, tal vez algunas sugerencias de este libro se aparten de tu modo terapéutico habitual y te resulten, por consiguiente, un tanto forzadas. Recuerda por favor que, aunque el mindfulness tenga efectos terapéuticos, no es una terapia. La diferencia más importante es que el mindfulness consiste en *estar con* lo que es, y no en arreglarlo. Si en algún momento te das cuenta de que has adoptado una actitud «reparadora», respira hondo y empieza de nuevo, limitándote esta vez a infundir al momento amabilidad y curiosidad sin objetivo: «¿Y eso cómo te hace sentir?», «¿Eres capaz de entrar con la respiración en ese sentimiento?», «Noto que cuando describes esa situación, se me tensan el cuerpo y la mandíbula. ¿Qué notas tú en el cuerpo?».

Por otra parte, lo ideal es que el mindfulness conlleve «abrirse con cautela» al cliente, o «no ocultarse», como lo llama mi amigo y colega Sam Himelstein, que trabaja con jóvenes que están en la cárcel o a los que considera en situación de alto riesgo. Que estas prácticas sean eficaces dependerá de tu capacidad para ser un ejemplo vivo del mindfulness en su realidad y posibilidad simultáneas. Esto significa decir la verdad sobre tu práctica, lo cual incluye admitir dónde fallas, cuándo reaccionas por hábito o haces algo que luego lamentas, y también los momentos de gracia y claridad en que espontáneamente te muerdes la lengua o respondes con benevolencia, hacia los demás y hacia ti mismo.

Podrías decir, por ejemplo: «Sí, a veces pasa. El otro día recibí un correo electrónico que me enfadó. Mi hijo entró en el cuarto en ese momento y me preguntó algo, y le contesté con brusquedad. Fue una reacción. Si volviera a vivir ese momento, le diría: "Ahora estoy muy enfadado; no tiene nada que ver contigo. Dame un minuto, y hablamos"». Después de hacerle a tu cliente una revelación como esta, le puedes preguntar: «Si tuvieras una segunda oportunidad para tu situación, ¿tú cómo responderías?». Lo mismo que abstenerse de arreglar las cosas, abrirse al cliente es algo que de entrada les resulta incómodo a algunos terapeutas. Utiliza tu práctica de mindfulness para explorar cualquier malestar provocado por la diferencia entre una manera y otra de actuar.

Además, forma parte del mindfulness reconocer y honrar la integridad esencial de aquellos con quienes trabajamos, en vez de enfocarnos en el diagnóstico o en una determinada disfunción. Haz lo posible por alimentar la quietud natural que existe debajo de la hiperactividad, y la paz que hay debajo de la depresión. Habla con tus clientes de lo que les va bien en la vida, de sus pasiones y pequeñas victorias. Ayúdales a *darse cuenta* de que son mucho más que su diagnóstico según la quinta edición del *Manual diagnóstico y estadístico de los trastornos mentales* (*DSM-5*).

Por último, a la mayoría de los terapeutas se les ha enseñado que deben guardar las distancias con los clientes, y quizá sean reacios a enviar un «recordatorio de atención» a los clientes y a los participantes del grupo, o a comunicarse con ellos, entre clase y clase. Aunque esa comunicación no es imprescindible, indudablemente ayuda a los jóvenes a establecer una práctica diaria o casi diaria. Te animo a que recuerdes que el mindfulness es diferente de la terapia, y a que establezcas formas de ofrecerlo que, simultáneamente, sean fieles a la práctica, reconozcan las diferencias y a ti te resulten auténticas.

Diferencias entre mindfulness y relajación o visualización

Es importante que recuerdes en qué se diferencia el mindfulness de la relajación y de la visualización, sobre todo si en tu formación de terapeuta has trabajado con estas modalidades. Muchos practicantes de mindfulness se sienten más relajados y contentos cuando lo practican; sin embargo, el sentido del mindfulness no es relajarnos ni alegrarnos. El único «objetivo» del mindfulness es estar con lo que es, en nuestro interior y en el exterior. Si una adolescente es consciente de que está enfadada o triste, eso es mindfulness.

En cambio, la relajación tiene un objetivo claro: relajarnos. Lo que puede ocurrir por tanto es que, si debido a un malentendido, un niño cree que el objetivo del mindfulness es estar relajado y él no lo está, puede tener la sensación de que ha «fallado», o de que el mindfulness no funciona.

Otro tanto ocurre con la visualización, que a menudo consiste en «ir» a un sitio tranquilo y alegre, como la playa. Utilizar imágenes visuales puede ser útil cuando les enseñamos mindfulness a los niños y a los adolescentes, pero es importante tener claro que la intención al ofrecerlas es ayudarles a establecer una conexión más plena con la experiencia del momento presente, y no que la mente los transporte a algún otro lugar. Cuando guíes una práctica, asegúrate de que nada dé a entender explícita ni implícitamente que exista un objetivo, y de que las imágenes que utilices acerquen a los niños a la experiencia del aquí y ahora, en vez de alejarlos de ella. Un ejemplo sería la imagen de una nutria envuelta en algas subiendo y bajando en las olas de la respiración, sintiendo la sensación de subir con la inspiración y de bajar con la exhalación, y sintiendo tranquilidad y calma en la cresta de la ola de la inspiración, y tranquilidad y calma en el valle de la ola de la exhalación.

Nota para los maestros y profesores responsables de cada clase

Como en el caso de los terapeutas, a muchos profesores enseñar mindfulness quizá les haga tener que cambiar de perspectiva. Si eres maestro de educación primaria, es posible que hayas aprendido primordialmente a organizar tu clase y supervisar a tus alumnos, a planificar las asignaturas y a impartir unos conocimientos.

Aunque sin duda son aptitudes que pueden resultar útiles para enseñar mindfulness a los alumnos, debes equilibrarlas estando con lo que sucede en el momento y respondiendo a ello: «¡Uy!, noto que hay mucha energía en la clase. ¿La notáis?». «Hoy tenía pensado hacer un escaneo corporal, y a la vez me doy cuenta de que estáis muy alterados por los cambios de la cafetería. Así que, en lugar del escaneo, vamos a hacer una práctica de sentimientos, y luego hablaremos de maneras de responder a esos cambios.»

Una mujer muy perspicaz que participó en uno de mis cursos a través de internet y que da clases de inglés a alumnos de secundaria que se encuentran en situaciones de alto riesgo, tuvo la generosidad de contarnos cómo les explica a sus alumnos la diferencia entre enseñarles inglés y ofrecerles mindfulness. Les dice: «Sé que para vosotros soy la señora McDonald, vuestra profesora de inglés. Durante los próximos minutos, mientras hacemos mindfulness juntos, soy Caren. Durante el tiempo de mindfulness, es posible que os deje hacer y decir cosas que no os dejaría hacer y decir en la clase de inglés, como quitaros los zapatos o escribir sin preocuparos de la ortografía y la gramática… Confío en que entendáis la diferencia y no os aprovechéis de estas libertades». Aunque trabaja con jóvenes que a diario intentan romper las normas, dice que en su mayoría respetan esa distinción y aprecian de verdad el tiempo en que pueden estar algo más relajados y tener una relación más personal e informal.

Otra diferencia entre enseñar cualquier asignatura y compartir mindfulness con los alumnos está relacionada con la diferencia entre impartir unos conocimientos y *educar*. La raíz del término «educar» es la palabra latina *educere*, que significa «encauzar al que aprende hacia el pleno desarrollo de sus posibilidades, hacerlas aflorar». A la mayoría de los profesores que conozco, les apasiona educar, a pesar de las dificultades que representa el sistema. En el caso del mindfulness, educar significa hacer que afloren la integridad esencial y la sabiduría natural a las que me refería en la nota para los terapeutas. El mindfulness es un *proceso* flexible y dinámico, lo cual lo asimila más a un seminario socrático que a una conferencia. La intención es conseguir que los alumnos se interesen y participen con amabilidad y curiosidad en las prácticas, en las actividades y, en última instancia, en la vida. También esto lo expresó Caren magníficamente al decir que «el profesor más eficiente de mindfulness es aquel que demuestra su práctica durante la clase en sus interacciones con los alumnos, y para quien el texto y el laboratorio son los alumnos y sus experiencias».

Además, hay muchas maneras de incorporar el mindfulness al plan de estudios normalizado. Las preguntas que se sugieren en este curso al final de las prácticas y ejercicios pueden servir de punto de arranque para la escritura. Muchos pasajes de la literatura universal, como los primeros párrafos de *De ratones y hombres*, de John Steinbeck, son ejemplo de la atenta inmersión en una experiencia. Los alumnos pueden explorar cómo transmite un autor los pensamientos y sentimientos de un personaje con su lenguaje corporal, la expresión de su rostro y su manera de hablar. Pueden estudiar las acciones de los personajes o el desenlace desde el punto de vista del responder y el reaccionar. Pueden comentar o escribir posibles alternativas a las acciones de los personajes y cómo habría cambiado el relato cada una de esas opciones.

También en los estudios sociales se pueden contemplar los acontecimientos históricos y actuales desde el punto de vista del responder y el reaccionar, de las alternativas y los resultados. La ciencia, en esencia, consiste precisamente en explorar con amabilidad y curiosidad el mundo físico. En las clases de matemáticas, deportes y arte, así como de otras asignaturas, los alumnos pueden prestar atención a *cómo* realizan los procesos de aprendizaje y ejecución. Pueden estar atentos al grado de atención que prestan a sus pensamientos, sentimientos y al diálogo interno mientras aprenden, hacen los deberes, practican, ensayan, hacen exámenes, compiten y responden. Ya sea en la clase de matemáticas o en la de estudios sociales, muchos profesores que tienen una formación de mindfulness comienzan cada clase con una breve práctica, y, pasadas las primeras semanas del curso escolar, suelen invitar a sus alumnos a que las guíen. Muchos profesores me han contado casos en que han llegado tarde a clase, o se les ha olvidado hacer la práctica al comenzar, y los alumnos se lo han recordado, o espontáneamente han guiado una práctica ellos mismos. Y el mindfulness de las relaciones, aplicar mindfulness a las interacciones dentro y fuera de la clase, puede mejorar el ambiente de aprendizaje y la relación entre compañeros, y, en algunos casos, evitarles la expulsión, el encarcelamiento o la muerte.

Actúa con cuidado

Por favor, ten presente que, aunque sostienes en las manos un libro «terminado», el programa es una obra en curso, depurada continuamente gracias a las gozosas, y a veces espinosas, interacciones siempre nuevas con los niños y los adolescentes a los que tengo el privilegio de enseñar. Teniendo en cuenta que el mindfulness *es* receptividad y capacidad de respuesta dinámicas en el momento presente, es fundamental que también tú dejes que las relaciones con los alumnos refinen continuamente tu manera de poner en práctica lo que presenta este libro.

Aunque yo pueda contarte experiencias y sugerirte qué hacer y qué lenguaje emplear en la clase, tu enseñanza debe nacer, en última instancia, de lo más profundo de tu práctica de mindfulness. Debes ser capaz de afrontar lo que quiera que surja, y acogerlo a la vez con fuerza y ternura. En cualquier aula o consulta terapéutica, habrá niños que hayan pasado por una o más de las siguientes experiencias: abandono; divorcio de los padres; enfermedad; muerte de un miembro de la familia; violencia doméstica o de barrio; desplazamiento de su país; guerra, o abusos emocionales, físicos o sexuales. Desgraciadamente, en algunos centros son experiencias comunes. Estas circunstancias ponen a prueba nuestra capacidad de responder al sufrimiento con claridad y compasión. Incluso con la mejor de las intenciones, podemos causar mucho daño si destapamos heridas a las que no sabemos atender.

Quizá seas terapeuta o quizá no, pero en cualquiera de los casos, tengas la formación que tengas, es importante que cuentes con recursos locales para tratar posibles casos que estén más allá de tus conocimientos y de tu experiencia *antes* de trabajar en el programa con grupos o clientes individuales. Seas el profesor de una clase o un instructor que va al colegio (o a un centro de la comunidad) a enseñar mindfulness, es importante que estés enterado de la normativa institucional y de la disponibilidad y limitaciones de los servicios de salud mental afines, y que establezcas relaciones efectivas con los asesores y centros de salud mental comunitarios. Si eres terapeuta, es de esperar que ya estés en contacto con uno o más psiquiatras infantiles y juveniles de tu confianza; si no es así, establece por favor estos contactos *antes* de empezar a enseñar. Cuando surjan temas delicados, será crucial que acompañes al alumno para el que necesitas ayuda externa durante todo el proceso de conseguirla. Y por «acompañar» me refiero a darle apoyo mental y emocional y, en algunos casos, incluso a actuar, por ejemplo, anticipándote a sus necesidades, llevándolo a la consulta del asesor, hablando con sus cuidadores o concertando una cita con un terapeuta.

Experiencias aleccionadoras

Algunos tropezones inocentes me han enseñado que, cuando se va a impartir el programa de MBSR en un centro docente, es fundamental transmitir con claridad el carácter secular y universal del mindfulness y tomar la iniciativa de solicitar el apoyo de padres, madres, profesores y administradores. Un par de padres o madres confusos o atemorizados pueden poner fin a un curso, y un profesor poco receptivo puede influir negativamente en la experiencia de los alumnos. A continuación, pongo dos breves ejemplos.

Malentendidos por parte de padres y madres

Cuando mi hijo estaba haciendo el segundo ciclo de educación infantil, empezó a enseñarles mindfulness a sus compañeros de clase. Su profesora me propuso que fuera a hacer unas prácticas del mindfulness con sus alumnos una vez a la semana. Acordamos que haría una sesión de diez minutos los miércoles por la mañana. Al mismo tiempo, a petición de la profesora del primer ciclo, empecé a hacer prácticas de mindfulness también con sus alumnos. Aquellas dos profesoras tenían formas muy diferentes de comunicarse con los padres y madres de los niños. La profesora del primer ciclo les enviaba un correo electrónico diario informándoles de lo ocurrido durante el día, mientras que la profesora del segundo ciclo les enviaba una nota a la semana, en la que nunca mencionó los diez minutos de mindfulness de cada miércoles.

Coincidió que, en aquellos momentos, los niños del primer ciclo estaban fascinados con las cuentas de cristal de colores, con las que hacían diseños artísticos sobre una pizarra digital y caminos serpenteantes de lado a lado del aula. Su fascinación me sirvió de inspiración (valga la redundancia) para una práctica basada en la respiración a la que llamé Joya. En esta práctica, los niños se colocaban una cuenta de cristal en la tripa y sentían cómo subía con la inspiración y bajaba con la exhalación. A los niños del primer ciclo les encantaba, así que se me ocurrió introducirla también en el segundo ciclo. Un par de niños, al llegar a casa, contaron que se habían puesto «cristales» en la tripa.

Dos madres se preocuparon y, comprensiblemente, le preguntaron a la directora si podían asistir a una sesión. Cuando terminó la sesión —que había consistido en un breve escaneo corporal y comentarios de los niños—, las madres, la directora y yo tuvimos una charla. Una de ellas dijo que tenía dudas sobre si el mindfulness no sería contrario a su religión. Traté de tranquilizarla diciéndole que no tenía la menor intención de cuestionar la religión de nadie, y que simplemente estaba enseñándoles a los niños una forma especial de prestar atención.

Luego pasé a contarles los beneficios que había demostrado tener el mindfulness para los adultos, y en cierto momento empecé una frase diciendo: «Los estudios muestran también que el mindfulness cambia la actividad del cerebro…». Una de las madres me miró alarmada, me agarró del brazo y me dijo: «¡Yo no quiero que a mis hijos les cambie el cerebro!». Entendí a la perfección que, desde su perspectiva, sus hijos habían estado expuestos a algo que ella no entendía y que le parecía peligroso. Si hubiera podido terminar la frase, habría dicho que «el mindfulness cambia la actividad del cerebro a un valor preestablecido más positivo, al aumentar la actividad en las zonas asociadas con las emociones positivas y la felicidad».

Me di cuenta del impulso de defender la enseñanza del mindfulness y presentar argumentos a su favor. En lugar de hacerlo, apliqué el principio del aikido de hacerme a un lado, en lugar de devolver el ataque. Mi intención era dejar que la energía del miedo se disipara. Estuve de acuerdo en no volver a enseñar mindfulness a los niños de educación infantil hasta que la directora y las madres y padres entendieran mejor lo que era. Ese año, durante la primavera, impartí un curso de seis semanas en el colegio a los profesores que estaban interesados, entre los que se encontraban la directora y la subdirectora. Al finalizar el curso, la mayor parte del personal docente, me pidió que continuara las sesiones hasta el final del curso escolar.

Reticencias de los profesores

La segunda advertencia tiene que ver con lo ocurrido en el mismo colegio el año siguiente. Con el pleno apoyo de la directora y la subdirectora, y después de una charla introductoria para padres y madres la noche del primer día de curso, impartí un curso de mindfulness a las dos clases de quinto de primaria, alternándolas cada semana. Era la primera vez que las dos profesoras daban clase al quinto curso, y el currículo era nuevo para las dos. La experiencia que tuve en cada una de las clases fue totalmente distinta.

En la primera, la profesora captó intuitivamente la práctica y dijo: «Yo hacía algo parecido de pequeña, solo que no le ponía nombre». En la segunda, la profesora tuvo una respuesta mucho más fría, y hasta mediados de año no expresó con palabras todo lo que pensaba en realidad. Aunque yo había presentido la reacción que le provocaban las sesiones, no había imaginado que fuera tan profunda. Dijo que mi presencia en la clase la molestaba, que le habían colocado el mindfulness en mitad de su programa de clases, y que ella necesitaba esos cuarenta minutos para enseñar. Tenía también la impresión de que el colegio estaba demasiado interesado en los asuntos sociales y emocionales, en la comunicación y el estrés y bienestar infantiles. Dijo: «Cuando yo era niña, los niños combatíamos el estrés como podíamos, y punto. El colegio está dándole demasiada importancia a todo esto».

La diferencia de posturas entre una profesora y otra se reflejó en los resultados que tuvo el programa en cada clase. En la primera, la mayoría de los alumnos disfrutaron con las prácticas de mindfulness y las encontraron beneficiosas. En la segunda, a muchos no les gustaron ni les resultaron beneficiosas. Aquellos que sí disfrutaban con ellas me lo contaron en privado, y me dijeron que no se atrevían a expresar delante de la profesora cuánto les gustaba y les había beneficiado mindfulness.

Si tuviera que volver a vivir estas dos experiencias, en primer lugar, organizaría una charla introductoria para los padres y madres de los alumnos de educación infantil, y, en segundo, procuraría conocer lo antes posible y con la mayor claridad las impresiones de la profesora resentida. No deja de ser interesante que, el año siguiente, el centro —un colegio privado del norte de California— cambiara de filosofía y de directora, «retornara a sus raíces cristianas» y decidiera, entre otras cosas, interrumpir el programa de mindfulness. Mi intención ha sido siempre presentar el mindfulness como un método asequible para todos, atractivo y carente de riesgos. Cuento estas dos experiencias como recordatorio de que, una vez que despertamos el temor y la desconfianza en alguien, y ese alguien está en periodo refractario, puede resultarle muy difícil entender la naturaleza universal del mindfulness o apreciar sus beneficios, por muy documentados que estén. Es crucial, por tanto, que *estés muy atento a la presencia de esa audiencia conservadora y sepas adaptar el discurso de presentación*. Hay que ir con cuidado; no conocemos el terreno y, si nos pasamos de la raya, será difícil, si no imposible, dar marcha atrás.

Alumnos reacios a participar

Algunos niños y adolescentes son reacios, de entrada, a participar en el curso. Los niños pequeños, sobre todo aquellos que reciben apoyo extraescolar de diversos tipos —terapia psicológica, logopedia, clases de refuerzo, tratamiento para mejorar la función ejecutiva...—, pueden tener la impresión de que el mindfulness es una cosa más que «tienen que hacer». Comprensiblemente, quizá les parezca algo que les impide participar en actividades que les gustan de verdad, como algún deporte o estar con sus amigos. Es importante reconocer esta perspectiva y permitir que los alumnos sientan lo que sienten; y, a la vez, explicarles que la vida no es siempre como esperamos que sea, y que parte de este curso consiste precisamente en descubrir maneras de responder a esos momentos. Plantéales la posibilidad de que, si participan de lleno, quizá lo que aprendan les ayude a disfrutar más de las actividades que les gustan y también del resto de su vida. Puesto que están asistiendo a las clases, anímalos a que miren a ver si encuentran en el curso algo que tenga algún valor, y, si al terminar el curso no han encontrado nada, pueden decidir olvidarse del mindfulness para siempre.

Cuando un alumno expresa resistencia

Por favor, lee esta sección despacio y date tiempo para asimilar lo que se explica en ella. En la sesión 4, ayudarás a los participantes a explorar cómo el resistirse a las cosas aumenta normalmente el sufrimiento. Como preparación para ese diálogo, me gustaría volver al tema de la práctica personal, concretamente a cómo afrontamos nosotros, los instructores, la resistencia, la aversión y el deseo cuando aparecen mientras enseñamos mindfulness a los jóvenes. Cuando doy una conferencia o imparto este programa en un curso formativo presencial o a través de internet, a menudo surge la cuestión de la resistencia. Normalmente, quien hace la pregunta la formula más o menos así: «¿Cómo se trabaja con los jóvenes que se resisten al mindfulness?».

Aunque hay miles de respuestas que se le pueden dar a un individuo o a un grupo que expresen resistencia, con palabras o sin ellas, me gustaría dar algunas orientaciones. En primer lugar, oponer resistencia forma parte natural de la experiencia humana. Conviene que la observemos con amabilidad y curiosidad y le pongamos nombre, preferiblemente sin juzgarla. Muchas veces, basta con decir: «Con amabilidad y curiosidad, date cuenta de si estás pensando que esto es ridículo o una pérdida de tiempo. Date cuenta de si estás eligiendo no participar o distraer a tu compañero».

En segundo lugar, la resistencia que expresan los participantes no está particular ni exclusivamente dirigida contra el mindfulness. La mayor parte de los jóvenes que decimos que «se resisten» están en una fase de su evolución en la que lo natural es que se resistan prácticamente a todo, hasta que descubren ellos solos su utilidad. Esa «resistencia» suele ser un aspecto saludable de su desarrollo como personas, y fundamental para el proceso de descubrir quiénes son y cuáles son sus singularidades. Desafortunadamente, muchos jóvenes están tan acostumbrados a que los adultos insistan en saber siempre qué es lo mejor para ellos que, por hábito, están siempre preparados para contratacar. Para desarmar su reacción, suelo decir: «No quiero que me creas. No te fíes de lo que digo. Pruébalo tú. Mira a ver qué descubres. Luego me cuentas. Nos cuentas cuál ha sido tu experiencia. Discrepa, si es lo que sientes».

Nombrar la resistencia, no identificarse con ella y no insistir demasiado en el tema da resultado cuando se hace sin juicios. Y ese es el quid de la cuestión. Muchas veces hay una contradicción intrínseca en la pregunta «¿Cómo se trabaja con los jóvenes que oponen resistencia?». Párate un momento y mira a ver si eres capaz de descubrir tú solo la contradicción… Respira, y siente curiosidad…

A menudo, detrás de la pregunta «¿Cómo se trabaja con los jóvenes que oponen resistencia?» está la resistencia sutil, o quizá manifiesta, que le provoca a quien hace la pregunta la resistencia de esos jóvenes. ¿Comprendes?… De nuevo, mira a ver si eres capaz de ver que la pregunta sobre la resistencia de un participante suele contener la propia resistencia que siente hacia la resistencia del participante aquel que la formula.

Con frecuencia, la pregunta lleva implícita la idea de que los jóvenes no deberían resistirse, o de que el instructor debería *hacer* algo con respecto a esa resistencia. Es comprensible que nuestras mejores intenciones puedan distorsionarse de este modo. Decidimos enseñar mindfulness a los jóvenes porque tenemos la convicción, respaldada por la ciencia, de que es beneficioso para ellos. En nuestro afán, queremos que participen, que les interese; en pocas palabras, queremos que «les llegue». Y cuando no es así, sufrimos porque nos resistimos a su resistencia. Pensamos: «Deberían ser más participativos y respetuosos», o «Debería motivarlos más o hablar más claro». Entonces, o nos esforzamos más, o tomamos medidas restrictivas, interior o exteriormente. Sin embargo, la sabiduría nos dice que afrontemos la resistencia (la de los participantes y la nuestra) con un poco de humor, o la ignoremos. Paradójicamente, se producen cambios insospechados cuando nos abrimos a lo que es y preguntamos: «¿Cuántos estáis pensando "Esta mujer está loca; me da igual lo que diga" o "Esto del mindfulness no sirve para nada"?». Si lo deseas, puedes añadir: «Lo entiendo perfectamente» o, con una sonrisa, «Eso es solo un pensamiento».

Es nuestra propia práctica constante la que nos permite ser conscientes de la resistencia y aversión, de los deseos y juicios que surjan en nosotros en cada momento. Nuestra práctica nos ayuda a captar al vuelo los pensamientos que comienzan con un «debería» y las sensaciones de irritación, frustración, juicio e ira en el momento en que asoman.

Cuando me altero por comentarios o comportamientos que considero muestras de resistencia y empiezo a juzgarlos, siento una tirantez interior, que me produce una sensación fría, metálica, estridente, como una puerta de acero que se cerrara de golpe. Es bastante fácil de reconocer. Cuando me doy cuenta de esa particular constelación de pensamientos, sentimientos y sensaciones físicas, hago lo posible por respirar hondo, descansar en silencio y quietud y dejar que la ola pase. A menudo, va seguida de la espaciosa claridad del discernimiento, y soy capaz de encontrar algún comentario o pregunta perspicaces que reconocen lo que es y crean, por tanto, una abertura. Este aikido verbal de poner el mindfulness al servicio de los jóvenes, o de quien sea, se explicaba en los diálogos «La cabeza en el juego» y «Más allá de ¿Qué c… hace…?» de la sesión 3. Al principio, en el medio y al final, es nuestra práctica la que nos permite *ser* la enseñanza al prestar atención a nuestros pensamientos, sentimientos y sensaciones físicas con amabilidad y curiosidad, y elegir luego nuestro comportamiento.

14. ENSEÑANDO A NIÑOS Y A SUS PADRES SIMULTÁNEAMENTE

Este curso se puede ofrecer también a los niños acompañados de su padre o su madre. Aunque el contenido y el formato del curso siguen siendo los mismos, se enseñan algunos aspectos adicionales y es necesario hacer unas cuantas modificaciones. Por lo general, solo imparto cursos niño-padre/madre a niños menores de doce años. En el caso de los adolescentes y su padre o su madre, gran parte del estrés proviene de la interacción entre ellos, y suele resultarles difícil hablar con sinceridad sobre el tema estando juntos en la misma sala. Si tienes interés en enseñar mindfulness conjuntamente a los adolescentes y sus progenitores, te recomiendo que trabajes en pareja con otro profesor, y uno de vosotros les enseñe mindfulness a los adolescentes y el otro, a las madres o padres. Luego, una vez que ambos grupos tengan cierta soltura en mindfulness, los puedes reunir para que exploren juntos agujeros habituales de la familia (situaciones y reacciones problemáticas) y dificultades de la comunicación.

Soltar

Hay tres dinámicas importantes a las que debemos estar atentos cuando enseñamos mindfulness a parejas de padre/madre-hijo. En contextos sociales, muchos padres y madres se sienten obligados a controlar cómo se comportan sus hijos. (Si eres padre o madre, quizá reconozcas en ti ese comportamiento.) Como el mindfulness consiste precisamente en estar con lo que es, y no en controlarlo, suelo pedirles que, durante la sesión, me permitan ser la responsable de la conducta de sus hijos y de responder a ella como corresponda. Les digo algo parecido a «Como padres y madres, solemos sentir que es nuestro deber modificar, corregir, dirigir y, en general, controlar cómo se comportan nuestros hijos, sobre todo si estamos en una situación nueva de grupo. Os pido encarecidamente que, durante la próxima hora y media, hagáis todo lo posible por ver si sois capaces de dejar ir ese sentimiento del deber y me permitáis guiarlos, redirigirlos, establecer los límites y atender a las consecuencias. Si necesito vuestra ayuda, os lo haré saber». Para muchos de ellos, oír esto es un reto y un alivio. El hábito de intervenir está profundamente arraigado, y la oportunidad de estar presentes con nuestro hijo en medio de un grupo sin sentirnos responsables de su comportamiento es más que inusual.

Apego de los padres y madres a la obtención de resultados

Quizá el aspecto más difícil de trabajar con niños y padres o madres juntos es que, comprensiblemente, muchos padres y madres tienen sus planes. Algunos han inscrito a sus hijos para que aprendan mindfulness sencillamente porque lo consideran práctico y valioso para desenvolverse en la vida. Sin embargo, en la mayoría de los casos, el padre o la madre inscriben a sus hijos en el curso esperando que el mindfulness les beneficie de una manera concreta. Dicho de otro modo, como en el caso del MBSR para adultos, muchas veces inscriben a sus hijos en un curso de mindfulness porque, o bien ellos o bien sus hijos, sufren los efectos de un determinado trastorno del niño o el adolescente: déficit de atención con hiperactividad, ansiedad, depresión, una enfermedad física, o síntomas físicos inducidos por el estrés, como dolores de cabeza provocados por la tensión, migrañas o dolores de estómago. También es posible que el padre o la madre de algunos preadolescentes busquen desesperadamente un remedio para su conducta autodestructiva, que puede traducirse en trastornos de la alimentación, autolesiones, drogodependencia, impulsividad, retraimiento o ideas suicidas.

Es comprensible que sean esos sus objetivos: traen a sus hijos a la clase para obtener precisamente lo que se ha documentado que puede reportar el mindfulness. Ahora bien, cabe la posibilidad de que se apeguen demasiado a la obtención de esos resultados. Durante el primer curso que impartí a parejas niño-padre/madre en el estudio de la Universidad de Stanford, al empezar la tercera sesión una madre preguntó: «¿Y qué pasa si mis hijos no quieren venir?». Por cómo estaba formulada la pregunta, y algunas conversaciones breves que había tenido con la madre, vi que estaba implícita la esperanza de que yo les «haría» asistir a la clase. Aquel curso en concreto formaba parte de un estudio experimental, y a los estudios experimentales no les gustan las deserciones; a pesar de ello, mi respuesta fue que «El mindfulness se basa en aceptar lo que es, no en forzar las cosas, y por tanto va en contra de la práctica el obligar a alguien a participar».

La pregunta me dio la idea de pedirles que hicieran sugerencias, tanto a los niños como a los adultos, sobre el formato de las clases, para asegurarme de que a los niños les resultaban atractivas e interesantes. Los niños sugirieron que hubiera más movimiento y menos charla. Juntos, como grupo, acordamos: incorporar las sugerencias a partir de la clase siguiente, y que los niños que no querían continuar asistieran a dos sesiones más; si después de eso seguían sin querer participar, podían dejar de venir a clase.

En la conversación que mantuve a continuación con padres y madres, expliqué lo siguiente: primero, que nuestra práctica como padres y madres consiste en darnos cuenta cada vez que queremos que nuestros hijos sean diferentes de lo que son, y cada vez que hacemos planes para ellos. Hay bastante diferencia entre ayudar a nuestros hijos a desarrollar capacidades que les sean de utilidad, y tratar de cambiarlos o «arreglarlos». Una vez que nos damos cuenta de nuestras verdaderas intenciones, podemos elegir con más acierto cómo actuar. Quizá vivir conscientemente, estando presentes con nuestros hijos y siendo sensibles a sus necesidades en cada momento, sea más importante que conseguir que practiquen mindfulness.

Segundo, las dos primeras sesiones les habían dado a los niños una experiencia del Lugar tranquilo, así como el vocabulario necesario para describir su experiencia. Antes de empezar el curso, ni siquiera sabían que tuvieran un Lugar tranquilo. Para cuando llegara el momento en que pudieran elegir dejar de asistir al curso, habrían desarrollado también cierta capacidad de observar sus pensamientos y sentimientos. Tal vez los beneficios de experimentar el Lugar tranquilo, de aprender a observar los pensamientos y los sentimientos y de haber desarrollado un lenguaje familiar compartido fueran suficientes por ahora.

Tercero, presentar el mindfulness a niños, padres y madres al mismo tiempo es como plantar semillas, y sabemos que cada semilla germina cuando es su momento de germinar. Es posible que un adolescente al que hoy el mindfulness no le interesa elija aplicar lo que ha aprendido dentro de seis meses, antes de hacer el examen de acceso a la universidad, o en un momento particularmente complicado del primer año de carrera. (Como inciso, te diré que muchos colegas míos de la facultad están impartiendo mindfulness a sus alumnos.)

Por último, les recordé a los padres y a las madres que, aunque tal vez se habían inscrito en la clase de mindfulness «por Susie o por Patrick», a sus hijos les beneficiaría que ellos tuvieran su propia práctica de mindfulness. De hecho, los estudios indican que el estrés parental afecta significativamente a la salud mental de los hijos. Esto significa que podían contribuir al bienestar de sus hijos utilizando el mindfulness para reducir su propio estrés, con lo cual estarían haciendo una demostración viva de lo valioso que puede ser el mindfulness en la vida cotidiana (Bakoula, Kolaitis, Veltsista, Gika y Chrousos, 2009). Animo a padres y madres a que practiquen mindfulness «en voz alta», delante de sus hijos, durante el día. Por ejemplo, un padre puede hacer una demostración de atención plena a los sentimientos y a la reactividad parándose a considerar, en una situación dada, cómo podría responder atentamente a ella en vez de actuar por impulso; podría decir, por ejemplo: «¡Uff!, ese mensaje de tu entrenador me ha puesto de mal humor. Antes de contestarle, voy a pararme a observar los pensamientos y sentimientos que me ha provocado, y a decidir qué quiero decirle».

Estos comentarios les ayudaron a recordar que, en la primera clase, muchos de ellos habían reconocido que iban a hacer el curso de mindfulness no solo por sus hijos, sino también para cultivar ellos mismos la paciencia, la amabilidad, la claridad, la delicadeza y la sabiduría.

Oportunidades y retos únicos

Cuando en la sesión 6 hago el ejercicio de «dificultades de la comunicación» con parejas de niño-padre/madre, les pido que para hacerlo elijan a un compañero que *no* sea de la familia ni amigo de la familia y escenifiquen una conversación familiar difícil. Es casi milagroso lo que sucede cuando, en un ambiente de confianza, se representa un diálogo o situación desde la perspectiva de *un* niño, y no de *mi* hijo, o de *una* madre, y no de *mi* madre. Los participantes suelen comentar que en ese momento son capaces de expresar con facilidad y claridad sentimientos, deseos y necesidades, y oír y entender de verdad lo que la otra parte siente, quiere y necesita. A continuación, son capaces de responder con amabilidad y compasión en lugar de reaccionar por hábito, miedo, instinto de protección, o por el deseo de controlar las circunstancias.

En general, estás escenificaciones en las que dos participantes encarnan respectivamente el papel de hijo y el de padre o madre suelen ser mucho más tranquilas y reflexivas que las habituales conversaciones tensas sobre temas delicados, y suelen estar caracterizadas por el respeto y la confianza mutuos, elementos esenciales para mantener una comunicación verdadera y eficaz. Los diálogos que se escenifican en la clase pueden enseñarles a los niños a expresar lo que es importante para ellos al tiempo que les evitan a su padre o su madre tener que extenderse interminablemente en negociaciones agotadoras. Estos «juegos de rol», por así decirlo, pueden poner de relieve los beneficios de encontrar un momento y un lugar neutrales para discutir situaciones problemáticas y llegar a acuerdos familiares sobre cómo resolverlas.

Adaptaciones

En el contexto de la dinámica que se acaba de explicar, hay pequeñas modificaciones de procedimiento que debemos hacer cuando trabajamos con parejas niño-progenitor. En estos cursos, niños, padres y madres reciben el mismo cuaderno de fichas y los mismos audios para las prácticas semanales. Los participantes saben que, si un niño abre el cuaderno de un «padre», o un padre abre el cuaderno de un «niño», son exactamente iguales, lo cual refuerza la sensación de que estamos todos juntos en esto. En Stanford, suelo bromear con los niños; les digo que Un lugar tranquilo es su primer curso de universidad.

Si el grupo es numeroso, de más de veinte participantes, anima a los niños a que sean ellos los primeros en hablar en la representación del diálogo y dejen a los adultos el papel secundario, para que las conversaciones no sobrepasen la capacidad que tiene el niño de estar sentado escuchando. Si ves que los niños están inquietos y necesitan moverse, llévalos al patio a hacer una práctica de movimiento y deja a los padres y madres reflexionando sobre alguna pregunta, como: «¿Qué sentimientos sutiles has advertido a lo largo de la semana?», «¿Cuáles son los agujeros más comunes en los que caes con tus hijos?», o «¿Qué calles nuevas estás descubriendo?».

Para la práctica semanal, pide a los adultos que elijan una práctica adicional de atención plena que incluya a sus hijos; por ejemplo, despedirse de ellos con un beso cuando se van al colegio por la mañana, abrazarlos cuando salen del colegio, o arroparlos por la noche cuando se van a la cama. Durante los últimos quince minutos de clase, deja que padres y madres hagan preguntas y mantengan una conversación adulta sobre formas de aplicar el mindfulness a las alegrías y retos de ser padre o madre. Recuerda que este es el momento de demostrar compasión hacia esas situaciones en que no somos el padre o la madre que nos gustaría ser, y de animarlos al mismo tiempo a que presten atención a cada momento con amabilidad y curiosidad y luego elijan cómo comportarse, sobre todo en situaciones difíciles con sus hijos. Los adultos agradecen de verdad esta oportunidad, y suelen querer quedarse hasta bastante después de que haya terminado la sesión, y hasta mucho después de que sus hijos quieran seguir en la clase.

Mientras ellos conversan, en este rato dedicado a los adultos, los niños pueden hacer dibujos de cómo es su experiencia en el Lugar tranquilo, escribir un haiku o un poema, o jugar dentro o fuera de la sala. Entre los juegos de mesa infantiles que exigen prestar atención plena están el Mikado, el juego de palitos chinos, y el Jenga, un juego en que se colocan los bloques formando una torre y, luego, cada participante va sacando un bloque de la parte media de la torre y colocándolo en lo alto más, intentando que la torre no se venga abajo.

15. UNA PERSPECTIVA ACADÉMICA E INVESTIGACIONES HASTA LA FECHA

Mientras lees este capítulo de carácter académico, procura hacer del *proceso* de lectura una práctica de mindfulness. Lee despacio; respira; si notas que te has distraído, vuelve a dirigir con suavidad la atención a las palabras, la página, los conceptos.

Como explicaba en la introducción, empecé a compartir el mindfulness con mi hijo pequeño a petición suya. Pronto comencé a darme cuenta de la angustia que experimentan muchos de nuestros pequeños prácticamente a diario, y de que el carecer de la capacidad necesaria para entender y procesar el complejo mundo en el que viven suele expresarse con frecuencia en comportamientos poco saludables, problemáticos e incluso destructivos. Ver a muchos adultos, y a mis propios hijos, obtener beneficios sustanciales de la práctica del mindfulness me sirvió de inspiración para, en un acto de fe, compartir estas habilidades esenciales con otros niños y adolescentes.

Cada vez son más los estudios de la función ejecutiva, la inteligencia emocional y el desarrollo social que ofrecen un respaldo académico a ese acto de fe que, al igual que a otros pioneros en este terreno, me llevó a ofrecer estas prácticas a los niños. Este capítulo es una breve exposición de esos procesos de desarrollo interdependientes, a los que denominaré en conjunto «competencias esenciales». El capítulo concluye con una síntesis de la evidencia preliminar que existe hasta la fecha y que demuestra que el mindfulness mejora esas competencias.

Desde la perspectiva de las competencias esenciales y del mindfulness, entretejidas, los fundamentos para la elección de un comportamiento empático y compasivo pueden resumirse en lo siguiente:

- *Pararse*, lo que en términos de función ejecutiva se denomina *inhibición* y en términos de desarrollo social, *control de los impulsos*
- Desarrollar y utilizar autoconsciencia emocional

- *Tomar perspectiva*, lo cual, según los pioneros de la teoría del desarrollo social, ofrece una base tanto para la acción agresiva como para la empática
- Activar las reglas o códigos morales contenidos en la memoria operativa
- *Incorporar la flexibilidad cognitiva*; concretamente, contemplar las cosas desde distintas perspectivas y considerar múltiples opciones, y *luego elegir un comportamiento*

Limitaciones de esta exposición, y de estos constructos

Esta no es una exposición ni mucho menos completa. Mi intención es simplemente ofrecer un marco amplio que permita comprender *algunos* de los beneficios del mindfulness. Antes de seguir adelante, es importante mencionar el alcance limitado de estos constructos. En la mayoría de los estudios experimentales sobre la función ejecutiva y el desarrollo social, los sujetos han sido niños de uno a cinco años, edades en las que, si cuentan con el apoyo debido, los niños desarrollan rápidamente esas competencias esenciales. Aunque he ofrecido el mindfulness básico a niños de esas edades, que corresponderían al primero y segundo ciclos de educación infantil, las indicaciones de este libro son para niños en edad escolar, es decir, a partir de los seis años. Conviene que entiendas, por consiguiente, que los niños con los que tú vas a trabajar y jugar llegarán a tus clases con —y tal vez por— determinadas deficiencias en alguna de esas competencias esenciales, o en todas. Otra limitación de este marco de trabajo es que, hasta hace poco, la mayoría de los estudios han examinado cada una de las competencias esenciales por separado. Los experimentos de laboratorio diseñados para evaluar la función ejecutiva, la capacidad de tomar perspectiva y el desarrollo social son muy específicas y están extremadamente controladas, por lo cual rara vez reflejan las múltiples complejidades interrelacionadas, cada una con su respectiva carga emocional, de un partido de fútbol en el patio del colegio, de un proyecto de grupo en la clase, o de una discusión acalorada con un amigo o con alguien de la familia.

Los autores de un artículo titulado «Executive Function and the Promotion of Social Emotional Competence» [Función ejecutiva y promoción de la competencia emocional social] (Riggs, Jahromi, Razza, Dillworth-Bart, & Mueller, 2006) dicen que: «La función ejecutiva rara vez se tiene en cuenta en los modelos de programas de intervención que intentan promover el aprendizaje social y emocional» (pág. 300). Y a la inversa; yo añadiría que también podría decirse lo contrario: hasta hace muy poco, rara vez se han tenido en cuenta la influencia social y emocional en la función ejecutiva. Sin embargo, los estudios más recientes indican que el desarrollo de estas competencias esenciales, y las acciones manifiestas que se derivan de ellas, son íntimamente interdependientes.

A lo largo de la historia, se ha estudiado el papel de las emociones en el contexto de la «inhibición» emocional, y el «control» y la «regulación» emocionales. A mi entender, una cualidad esencial que diferencia el mindfulness de otros programas de aprendizaje social y emocional es que el mindfulness incorpora la amabilidad y la curiosidad a los hábitos de pensamiento, sentimiento y conducta, y, por tanto, los términos *consciencia emocional*, *inteligencia emocional* y *sensibilidad emocional* son más apropiados. Una vez hecha esta puntualización, yo utilizaré aquí la terminología comúnmente aceptada, y hablaré de función ejecutiva, teoría de las emociones y desarrollo social para hablar de estos constructos.

Función ejecutiva

Empecemos con algunas definiciones. La función ejecutiva apoya el comportamiento deliberado, intencional, que persigue un objetivo. Las tres dimensiones principales de la función ejecutiva son el control inhibitorio, la memoria operativa y la flexibilidad cognitiva. Las tres son esenciales para aprender a leer, a escribir, a resolver problemas de matemáticas y a participar en actividades educativas y sociales, como el diálogo, el juego colectivo y los proyectos en colaboración. Citando el artículo al que a partir de ahora llamaré «Desarrollando el cerebro» (antes titulado «Desarrollando el "sistema de control del tráfico aéreo" del cerebro: como las experiencias tempranas determinan el desarrollo de la función ejecutiva»), redactado conjuntamente por el Consejo Científico Nacional de Desarrollo Infantil y el Foro Nacional de Disposiciones y Programas para la Primera Infancia estadounidenses: «El funcionamiento ejecutivo cada vez más competente de niños y adolescentes les permite planear y actuar de un modo que los hace buenos estudiantes, ciudadanos de su clase y amigos» (Centro de Desarrollo Infantil, 2011, pág. 3). A eso, yo añadiría y «buenos miembros de la familia y ciudadanos del mundo».

Las siguientes definiciones y explicaciones de los componentes de la función ejecutiva se han extraído del artículo «Desarrollando el cerebro» y de un capítulo del libro *Lifespan Cognition* [Cognición a lo largo de la vida], de la doctora Adele Diamond, titulado «The Early Development of Executive Function» [El desarrollo temprano de la función ejecutiva] (2006, págs. 70-95).

Control inhibitorio
El artículo «Desarrollando el cerebro» define el control inhibitorio como «la capacidad de dominar y filtrar nuestros pensamientos e impulsos para resistirnos a las tentaciones, distracciones y hábitos, y pararnos a pensar antes de actuar» (pág. 2). El artículo explica que los niños utilizan esta habilidad para ignorar las distracciones y mantener la atención puesta en lo que están haciendo, para esperar a que sea su turno de hablar, y para abstenerse de gritar o pegar cuando sienten que se está siendo injusto con ellos (pág. 2).

Memoria operativa

La memoria operativa es la capacidad de conservar y manejar información en la mente durante periodos cortos. Permite a los niños recordar la información de un párrafo y conectarla con la del siguiente, resolver problemas de matemáticas complejos, seguir los sucesivos pasos de unas instrucciones y participar en interacciones sociales, como hablar con sus amigos o formar parte de un equipo (pág. 2).

Flexibilidad cognitiva

La flexibilidad cognitiva es la capacidad de adaptarse a los cambios de normas, prioridades o perspectivas. Les permite considerar las cosas desde una perspectiva nueva, pensar con originalidad, aplicar reglas distintas en distintas situaciones, captar y corregir los «errores» y cambiar de rumbo cuando reciben nueva información. Los niños utilizan esta capacidad cuando aprenden las excepciones de las reglas gramaticales, cuando utilizan múltiples estrategias para resolver un problema de matemáticas o de ciencias, o cuando se plantean los posibles modos de resolver un conflicto (pág. 2).

Como explica el artículo «Desarrollando el cerebro», juntos, los tres componentes de la función ejecutiva crean la base necesaria para realizar todas las actividades educativas y sociales. «Los niños que carecen de alguna de estas habilidades que constituyen la función ejecutiva —dice el artículo— suelen tener dificultad para afrontar las complejidades de la dinámica escolar diaria y del juego en grupo; se frustran, se retraen, y con frecuencia se aíslan; y ese aislamiento puede reducir aún más sus oportunidades de participar en actividades que les ayudarían a desarrollar la función ejecutiva» (pág. 6).

Además, como veremos más adelante, es probable que, en combinación con la inteligencia emocional, estos tres componentes de la función ejecutiva constituyan la base fundamental para poder tomar perspectiva, lo cual contribuye a su vez a establecer un comportamiento moral, que incluya la empatía, la compasión y el altruismo.

Inteligencia emocional y teoría de las emociones

Un breve resumen de la teoría de las emociones, basada principalmente en el trabajo del doctor Paul Ekman, y descrita en su libro *El rostro de las emociones*, ofrece un marco básico para entender los efectos bidireccionales de la función ejecutiva y la emoción. Los estudios de Ekman muestran que las emociones son naturales, y cumplen un propósito evolutivo: la ira nos ayuda a superar obstáculos; el miedo nos permite detectar el peligro y reaccionar a él; la tristeza mueve a los demás miembros de la tribu a consolarnos; la alegría crea conexión.

Ekman sigue explicando que el cuerpo y la mente están programados para evaluar automáticamente el entorno, y que esa programación hace que sea difícil, aunque no imposible, cambiar las reacciones emocionales que nos provocan los diversos estímulos. Pues, curiosamente, las reacciones emocionales dependen de las partes más primitivas del cerebro y evitan pasar por la corteza prefrontal, sede principal de la función ejecutiva. De ahí que, durante el pico de una emoción —lo que Ekman llama *periodo refractario*—, la función ejecutiva esté prácticamente fuera de servicio. En términos más coloquiales, como todos sabemos por experiencia, cuando una emoción se apodera de nosotros (y estamos en la cima del periodo refractario), perdemos la capacidad de ver las cosas en contexto, de procesar nueva información, de entender la perspectiva de los demás y de adoptar una actitud creativa para resolver el problema.

Ekman sugiere que, a pesar de la programación evolutiva, tal vez sea posible aprender a *responder*, en lugar de reaccionar, a los estímulos emocionales. La esencia de esa posibilidad está contenida en las siguientes citas del libro:

> Para poder moderar nuestro comportamiento emocional, y poder elegir qué decimos o hacemos, tenemos que saber cuándo se ha apoderado de nosotros la emoción, o mejor aún, cuándo está a punto de hacerlo (pág. 74).

> Aprender sobre las sensaciones, sobre los sentimientos corporales que diferencian cada emoción, debería ayudarnos también a centrar la atención (pág. 75).

> Un método que podemos usar para estar más atentos a nuestras emociones es usar lo que sabemos sobre las causas de cada emoción […] Cuanto más sabemos sobre aquello que nos provoca una reacción emocional, más conscientes somos de cuándo y por qué surge cada emoción (pág. 75).

> La meta no es dejar de tener emociones, sino tener más opciones cuando una emoción se apodera de nosotros y no sabemos cómo [ni si] la expresaremos (pág. 75).

Como has visto en los capítulos de las sesiones, el programa Un lugar tranquilo enseña explícitamente a hacer todo esto. La práctica Sentimientos, de la sesión 4, y el ejercicio de improvisar emociones, de la sesión 5, ayudan a nuestros pequeños amigos a darse cuenta de las sensaciones físicas (corporales) asociadas con las diversas emociones. El ejercicio agujeros y calles distintas, de la sesión 5, y el comentario de enganche, de la sesión 7, aumentan la percepción consciente de los desencadenantes emocionales.

Desarrollo social

Vamos a ver ahora qué relación tienen la función ejecutiva y la inteligencia emocional con los tres componentes del desarrollo social —agresividad, impulsividad y comportamiento social— y cómo influyen en ellos. La mayor parte de la información que sigue a estas líneas está seleccionada y extraída del libro de Eleanor Maccoby *Social Development: Psychological Growth and the Parent-Child Relationship* (1980), parafraseada o transcrita directamente.

Mientras lees, convendría que tuvieras presente que, según Maccoby, tomar perspectiva y comprender la conexión que hay entre nuestras acciones y los estados emocionales de los demás crea la base tanto para la empatía como para la agresividad (pág. 124). En el contexto de este libro, esta idea se puede ampliar y perfilar de la siguiente manera: el control inhibitorio le permite a un individuo pararse. La combinación de inteligencia emocional y memoria operativa le permite darse cuenta de su estado emocional, de los estados emocionales de los demás y de cómo afectan sus actos a los estados emocionales de los demás, y luego considerar las reglas sociales relativas a la conducta. La flexibilidad cognitiva utiliza las «percepciones emocionales» y las normas sociales activadas en la memoria operativa para que ese individuo pueda elegir un comportamiento de entre la serie ininterrumpida de comportamientos que van desde la agresividad hasta la compasión. Y gracias al mindfulness, el proceso entero se mantiene en un contexto de amabilidad y curiosidad.

Agresividad

En la teoría del desarrollo social, la agresividad parte del conocimiento de que nuestras acciones pueden hacer que otros se sientan angustiados. En ella, la agresividad se define como los actos dirigidos hacia una determinada persona con intención de provocarle dolor o miedo. «La agresividad representa un complejo patrón de conducta que requiere de considerable procesamiento (interpretación) de la información concerniente a los sentimientos y la conducta de los demás, y la relación de uno mismo con los demás» (Maccoby, 1980, pág. 131). En la teoría del desarrollo social, la agresividad se considera una etapa; se entiende como una forma de seguridad en uno mismo, que es más madura que el retraimiento temeroso del adulto para protegerse, o que la aceptación pasiva de las afirmaciones de otro, y menos madura que las formas no agresivas de defensa y afirmación personales (pág. 149).

Maccoby explica que «los niños mayores de cuatro años conocen diversas maneras de hacer daño a otros. Que un niño lleve a cabo esos actos dependerá […] de si *elige* utilizar los elementos de su repertorio» (pág. 125). Añade que la capacidad de un niño para comportarse de formas no agresivas depende de que comprenda y comparta los sentimientos de los demás «y sienta por ellos un afecto que le hará no desear hacerles daño» (pág. 150). Estas motivaciones deben ir acompañadas de habilidades sociales efectivas. Con el tiempo, «los niños aprenden a descubrir qué quiere cada individuo de los demás y qué concederá cada uno en favor de la satisfacción mutua» (pág. 149).

Por tanto, las conclusiones de Maccoby respaldan la enseñanza explícita de habilidades como saber pararse, cultivar la empatía y elegir un comportamiento. Como quizá recuerdes, el ejercicio sobre una conversación difícil, de la sesión 6, anima explícitamente a los participantes del curso a practicar estas habilidades concretas.

Impulsividad

En el contexto del desarrollo social, la impulsividad se define esencialmente como la incapacidad de control inhibitorio. Los niños que han desarrollado el control de los impulsos manifiestan la capacidad de demorar las acciones, concentrarse, y cerrar el paso a estímulos externos irrelevantes; de «manejar» los estados emocionales, en vez de estallar en rabietas; de considerar las consecuencias futuras, buscar soluciones, elegir alternativas y obtener toda la información necesaria para llevar a cabo el plan elegido (pág. 163).

A diferencia de lo que dicen sobre la función ejecutiva muchos otros estudiosos del tema, Maccoby destaca la importancia de «manejar» las emociones para poder desarrollar el control de los impulsos. Dice:

Poder manejar los estados emocionales ocupa un lugar central en el desarrollo de la capacidad del niño para mantener y mejorar el nivel de organización de su comportamiento […] Los niños deben aprender a «inhibir» los sentimientos intensos que anteriormente han desorganizado su comportamiento; deben aprender a aceptar circunstancias que interfieran con la satisfacción inmediata o completa de sus necesidades y deseos» (págs. 164, 177).

Continúa diciendo que la capacidad de no disgustarse intensamente por un suceso frustrante, y de no tener un arrebato emocional cuando está de verdad angustiado, son grandes logros en el desarrollo emocional de un niño (pág. 178). Sus conclusiones reflejan y apoyan las de Ekman. Una conclusión muy importante, dice, es que los niños deben establecer algún tipo de «control» de sus emociones para poder planear, o elegir, cómo comportarse.

Tomar perspectiva y adoptar una conducta moral

Cuando enseño el programa Un lugar tranquilo a los jóvenes, mi experiencia es que, a medida que van desarrollando una mayor capacidad para darse cuenta de sus emociones con la práctica Sentimientos, la capacidad de darse cuenta de los sentimientos de los demás también aumenta. Por otra parte, el ejercicio sobre una conversación difícil desarrolla directamente la percepción consciente de los sentimientos de los demás. No deja de ser curioso, como ya he mencionado, que, según la teoría del desarrollo social, tener consciencia de los sentimientos de los demás sea el punto de partida tanto para un comportamiento agresivo como para la empatía.

En última instancia, los procesos interdependientes de la función ejecutiva y de la inteligencia emocional constituyen los fundamentos para poder tomar perspectiva y, por tanto, para un comportamiento ético, moral, empático, compasivo y altruista. En el contexto de la función ejecutiva, se puede entender la ética como las reglas sociales que gobiernan el comportamiento, reglas que están guardadas en la memoria a largo plazo y que la memoria operativa activa en el presente. Como explica Maccoby, la mayoría de las sociedades tienen reglas referentes a la seguridad, el control de la agresividad, la veracidad y el cumplimiento de las promesas, la confianza, el trabajo y el respeto a la autoridad. Las reglas ofrecen pautas de comportamiento individual en un contexto social, y, generalmente, el bienestar de cada individuo y de la sociedad en conjunto depende de que cada individuo respete las reglas y convenciones acordadas (Maccoby, 1980, págs. 297-299).

Según Maccoby, «un niño que se ha adaptado a las normas morales de comportamiento social ha aprendido —por lo que se le ha enseñado— a resolver el conflicto entre su interés personal y los intereses de los demás» (pág. 300). «El progreso del niño a través de los sucesivos niveles de discernimiento moral requiere una comprensión cada vez más sofisticada de los sentimientos, deseos y necesidades de los demás individuos» (pág. 317). Para resolver los conflictos, «un individuo que haya alcanzado cierta madurez moral debe ser capaz de ver las cosas desde la perspectiva de los demás» (pág. 317). En definitiva, tomar perspectiva mejora la capacidad del niño para comunicarse con eficacia y cooperar con otros individuos (pág. 317).

Utilizando ejercicios experimentales, como pedir a los niños que describan un paisaje desde la perspectiva de otra persona, o le den instrucciones a un compañero que tiene los ojos vendados, los investigadores han esbozado el desarrollo cronológico típico de la capacidad para tomar distancia y adoptar otras perspectivas —lo que se conoce como «teoría de la mente» en el léxico empleado para hablar de la función ejecutiva—. Una vez más, hay que señalar que, comparados con muchas interacciones cotidianas de fuerte carga emocional, los ejercicios experimentales son, en lo que a contenido emocional se refiere, esencialmente neutros. Estos experimentos extremadamente neutrales han revelado que los niños de segundo curso de primaria entienden que otras personas tienen perspectivas diferentes a las suyas, y que, entre los siete y los dieciséis años, mejora enormemente la capacidad del niño para apreciar lo que significan en la práctica esas diferencias y para utilizar ese conocimiento en la comunicación.

Maccoby comenta que tener una inteligencia bien desarrollada —que, en su léxico, equivaldría más o menos a hablar de la función ejecutiva— parece ser necesaria pero no suficiente para un comportamiento moral maduro (pág. 317). Además, Maccoby subraya que el desarrollo moral del niño se pone de manifiesto cuando es capaz de controlar su comportamiento sin que esté presente un agente externo que haga cumplir las normas (pág. 300). (Este principio está representado en el cuento del maestro de escuela, de la sesión 6.)

Acción compasiva y altruismo

La acción compasiva y el altruismo son tal vez las expresiones más elevadas de la conducta moral. Como ya se ha mencionado, Maccoby afirma que tomar perspectiva está en la base de la serie ininterrumpida de comportamientos que van desde la agresividad hasta el altruismo. Concluye, por tanto, que el niño alcanza más fácilmente la madurez moral de pensamiento y conducta con técnicas que...

- Desarrollen su capacidad de tomar perspectiva, lo cual le permite entender cómo percibirán sus acciones otras personas y tomar en consideración las necesidades, la información y las expectativas que esas personas puedan tener
- Fomenten en el niño la empatía, que le permitirá entender las emociones y expresarlas
- Le den al niño un control razonable de sus acciones y le permitan sentir con claridad que lo tiene (pág. 362)

En definitiva, las conclusiones de Maccoby apoyan la hipótesis de que la acción compasiva depende de una combinación de la función ejecutiva y la inteligencia emocional, que permite tomar perspectiva y elegir un comportamiento.

Competencias interdependientes

Varios estudios fascinantes que se han hecho utilizando imágenes del cerebro, la cartografía genética y el análisis molecular han dado pruebas irrefutables de la naturaleza interdependiente de las competencias esenciales: ejecutiva, emocional y social. Un artículo titulado «Biological Processes in Prevention and Intervention: The Promotion of Self- Regulation as a Means of Preventing School Failure» [Procesos biológicos de la prevención y la intervención: promoción de la autorregulación como medio de evitar el fracaso escolar] (Blair y Diamond, 2008) sostiene que, en los niños menores de cuatro años, la función ejecutiva y la estimulación emocional existen en proporción inversa. Los autores subrayan que «el desarrollo de la autorregulación puede caracterizarse como el equilibrio o interacción entre los procesos de excitación emocional-motivacional y los procesos de control cognitivo» (pág. 4). El artículo describe varios estudios muy interesantes que demuestran que ciertas variaciones genéticas, de las que depende el ritmo al que el neurotransmisor llamado dopamina desaparece de la corteza prefrontal del cerebro, tienen una compleja influencia en la función ejecutiva. Y lo que es más, los autores citan otras investigaciones que han revelado que una determinada zona del cerebro, llamada corteza del cíngulo anterior, tiene un papel primordial en la integración y el equilibrio de la red de reactividad emocional y la red de control cognitivo.

Otros estudios realizados con adolescentes utilizando imágenes del cerebro obtenidas por resonancia magnética funcional corroboran asimismo la tesis de que el procesamiento emocional interfiere con la atención ejecutiva. Al examinar las imágenes del cerebro, este estudio identificó redes neuronales distintas para los procesos de la atención (ejecutivos) y del afecto (emocionales), y mostró que la red de la regulación cognitiva y la de la regulación afectiva, pese a ser redes diferenciadas, se influyen mutuamente a nivel neuronal (Crone, 2009). Por tanto, en estos momentos contamos con imágenes del cerebro que corroboran la teoría de que, cuando un niño, un adolescente e incluso un adulto experimenta una activación emocional, y se encuentra en periodo refractario, ¡es incapaz de utilizar de modo óptimo la función ejecutiva!

La consiguiente conclusión de que la función ejecutiva interviene directamente en el desarrollo social y emocional del niño está respaldada por un número de estudios cada día mayor (Riggs *et al.*, 2006). Esos estudios sugieren que la función ejecutiva es precursora de la teoría de la mente, o tomar perspectiva —que, como ha demostrado Maccoby, es la base para el comportamiento empático—. Por tanto, una propuesta como el mindfulness, que simultáneamente mejora la función ejecutiva, desarrolla la inteligencia emocional, alienta a tomar perspectiva y subraya el factor de la elección de un comportamiento, muy posiblemente favorezca la acción empática.

Aunque el tema central de este capítulo ha sido el desarrollo emocional y social, conviene mencionar que la función ejecutiva (probablemente en combinación con la inteligencia emocional) contribuye también al desarrollo académico. El artículo «Desarrollando el cerebro», del que ya hemos hablado, destaca los beneficios académicos derivados de aquellos métodos que mejoran la función ejecutiva: «Las investigaciones que se están llevando a cabo muestran que la autorregulación —denominada con frecuencia "función ejecutiva"— determina en mayor medida los logros académicos que el coeficiente intelectual y el nivel inicial de lectura o de aptitud para las matemáticas» (pág. 5).

No es de extrañar, por tanto, que el artículo titulado «Procesos biológicos» afirme que: «Valorar la importancia de la autorregulación en los niños pequeños puede ayudar a establecer un marco para mediaciones que fomenten la autorregulación como forma de evitar el fracaso escolar» (Blair y Diamond, 2008, pág. 2). Por tanto, aunque hasta el momento no se hayan hecho estudios rigurosos que evalúen los efectos del mindfulness en el rendimiento académico, las investigaciones sobre la función ejecutiva sugieren que sus beneficios académicos —además de sociales y emocionales— podrían ser considerables.

Antes de pasar a analizar los estudios sobre los beneficios del mindfulness para los jóvenes, quiero insistir, una vez más, en que lo que a mi entender diferencia el mindfulness de otros programas de aprendizaje social y emocional es la actitud de amabilidad y curiosidad que uno demuestra hacia sí mismo y hacia los demás.

Estudios sobre los beneficios del mindfulness para los niños

El marco integrado que acabamos de definir puede ayudarnos a entender los beneficios del mindfulness que los estudios han documentado hasta la fecha. Para aquellos que no estéis familiarizados con la investigación científica sobre el tema, la siguiente sección ofrece una perspectiva general simplificada. Hay dos estudios que abarcan con cierta profundidad la mayor parte de esta investigación: «Integrating Mindfulness Training into K-12 Education: Fostering the Resilience of Teachers and Students» [Integración del Mindfulness en la educación infantil, primaria y secundaria en favor de la resiliencia de profesores y alumnos] (Meiklejohn *et al.*, 2010), y *PBS Teachers Guide* [Guía PBS para profesores]. Los dos se pueden descargar (en inglés) en www.stillquietplace.com, en la pestaña «Resources» y, dentro de ella, en los enlaces «Research» y «Press», respectivamente. Sería muy conveniente que entregarais una copia de estos artículos a los encargados de tomar las decisiones en el colegio, hospital o centro comunitario donde queráis establecer un programa de mindfulness para niños y adolescentes. De todos modos, como muchos de ellos estarán muy ocupados y quizá no lean unos artículos tan largos, en el Apéndice A encontrarás un modelo de carta dirigida al director de un colegio en la que resumo los beneficios del mindfulness para los jóvenes en una sola página.

Sus beneficios en el campo de la medicina se demostraron ya hace tiempo, y en el terreno educativo y terapéutico la evidencia es cada vez mayor. Mientras lees sobre los programas de mindfulness para los jóvenes, o si decides promocionarlos e implementarlos, será importante que conozcas las virtudes y defectos de las diversas pruebas experimentales, así como sus conclusiones. El método por excelencia para determinar la efectividad de un programa es un ensayo controlado aleatorizado, en el que participan numerosos sujetos y se utilizan la validación de la información brindada por los sujetos y unas medidas objetivas, además de hacerse un seguimiento prolongado.

Las investigaciones sobre los efectos del mindfulness en los jóvenes están aún en pañales.. Afortunadamente, los primeros resultados son alentadores y el ámbito en sí evoluciona con rapidez. Presento a continuación los estudios preliminares con niños y adolescentes, ordenados en función de su rigor científico de menor a mayor. De todos modos, la información de este apartado pronto quedará desfasada. Para mantenerte al día, consulta por favor mi sitio web www.stillquietplace.com y suscríbete a la circular *Mindfulness Research Monthly* [en inglés], en www.mindfulexperience.org/newsletter.php. Para los recursos en español puedes consultar www.unlugartranquilo.com

Te invito a que contemples los siguientes datos en el contexto de las explicaciones anteriores, y te animo a que sigas leyendo atentamente: respirando, avanzando despacio y, cuando te des cuenta de que te has distraído, vuelvas a dirigir con suavidad la atención a la sección o frase que estés leyendo.

Los niños pequeños

En el estudio de un programa de doce semanas de terapia cognitiva basada en el mindfulness, veinticinco niños de doce años de edad remitidos por el hospital por problemas de atención experimentaron una reducción significativa de las dificultades, y en aquellos que habían mostrado un grado de ansiedad elevado en la prueba previa, la ansiedad había disminuido. Sus progenitores advirtieron en ellos una reducción de los problemas conductuales y de control de la ira (Lee, Semple, Rosa y Miller, 2008).

Un estudio piloto comparó un grupo de control compuesto por veinticuatro niños de sexto de primaria con veintiocho alumnos de quinto curso procedentes todos de los colegios públicos de Madison, Wisconsin. A los alumnos de quinto curso se les impartió el programa «Learning to BREATHE» [Aprendiendo a respirar] (L2B) basado en mindfulness. En una de las clases del programa, los alumnos de quinto curso eran en su mayoría hispanoparlantes. A la hora de realizar una tarea computarizada de memoria operativa espacial, los alumnos del programa L2B demostraron una mejora significativa en el uso de la estrategia y una disminución de la tasa de errores. Demostraron también menos síntomas de depresión y ansiedad y una mayor capacidad de control después de completar el programa.

Los informes cualitativos por parte de los profesores indicaban que los alumnos del programa L2B estaban más centrados y eran más capaces de afrontar situaciones estresantes. Los informes indicaban mejoras de la competencia social, y especificaban que los alumnos habían aprendido a pararse, aunque fuera brevemente, y «reconocer sus pensamientos y sentimientos, lo cual hacía del L2B un punto y aparte con respecto a la mayoría de los programas de desarrollo social». Los alumnos eran más conscientes de sus pensamientos y acciones favorables y desfavorables. El ambiente de la clase era más relajado y menos estresante. En definitiva, las sesiones de mindfulness habían tenido una fuerte influencia en la atmósfera de la clase y en los niveles de estrés de los alumnos individualizados (P.C. Broderick, comunicado personal, 2011).

En un estudio con grupo de control en lista de espera que dirigí en colaboración con el Departamento de Psicología de Stanford a alumnos de cuarto, quinto y sexto cursos de primaria, junto con sus padres o madres, se vio que en los treintaiún niños que habían participado en el programa de mindfulness de setenta y cinco horas de práctica semanales durante ocho semanas consecutivas había disminuido la ansiedad. Además, sus escritos indicaban que habían experimentado una reducción de la reactividad emocional y un aumento de la atención y de la capacidad para superar los retos (Goldin, Saltzman y Jha, 2008).

En un estudio con grupo de control en lista de espera, los alumnos de seis clases de educación primaria recibieron un curso formativo de mindfulness que constaba de cuatro elementos impartidos por cada profesor: aquietar la mente, prestar atención plena (a las sensaciones, pensamientos y sentimientos), manejar los pensamientos y emociones negativos y reconocer la propia valía y la de los demás. Los alumnos que habían participado en el curso dijeron sentirse más optimistas, pero no se apreció una mejora en la imagen que tenían de sí mismos ni en el plano afectivo. Los profesores dijeron haber notado una mejoría en su comportamiento y competencia social (Schonert-Reichl y Lawlor, 2010).

En un ensayo controlado aleatorizado de treinta y dos alumnos de segundo y tercero de primaria que habían realizado prácticas de mindfulness de treinta minutos dos veces por semana durante ocho semanas, la doctora Lisa Flook y sus colegas del Centro de Investigación del Mindfulness de la Universidad de California en Los Ángeles documentaron que los niños que al principio del estudio habían demostrado deficiencias de la función ejecutiva habían mejorado en la regulación del comportamiento, la metacognición y, en términos generales, el control ejecutivo global. Los análisis revelaron también efectos significativos en habilidades concretas de la función ejecutiva, como el traslado, la monitorización y la iniciación de la atención. Estos resultados demuestran que la práctica de mindfulness beneficia a los niños que tienen una función ejecutiva deficiente (Flook *et al.*, 2010).

En un estudio controlado aleatorizado dirigido por la doctora Maria Napoli y sus colegas, ciento noventa y cuatro alumnos de primero, segundo y tercer cursos de primaria que participaron en un programa de mindfulness y relajación de doce sesiones repartidas en dos sesiones semanales mostraron un aumento significativo de la atención y las habilidades sociales y una disminución de la ansiedad previa a los exámenes y en la escala de diagnóstico del trastorno por déficit de atención con hiperactividad (TDAH) (Napoli, Krech y Holley, 2005). (Nota: una disminución del TDAH se traduce básicamente en una mejora de la función ejecutiva.)

En un estudio controlado aleatorizado del programa Mindful Schools impartido a novecientos quince alumnos de educación primaria de barrios de Oakland con un alto índice de delincuencia, se vio que, tras cuatro horas de práctica de mindfulness, los alumnos mostraban un mejora de la capacidad para prestar atención y para calmarse, así como mayor atención hacia los demás y un aumento del respeto social (Mindful Schools, s.f.).

Los adolescentes

En un estudio de viabilidad, que ofrecía prácticas de mindfulness y psicoeducación a un grupo mixto de adultos y adolescentes con TDAH, entre los resultados de la población combinada se vieron, atendiendo a los informes de los sujetos, mejoras de los síntomas del TDAH, de la ansiedad, de los síntomas de depresión y un aumento de la memoria operativa (Zylowska *et al.*, 2008).

En un estudio de treinta y dos adolescentes que presentaban dificultades de aprendizaje en un internado privado, dos profesores por clase guiaron a los participantes en una meditación de mindfulness de entre cinco y diez minutos al comienzo de cada clase, cinco días a la semana durante cinco semanas consecutivas.

Los informes de los alumnos revelaron una disminución de la ansiedad, como estado (a corto plazo) y como rasgo (a largo plazo). Las valoraciones de los profesores indicaban mejoras de las aptitudes sociales y académicas de los alumnos y una disminución de los problemas de comportamiento (Beauchemin, Hutchins y Patterson, 2008).

Un estudio en el que se utilizó la terapia cognitiva basada en el mindfulness (MBCT por sus siglas en inglés) con una población de ensayo de catorce adolescentes de entre once y dieciocho años reveló una mejora en la atención sostenida y, según los informes de los sujetos, en la conducta, las metas personales, la felicidad subjetiva y la capacidad de darse cuenta (Bögels, Hoogstad, van Dun, de Schutter y Restifo, 2008).

En un estudio de nueve semanas del programa MBSR con treinta y tres jóvenes marginados de trece a veintiún años, el 79% de ellos asistió a la mayoría de las sesiones y se consideró que estos participantes habían completado el programa. Entre estos asistentes, once estaban infectados por el VIH, el 77% eran mujeres, y todos eran afroamericanos. Los datos cuantitativos indican que, después del programa MBSR, los participantes demostraron una reducción de la hostilidad y del malestar general y emocional. Los datos cualitativos muestran una mejora evidente de las relaciones interpersonales (y menos conflictos), del rendimiento académico y la salud física, y una disminución del estrés. Los datos de una entrevista con el subgrupo de participantes infectados por el VIH revelaron una mejora de la actitud, el comportamiento y los cuidados personales (incluida la constancia con la medicación) y una menor reactividad (Sibinga *et al.*, 2011), así como experiencias transformadoras de distinto grado descritas por todos los participantes (Kerrigan *et al.*, 2011).

Un tratamiento de seis sesiones —que incluía MBSR, tratamiento del insomnio y terapia cognitiva— para cincuenta y cinco jóvenes drogodependientes, de edades comprendidas entre los trece y los diecinueve años, que en el momento padecían trastornos del sueño significó una mejoría en la calidad de sueño, así como una reducción de las preocupaciones y la angustia mental (Bootzin y Stevens, 2005).

En comparación con las treinta alumnas del grupo de control, las ciento veinte alumnas de secundaria que participaron en el programa de Mindfulness Learning to BREATHE (L2B), mencionado anteriormente, experimentaron una reducción de la mala disposición afectiva, el cansancio y las molestias físicas, y un aumento de la regulación emocional y los sentimientos de calma, relajación y autoaceptación. Las alumnas que participaron en el programa L2B eran más capaces de reconocer sus emociones y nombrarlas. Informaron de que, para ellas, el mayor logro era ser capaces de soltarse de los pensamientos y sentimientos angustiosos (Broderick y Metz, 2009).

En un ensayo controlado aleatorizado, ciento dos adolescentes participaron en un curso de mindfulness dos horas a la semana durante ocho semanas. Los adolescentes informaron de una reducción del estrés percibido; de los síntomas de ansiedad, depresión y malestar somático (físico), así como de los problemas interpersonales, a la vez que una mayor autoestima y calidad de sueño. Varios analistas independientes documentaron un porcentaje más alto de mejora en los diagnósticos, y una valoración global de las puntuaciones de funcionamiento significativamente más alta, en el grupo del mindfulness que en el grupo de control. En lenguaje común, esto significa que los adolescentes a los que se les había diagnosticado inicialmente depresión clínica y ansiedad no presentaban ya las características del síndrome depresivo (Biegel, Brown, Shapiro y Schubert, 2009). Posteriores análisis descubrieron un aumento estadísticamente significativo de la atención plena y su significativa relación con cambios positivos de la salud mental (Brown, West, Loverich y Biegel, 2011).

Antes de llevarse a cabo un ensayo controlado aleatorizado con cuatrocientos alumnos de centros de educación secundaria en Flandes, Bélgica, tanto el grupo del mindfulness (21%) como el grupo de control (24%) tenían un porcentaje similar de alumnos que daban muestras evidentes de depresión. Al cabo de ocho semanas, y de las ocho sesiones de mindfulness de cien minutos cada una, el número de alumnos que presentaba síntomas de depresión era significativamente menor en el grupo del mindfulness: 15% frente al 27% en el grupo de control. La diferencia seguía siendo prácticamente la misma seis meses después del curso, cuando un 16% del grupo del mindfulness y un 31% del grupo de control dieron muestras evidentes de depresión. Los resultados sugieren que el mindfulness puede producir una reducción de los síntomas asociados con la depresión y que, además, protege contra el desarrollo posterior de síntomas afines a la misma (Raes, Griffith, Van der Gucht y Williams, 2013).

Un optimismo cauto

Aunque los resultados que se acaban de exponer son alentadores, conviene no perder de vista que la mayoría de los estudios descritos ha contado con un número de participantes relativamente pequeño, ha utilizado pocas medidas objetivas y ha tenido un seguimiento limitado. Esto significa que, por más alentadores que sean estos resultados preliminares, que han mostrado que el mindfulness mejora la función ejecutiva, la inteligencia emocional, el desarrollo social y la acción compasiva, es importante no sobrevalorar las investigaciones que se han llevado a cabo hasta la fecha. Para evaluar plenamente el efecto de estos programas, es necesario hacer ensayos controlados aleatorizados con mayor número de participantes, utilizando medias validadas subjetivas y objetivas, y haciendo un seguimiento más prolongado. Entretanto, estos datos son base suficiente para que empieces. También es importante recordar que hay beneficios del mindfulness profundamente transformadores que es muy difícil —si no imposible— cuantificar, sobre todo en niños y adolescentes. Por ejemplo, ¿será realmente posible cuantificar alguna vez los beneficios de experimentar, aunque sea por un instante, el silencio y la quietud naturales que hay en nosotros?

APÉNDICES

A. PRESENTANDO O PROPONIENDO EL PROGRAMA

Como se ha indicado en los capítulos fundamentales de este libro, cuando presentes este programa a colegios y otras organizaciones es esencial que subrayes la naturaleza secular y universal del mindfulness, y que expliques con claridad cómo satisface el mindfulness las necesidades de los niños y de la comunidad.

En estos tiempos de presupuestos muy ajustados, la mayoría de los colegios, hospitales, clínicas, centros comunitarios y organizaciones religiosas buscan medios asequibles de aumentar el bienestar de los jóvenes para los que trabajan. Los colegios intentan mejorar la atención de los alumnos y responder a sus necesidades sociales y emocionales, a fin de que lleguen a clase preparados y en condiciones para aprender. Los hospitales y las clínicas intentan procurar a los pacientes y clientes medios para reducir el sufrimiento causado por el dolor físico, mental y emocional. Los centros comunitarios tienen particular interés en ofrecer a los participantes métodos que les ayuden a tomar decisiones maduras. Las instituciones religiosas quieren proporcionar esto mismo a sus miembros jóvenes, y a menudo descubren que el mindfulness contribuye a estos fines. Los entrenadores deportivos y los directores artísticos, de orquesta y de teatro reconocen que el mindfulness reduce la ansiedad y mejora las actuaciones.

Cuando presentes o propongas el programa, recuerda que la mayoría de los encargados de tomar decisiones son personas desbordadas de trabajo, mal pagadas y poco valoradas; en otras palabras, están estresadas y disponen de poco tiempo. Por tanto, conviene que les hagas llegar una carta de una sola página, como el ejemplo que presento a continuación, que explique con claridad y concisión los beneficios demostrados del mindfulness. Tómate la libertad de utilizar la siguiente carta como modelo, y adáptala luego a tus circunstancias particulares. Es importante que quienes toman las decisiones dispongan de esta síntesis, así como de una copia del artículo titulado «Integrating Mindfulness into K-12 Education» [Integrando el mindfulness en la educación primaria y secundaria], que puedes descar-

gar en inglés en el enlace de la pestaña «Resources» en mi sitio web: http://www.
stillquietplace.com.

Si estás pensando en impartir un curso de mindfulness en un determinado centro, probablemente tengas ya contacto con una o más personas que trabajen en él. De todos modos, para que haya una máxima probabilidad de que los niños obtengan los beneficios de la práctica y el programa florezca, es esencial que ofrezcas a los administradores, al personal docente y a los padres y madres la oportunidad de *experimentar* el mindfulness y hacer preguntas, para que no haya ningún malentendido.

Seguro

Si trabajas en un espacio distinto a tu lugar de trabajo habitual, y que no esté cubierto por ninguno de los seguros que tienes, conviene que contrates al menos un seguro de responsabilidad civil. Muchos colegios te pedirán que obtengas una ampliación de tu póliza de seguros que cubra cualquier incidente que pueda surgir durante la enseñanza.

Tarifa de precios y becas

A la hora de decidir la tarifa para un programa que vayas a impartir en horario extraescolar en un colegio, o en un hospital, clínica o centro comunitario, te sugiero que te familiarices con los precios del mercado. Piensa en un precio que esté en consonancia con otros cursos de duración similar, como un curso de ocho semanas de ajedrez o de cocina italiana. Yo tengo por norma ofrecer siempre un número limitado de becas parciales. Quienes las soliciten deberán presentar algún documento que acredite su situación económica: los ingresos familiares anuales, el número de integrantes de la familia, y cualquier circunstancia agravante, como una deuda por motivos de educación, desempleo prolongado, voluntariado o trabajos en zonas extremadamente desfavorecidas, enfermedad familiar o muerte de un miembro de la familia, procedimientos judiciales costosos, etcétera.

En nuestra sociedad, intercambiar el trabajo por dinero es la manera de demostrar el valor de las cosas, y pagar incluso una pequeña cantidad nos ayuda a valorar lo que recibimos. Por consiguiente, excepto en algunos barrios muy desfavorecidos, siempre pido que se pague algo, aunque solo sean cinco dólares para el material. Sin embargo, ha habido muchas ocasiones en que las clases que he impartido han sido gratuitas; incluso les he llevado a los niños reproductores de audio baratos, contando con la posibilidad de que no se devolvieran, y sintiéndome agradecida cuando se devolvían. Y a la inversa, si doy una charla o imparto un curso en un barrio extremadamente acomodado, aplico las tarifas acordes a su posición. Hacer de Robin Hood me permite ser de utilidad en una gran diversidad de entornos.

Cuando vayas a fijar el precio, ten en cuenta tus gastos —de gasolina, alquiler del local, materiales, y cuidado de tus hijos—, y calcula una tarifa por hora que te permita pagar la renta de tu casa y comprar comida. Procura encontrar un camino intermedio entre ser codicioso e infravalorar lo que ofreces.

Consentimiento

Cuando enseño mindfulness a pacientes individuales en mi consulta, el paciente y su padre o su madre rellenan un detallado «formulario de inscripción», y el progenitor da además su consentimiento para el tratamiento. Cuando enseño a grupos en centros comunitarios, cada participante rellena un formulario de inscripción más sencillo, y los padres y madres dan su consentimiento. Al final de este apéndice encontrarás una copia de este último formulario.

La mayoría de los centros docentes que ofrecen el mindfulness en horario lectivo consideran que forma parte del plan de estudios y es una asignatura más, como las matemáticas o las disciplinas lingüísticas, y deciden no pedir consentimiento. En ese caso, la única información que tengo de cada alumno es la que él o ella comunican durante las sesiones y alguna observación que pueda hacerme su profesor. Sin embargo, algunos colegios entienden el mindfulness más como la educación sobre las drogas o la sexualidad y solicitan el consentimiento parental. En ese caso, utilizo el formulario que adjunto a continuación. Si trabajas en el ámbito de la investigación, sabrás que cualquier estudio formal *debe* contar con la aprobación del comité de revisión institucional. Cuando he impartido el programa Un lugar tranquilo como parte de un estudio experimental, los equipos con los que he trabajado han solicitado el consentimiento parental y también el asentimiento del niño. Si no tienes preparación formal para llevar a cabo un estudio y quieres recopilar datos significativos referentes a los resultados, te recomiendo encarecidamente que trabajes en colaboración con algún colega que se dedique a la investigación y esté afiliado a una universidad, que te podrá indicar cómo atenerte a la metodología apropiada, a seleccionar mediciones relevantes y a analizar los datos.

El valor de la persistencia

Si quieres llevar el mindfulness a un centro donde no se haya enseñado nunca, debes tener en cuenta que probablemente te tomará un poco de tiempo dialogar con los responsables y encontrar la colaboración necesaria, acordar los detalles, despertar el interés de la comunidad por la propuesta e inscribir a los participantes. Procura no desanimarte si los trámites son lentos. Suele ser así. He visto cómo algunos proyectos «seguros» se han ido al traste, y cómo algunas oportunidades que había dejado pasar han reaparecido. Como decía una vez Jon Kabat-Zinn: «Hay que trasegar mucho cuando se quiere ofrecer mindfulness». No sé si recuerdas que el Centro de Mindfulness había sido antes la Clínica de Reducción del Estrés, y estaba en el sótano del hospital. Cuando hice allí el curso de formación, acarreaba a diario esterillas y cojines de un sitio a otro junto con Jon, Saki Santorelli y los demás profesores. Y hoy pasa más o menos lo mismo. ¡Así que disfruta del trasiego!

Carta de una página para los responsables de tomar las decisiones

Estimado señor/señora Gray:

Ha sido un placer conversar con usted esta mañana, y estoy deseando compartir el mindfulness con la comunidad de la Escuela Hoover. Como hemos acordado, a continuación encontrará una breve síntesis de los beneficios probados del mindfulness. Adjunto asimismo dos artículos que analizan más detalladamente esos resultados.

Los estudios han demostrado que los niños que practican mindfulness experimentan los siguientes beneficios:*

- Mayor atención
- Mayor función ejecutiva (memoria operativa, planificación, organización y control de los impulsos)
- Reducción de los comportamientos derivados de un déficit de atención (concretamente de la hiperactividad y la impulsividad)
- Menos problemas de conducta y menos dificultad para manejar la ira
- Mayor regulación emocional
- Mayor habilidad para calmarse
- Incremento de las habilidades sociales y cumplimiento social
- Mayor atención hacia los demás
- Reducción de los afectos o emociones negativos
- Reducción de la ansiedad
- Reducción de la depresión
- Mayor sensación de calma y relajación, y mayor aceptación de sí mismos
- Mayor autoestima
- Mejor calidad de sueño

Por favor, hágame saber si usted o los miembros del comité tienen alguna otra pregunta. Espero que este sea el principio de una larga y fructífera colaboración.

* Los artículos donde se describen están a su disposición, si lo desea.

Ejemplo de folleto informativo del programa para niños de ocho a once años

Mindfulness para la vida diaria

APRENDE A ENFOCAR LA LINTERNA DE LA ATENCIÓN

PARA MEJORAR EL RENDIMIENTO ESCOLAR Y LOS EXÁMENES

EL RENDIMIENTO DEPORTIVO

LA CREATIVIDAD

Y LAS RELACIONES

En este curso de ocho semanas, aprenderás una forma especial de prestar atención a la respiración, al cuerpo, a los pensamientos, los sentimientos y al mundo que te rodea. Esta forma de prestar atención es muy poderosa, porque cuando eres capaz de observar tus pensamientos y sentimientos, luego puedes *elegir* lo que dices o cómo actúas, ¡y elegir tus palabras y acciones puede hacer que tu vida sea mucho mejor! Los niños que han hecho este curso dicen que les ha ayudado en la relación con sus amigos, su padre, su madre, sus hermanos o hermanas, y también con los deberes, los deportes y otras actividades.

Más de treinta años de investigaciones han demostrado que el mindfulness aumenta la atención y la concentración, reduce el estrés, la ansiedad y la depresión, y aumenta el bienestar. Muchos deportistas profesionales, artistas, músicos, gente de negocios, profesores, médicos, abogados y militares usan el mindfulness para hacer mejor su trabajo.

¿A quién va dirigido?: a los alumnos de tercero, cuarto y quinto de primaria.

¿Cuándo?: los martes por la tarde de 7 a 8, a partir del día 1 de febrero.

¿Dónde?: en la biblioteca del Hoover Elementary.

Precio: _____ Hay además un número limitado de becas.

Inscripción: Amy Saltzman, 885 Oak Grove Ave., #204, Menlo Park, CA 94025. Por favor, envíe el cheque y la hoja de inscripción cumplimentada a partir del 10 de enero, indicando el nombre de su hijo/hija, su número de teléfono y su dirección de correo electrónico. Las plazas son limitadas, así que no tarde en hacer la inscripción. Si tiene alguna pregunta, por favor, póngase en contacto con la doctora Saltzman en el número: 650-575-5780, o dirigiéndose a: dramy@stillquietplace.com.

La doctora Saltzman es especialista en Medicina interna, diplomada en Medicina holística y miembro fundador del Comité Estadounidense de Medicina Holística. Durante ocho años formó parte de la junta directiva de la Asociación Estadounidense de Medicina Holística. Es la directora de la Asociación para la Integración del Mindfulness en la Educación. Participa en conferencias sobre temas médicos y educativos, y da charlas en asociaciones de padres, madres y personal docente. Ofrece además sesiones individuales de mindfulness y de asistencia médica holística a adultos y a niños.

Hoja de consentimiento

Un lugar tranquilo
Mindfulness en la vida diaria

Nombre del participante: _____ Edad: _____

Teléfono: _____ e-mail: _____

Contacto en caso de emergencia:_____ Teléfono: _____

Médico de familia: _____ Teléfono: _____

Terapeuta:_____ Teléfono: _____

Trastornos o enfermedades físicos/psicológicos:

_____

Medicación:

_____

Por favor, responde a las siguientes preguntas con la mayor sinceridad y precisión posibles, para que podamos ayudarte en todo lo posible:

1. ¿Qué te resulta estresante, difícil, irritante, perturbador?

2. ¿Qué haces ante una situación estresante, difícil, irritante o perturbadora?

3. ¿Has encontrado algo que te ayude a reducir el estrés? Por favor, explica qué.

4. ¿Qué te gustaría aprender al hacer este curso?

¿Hay algo más que quieras contarme sobre ti, el colegio, tus amigos o tu familia?

Confidencialidad y compromiso

Firma del participante: _____ Fecha: _____

Firma del padre/madre/tutor: _____ Fecha: _____

B. ESQUEMA DEL CURSO:
PRÁCTICAS, EJERCICIOS Y DIÁLOGOS

Sesión	Elementos	Intenciones	Práctica semanal
Charla informativa	Solo para padres/madres Práctica de mindfulness al comer Exposición de datos Fundamentos del curso Compromisos Preguntas	Facilitar una experiencia de mindfulness Revisión de la información actual sobre niños y adolescentes, e información seleccionada de adultos Dejar claras las razones para ofrecer el MBSR a los niños Explicar la estructura del curso y cuánto tiempo se le deberá dedicar Responder a las preguntas	
Sesión 1	Mindfulness al escuchar (campana tubular) Introducción al mindfulness Acuerdos y reglas del grupo Presentación de los participantes Mindfulness al comer Práctica basada en la respiración: Joya/Tesoro/Descanso Presentar Un lugar tranquilo Definir el mindfulness: prestar atención, aquí y ahora, con amabilidad y curiosidad, y luego elegir cómo comportarnos Práctica en la vida diaria: mindfulness al cepillarse los dientes Mindfulness al escuchar (campana tubular)	Crear un ambiente seguro y acogedor Que los alumnos se presenten, y presentarles el Lugar tranquilo/el mindfulness Facilitar una experiencia del Lugar tranquilo/mindfulness y dar una definición práctica. Poner ejemplos de mindfulness en la vida cotidiana (práctica informal)	Un lugar tranquilo, práctica basada en la respiración Cepillarse los dientes

Sesión	Elementos	Intenciones	Práctica semanal
Sesión 2	Repasar la sesión 1 y comentar la práctica semanal Comentar los impedimentos para hacer la práctica y buscar soluciones Práctica de movimiento: las Algas Joya/Tesoro/Descanso Ejercicio de momentos agradables Investigar la tendencia a dirigir la atención al pasado o al futuro Práctica para la vida diaria: mindfulness al ponerse los zapatos Responder preguntas Animar a los participantes a hacer la práctica semanal	Explorar la experiencia de la práctica guiada y del mindfulness en la vida cotidiana Ayudar a los niños a establecer una práctica diaria con los audios	Un lugar tranquilo, práctica basada en la respiración Atarse los zapatos
Sesión 3	Repasar la sesión 2 y comentar la práctica semanal Práctica de movimiento círculo de acciones Burbujas/Observando los pensamientos Presentar el concepto de mente poco amable (monólogo del crítico interior) Los nueve puntos	Explorar la experiencia de la práctica guiada y del mindfulness en la vida cotidiana Cultivar la capacidad de observar los pensamientos Los nueve puntos Percepción: cómo nos vemos a nosotros mismos y vemos a los demás Pensamientos durante una tarea difícil Presentar el concepto de mente poco amable (monólogo del crítico interior)	Observando los pensamientos Darse cuenta de la mente poco amable

Sesión	Elementos	Intenciones	Práctica semanal
Sesión 4	Comentar la sesión 3 y la experiencia con la práctica semanal Ejercicio de momentos desagradables Sufrimiento = dolor × resistencia Baile mindfulness Práctica de yoga para dedos Atención plena a los sentimientos Comentar que es el ecuador del curso, y un buen momento para renovar el compromiso de practicar Práctica en la vida cotidiana: mindfulness al ducharse	Examinar los pensamientos y sentimientos asociados con las experiencias desagradables Resistencia: querer que las cosas sean distintas Examinar cómo la resistencia/querer ser distintos y que las circunstancias y los demás sean distintos/crea malestar/sufrimiento Desarrollar fluidez emocional	Sentimientos Haiku/poema/representación artística de un sentimiento Jugar con S = D × R Observar cómo creamos nuestro sufrimiento Ducharse
Sesión 5	Repasar la sesión 4 y comentar la experiencia con la práctica semanal Teoría de las emociones y ejercicio de improvisar emociones «Autobiografía en cinco breves capítulos» Yoga	Introducción básica de la teoría de las emociones Explorar «agujeros» habituales y «calles distintas» Utilizar la imagen de los agujeros y las calles para ilustrar la diferencia entre responder y reaccionar Yoga Parloteo interior/compasión hacia uno mismo Equilibrio dinámico Explorar cuántas veces la mente poco amable es desacertada/negativa/busca problemas	Estiramientos suaves/yoga Darse cuenta de los «agujeros» y de «otras calles» Continuar dándose cuenta de la mente poco amable

Sesión	Elementos	Intenciones	Práctica semanal
Semana 5-vacaciones	El calendario escolar suele incluir periodos de vacaciones. Aunque no siempre es posible, lo ideal es programar el curso de modo que las vacaciones coincidan con el final de la semana 4, cuando los alumnos tienen ya cierto impulso.	Mantener la práctica con el apoyo de la clase semanal	Alternar Sentimientos y una de las demás prácticas cada día Darse cuenta de los «agujeros» (situaciones difíciles) y probar a elegir «calles distintas» (responder)
Sesión 6	Hablar sobre caer en agujeros y mantenerse alejado de ellos Escaneo corporal Ejercicio de comunicación por parejas (una parte describe una conversación difícil, la otra escucha y luego reflexiona, después se invierten los papeles) Caminar Presentar la posibilidad de utilizar el corazón amable como antídoto de la mente poco amable	Seguir desarrollando la habilidad para responder en vez de reaccionar Prestar atención al cuerpo Seguir desarrollando la capacidad de observar pensamientos y sentimientos Practicar el uso del mindfulness durante conversaciones difíciles Trasladar nuestra práctica al mundo Presentar el corazón amable	Alternar el escaneo corporal/permanecer en el cuerpo, y caminar Paseo por la Naturaleza Practicar responder (con el corazón amable) tanto a la mente poco amable como en situaciones difíciles

Sesión	Elementos	Intenciones	Práctica semanal
Sesión 7	Poner ejemplos de responder, y escenificar diálogos por parejas ensayando nuevas respuestas a situaciones en las que los alumnos antes habían reaccionado Aikido Amor bondadoso Prácticas: ABC, STAR y PEACE Hablar de que la próxima será la última sesión Pedir a los participantes que lleven a la última sesión algo que simbolice su experiencia del curso	Continuar desarrollando la habilidad de responder (con el corazón amable) en vez de reaccionar Presentar el amor bondadoso como práctica específica para desarrollar el corazón amable	Amor bondadoso Continuar respondiendo (con el corazón amable) tanto a la mente poco amable como en situaciones difíciles Llevar algo simbólico para compartir en la última sesión
Sesión 8	Comentar la experiencia de la práctica de amor bondadoso Práctica a elección del grupo Carta a un amigo Compleción/comienzo Animar a los participantes a que hagan suya la práctica	Conversar sobre la capacidad natural para enviar y recibir amor Expresar lo que el curso ha significado para cada participante Conversar sobre la diversidad de maneras en que pueden hacer suya la práctica Conversar sobre la finalización del curso Recordarles que pueden ponerse siempre en contacto contigo por teléfono o *e-mail*	Sentada/Linterna Comprometerse (o no) a continuar la práctica guiada de los audios y las prácticas en la vida cotidiana

Tengo que insistir una vez más: ¡tu práctica personal es un requisito imprescindible para que puedas ofrecer mindfulness a otros!

Aunque no está incluido en la lista, para ahorrar espacio, todas las sesiones a partir de la 2 empezarán y concluirán con la práctica de mindfulness al escuchar; la práctica de mindfulness al comer se hará siempre después de la práctica inicial de mindfulness al escuchar.

Es importante que atiendas a la necesidad natural de movimiento de los participantes.

En las conversaciones durante la sesión, utiliza experiencias reales de los participantes para mostrar cómo se puede aplicar el mindfulness a la vida diaria: a la ansiedad previa a un examen, a las interacciones en el patio del recreo, los desacuerdos con los hermanos, las rupturas sentimentales…

RECURSOS

Libros y recursos para niños

Balmes, S. *Yo mataré monstruos por ti*. Principal de los libros, 2011.

Baylor, Byrd. *Everybody Needs a Rock*. Nueva York: Aladdin Paperbacks, 1974.

Baylor, Byrd. *The Other Way to Listen*. Nueva York: Aladdin Paperbacks, 1997.

Buckley, Annie. *The Kids' Yoga Deck*. San Francisco: Chronicle Books, 2003.

Calle, R. *Atentos y contentos* (1ª ed.). Madrid: Ediciones Martínez Roca, 2017.

Carrier, I. *Un poco de mal humor*. Barcelona: Editorial Juventud, 2012.

Despard, Brian. 2011. *You Are Not Your Thoughts: Mindfulness for Children of All Ages*. Chicopee, Massachusetts: New Life Design Studio, 2011.

Dr. Seuss. *My Many Colored Days*. Nueva York: Knopf, 1996.

Gates, M., Hinder, S., & Steinbrun, N. (2017). *Buenos días yoga* (1ª ed.). Peque Gaia.

Gigaldi, O & Gordon-Noy, A. *Nuna sabe leer la mente* Editorial: Birabiro

Kung Fu Panda. DreamWorks Animation. Redwood City, California: Paramount Pictures, 2008.

Leaf, Munro. *The Story of Ferdinand*. Nueva York: Viking, 1936 [*Ferdinando el toro*. Madrid: Everest, 2000].

Llenas, A. *El monstruo de colores*. Barcelona: Flamboyant, 2012.

McKinley, Cindy. *One Smile*. Kirkland, Washington: Illumination Arts Publishing Company, 2002.

Muth, Jon. *Zen Shorts*. Nueva York: Scholastic Press, 2005 [*Pequeñas historias Zen*. Madrid: Edaf, 2018].

Muth, Jon. *Zen Ties*. Nueva York: Scholastic Press, 2008.

Pallis, M., & Kerr, C. *Cangrejo y Ballena: mindfulness para niños: la introducción más fácil, sencilla y bella a la atención plena para niños*. Londres: Mindful Storytime, 2019.

Rice, David. *Because Brian Hugged His Mother*. Nevada City, California: Dawn Publications, 1999.

Rose, Betsy. *Calm Down Boogie: Songs for Peaceful Moments and Lively Spirits*. Albany, Nueva York: A Gentle Wind, 2007.

Thomas, Marlo. *Thanks & Giving All Year Long*. Nueva York: Simon and Schuster Books for Young Readers, 2004.

Viorst, Judith. *Alexander and the Terrible, Horrible, No Good, Very Bad Day*. Nueva York: Atheneum Books for Young Readers, 1972 [*Alexander y el día terrible, horrible, espantoso, horroroso*. 1ª ed. en castellano. Nueva York: Simon and Schuster Books for Young Readers, 1989].

Wood, Douglas. *A Quiet Place*. Nueva York: Simon and Schuster Books for Young Readers, 2002.

Wood, Douglas. *The Secret of Saying Thanks*. Nueva York: Simon and Schuster Books for Young Readers, 2005.

Libros y recursos para adolescentes

Biegel, Gina. *The Stress Reduction Workbook For Teens*. Oakland, California: New Harbinger Publications, 2010.

Carlson, Richard. *Don't Sweat the Small Stuff For Teens*. Nueva York: Hyperion, 2000.

Gordhamer, Soren. *Just Say Om!: Your Life's Journey*. Avon, Massachusetts: Adams Media Corporation, 2001.

Levine, Noah. *Dharma Punx*. Nueva York: HarperCollins, 2003.

Winston, Diana. *Wide Awake: A Buddhist Guide for Teens*. Nueva York: The Berkeley Publishing Group, 2003.

Shils, Judi. *The Diary Deck: About Teens by Teens*. San Francisco: Chronicle Books, 2003.

Saltzman, A. *A Still Quiet Place for Teens*. Oakland: New Harbinger Publications, 2016.

Snel, Eline. *Respirad*. Barcelona: Editorial Kairós, 2015.

Libros que te ayudarán a animar a los jóvenes a practicar la atención plena (mindfulness)

Brady, Richard e Irene McHenry. *Tuning In: Mindfulness in Teaching and Learning*. Filadelfia, Pensilvania: Friends Council on Education, 2009.

Freedom Writers, con Erin Gruwell. *The Freedom Writers Diary: How a Teacher and 150 Teens Used Writing to Change Themselves and the World Around Them*. Nueva York: Broadway Books, 1999.

Greco, Laurie, y Steven C. Hayes. *Acceptance and Mindfulness Treatments for Children and Adolescents: A Practitioner's Guide*. Oakland, California: New Harbinger Publications, 2008.

Greenland, S. *Juegos mindfulness*. Móstoles: Gaia, 2017.

Kaiser Greenland, Susan. *The Mindful Child: How to Help Your Kid Manage Stress and Become Happier, Kinder, and More Compassionate*. Nueva York: Free Press, 2010 [*El niño atento: mindfulness para ayudar a tu hijo a ser más feliz, amable y compasivo*. 3ª ed. (ebook). Biblioteca de psicología. Desclée de Brouwer].

Lantieri, Linda. *Building Emotional Intelligence: Techniques to Cultivate Inner Strength in Children*. Boulder, CO: Sounds True, 2008 [*Inteligencia emocional infantil y juvenil: ejercicios para cultivar la fortaleza interior en niños y jóvenes*. Madrid: Aguilar, 2009].

Nhat Hanh, Thich. *Planting Seeds: Practicing Mindfulness with Children*. Berkeley, California: Parallax Press, 2011 [*Plantando semillas: la práctica del mindfulness con niños*. Barcelona: Kairós, 2015].

Schoeberlein, Deborah. 2009. *Mindful Teaching and Teaching Mindfulness: A Guide for Anyone Who Teaches Anything*. Somerville, MA: Wisdom Publications, 2009 [*Mindfulness para enseñar y aprender: estrategias prácticas para maestros y educadores*. Madrid: Gaia, 2017].

Stewart, W. *Niños mindfulnes. 50 actividades mindfulness para cultivar la sensibilidad, la calma y la concentración* (1ª ed.). Madrid: Gaia, 2019.

Willard, Christopher. 2010. *Child's Mind: Mindfulness Practices to Help Our Children Be More Focused, Calm y Relaxed*. Berkeley, California: Parallax Press, 2010.

Libros que te ayudarán a establecer y fortalecer tu práctica

Cebolla i Martí, A. y Alvear D. *Psicología positiva contemplativa*. Barcelona: Editorial Kairós, 2019.

Cebolla i Martí, A., García-Campayo, J., y Damarzo, M. *Mindfulness y ciencia: De la tradición a la modernidad*. Grupo Anaya Publicaciones Generales, 2014.

García Campayo, J., & Demarzo, M. (2015). *¿Qué sabemos del mindfulness?* Barcelona: Editorial Kairós, 2018.

Kabat-Zinn, Jon. *Full Catastrophe Living: Using the Wisdom of Your Body and Mind to Face Stress, Pain, and Illness*. Nueva York: Delacorte Press, 1990 [*Vivir con plenitud las crisis: cómo utilizar la sabiduría del cuerpo y de la mente para afrontar el estrés, el dolor y la enfermedad*. Barcelona: Kairós, 2004].

Kabat-Zinn, Jon. *Wherever You Go, There You Are*. Nueva York: Hyperion, 1994 [*Cómo asumir su propia identidad*. Barcelona: Plaza & Janes, 1995; *Mindfulness en la vida cotidiana: donde quiera que vayas, ahí estás*. Barcelona: Paidós, 2009].

Kabat-Zinn, Jon. *Mindfulness for Beginners: Reclaiming the Present Moment—and Your Life*. Boulder, Colorado: Sounds True, 2012 [*Mindfulness para principiantes*. Barcelona: Kairós, 2017].

Neff, K., & Diéguez Diéguez, R. (2016). *Sé amable contigo mismo*. Ediciones Paidós.

Palmer, Parker J. *The Courage to Teach: Exploring the Inner Landscape of a Teacher's Life*. San Francisco: Jossey-Bass, 1998 [*El coraje de enseñar: explorando el paisaje interior de la vida de un maestro*. Málaga: Sirio, 2017].

Ruiz-Feltrer, Carles. *Mindfulness práctico. Reduce el estrés y vive en conciencia plena*. Madrid: Grupo Anaya Multimedia, 2017.

Santorelli, Saki. *Heal Thy Self: Lessons on Mindfulness in Medicine*. Nueva York: Bell Tower, 1999 [*Sánate tú mismo: mindfulness en medicina*. Barcelona: Kairós, 2017].

Siegel, Daniel. *The Mindful Brain: Reflection and Attunement in the Cultivation of Well-Being*. Nueva York: W. W. Norton & Company, 2007 [*Cerebro y mindfulness: la reflexión y la atención plena para cultivar el bienestar*. Barcelona: Paidós Ibérica, 2010].

Simón, V., Germer, C., & Bayés, R. *Aprender a prácticar "Mindfulness"*. Barcelona: Sello Editorial, 2016.

Stahl, Bob, y Elisha Goldstein. *A Mindfulness-Based Stress Reduction Workbook*. Oakland, California: New Harbinger Publications, 2010 [*Mindfulness para reducir el estrés: una guía práctica*. Barcelona: Kairós, 2010].

Libros y recursos para padres y madres

Bailey, Michelle. *Parenting Your Stressed Child: 10 Mindfulness-Based Stress Reduction Practices to Help Your Child Manage Stress and Build Essential Life Skills*. Oakland, California: New Harbinger Publications, 2011.

Bertin, Mark. *The Family ADHD Solution: A Scientific Approach to Maximizing Your Child's Attention and Minimizing Parental Stress*. Nueva York: Macmillan, 2011.

Farber, Adele, y Elaine Mazlish. *Liberated Parents, Liberated Children: Your Guide to a Happier Family*. Nueva York: Avon Books, 1990 [*Padres liberados, hijos liberados: guía para tener una familia más feliz*. Barcelona: Medici, 2003].

Goleman, Daniel. 1995. *Emotional Intelligence: Why It Can Matter More Than IQ*. Nueva York: Bantam Books, 1995 [*Inteligencia emocional*. Barcelona: Kairós, 1996].

Gore, Ariel. 2000. *The Mother Trip: Hip Mama's Guide to Staying Sane in the Chaos of Motherhood*. Seattle: Seal Press [*Guía de supervivencia para las madres modernas*. Barcelona: Oniro, 2002].

Kabat-Zinn, Jon. *Wherever You Go, There You Are*. Nueva York: Hyperion, 1994 [*Cómo asumir su propia identidad*. Barcelona: Plaza & Janes, 1995].

Kabat-Zinn, Jon. *Mindfulness for Beginners: Reclaiming the Present Moment—and Your Life*. Boulder, Colorado: Sounds True, 2012 [*Mindfulness para principiantes*. Barcelona: Kairós, 2017].

Kabat-Zinn, J., Kabat-Zinn, M., & Martinez de Velasco y de Castellvi, P. *Padres conscientes, hijos felices*. Madrid: Faro, 2014.

Kabat-Zinn, Jon, y Myla Kabat-Zinn. *Everyday Blessings: The Inner Work of Mindful Parenting*. Nueva York: Hyperion, 1997 [*Padres conscientes, hijos felices*. Madrid: Faro, 2014].

Kaiser Greenland, Susan. *The Mindful Child: How to Help Your Kid Manage Stress and Become Happier, Kinder, and More Compassionate*. Nueva York: Free Press, 2010.

Kettmann, Steve. «Why He's Our Freak—Not Anyone Else's». *Modern Luxury San Francisco Magazine*, 18, junio, 2010. http://www.modernluxury.com/san-francisco/ story/why-hes-our-freak-not-anyone-elses.

Lantieri, Linda. *Building Emotional Intelligence: Techniques to Cultivate Inner Strength in Children*. Boulder, CO: Sounds True, 2008 [*Inteligencia emocional infantil y juvenil: ejercicios para cultivar la fortaleza interior en niños y jóvenes*. Madrid: Aguilar, 2009].

Lerner, Harriet. *The Mother Dance: How Children Change Your Life*. Nueva York: HarperCollins, 1998.

Levine, Madeline. *The Price of Privilege: How Parental Pressure and Material Advantage Are Creating A Generation of Disconnected and Unhappy Kids*. Nueva York: HarperCollins, 2006. [*El precio del privilegio: cómo la presión de los padres y las ventajas materiales están creando una generación de jóvenes desvinculados e infelices*. México: Miguel Ángel Porrúa, 2010.

MacKenzie, Robert. *Setting Limits with Your Strong-Willed Child: Eliminating Conflict by Establishing Clear, Firm, and Respectful Boundaries*. Nueva York: Three Rivers Press, 2001.

Martin, William. *The Parent's Tao Te Ching: Ancient Advice for Modern Parents: A New Interpretation*. Nueva York: Marlowe & Company, 1999.

Nelson, Portia. *There's a Hole in My Sidewalk: The Romance of Self-Discovery*. 3rd ed. Hillsboro, OR: Beyond Words Publishing, 1993.

Nhat Hanh, Thich. *Planting Seeds: Practicing Mindfulness with Children*. Berkeley, California: Parallax Press 2011 [*Plantando semillas: la práctica del mindfulness con niños*. Barcelona: Kairós, 2015].

Pope, Denise. «*Doing School*»: *How We Are Creating a Generation of Stressed Out, Materialistic, and Miseducated Students*. New Haven, Connecticut: Yale University Press, 2001.

Riera, Michael, y Joseph Di Prisco. *Field Guide to the American Teenager: Appreciating the Teenager You Live With*. Cambridge, MA: Perseus Publishing, 2000.

Roy, Denise. *My Monastery is a Minivan: Where the Daily Is Divine and the Routine Becomes Prayer*. Chicago: Loyola Press, 2001.

Roy, Denise. *Momfulness: Mothering with Mindfulness, Compassion, and Grace*. San Francisco: Jossey-Bass, 2007.

Siegel, Daniel. *The Mindful Brain: Reflection and Attunement in the Cultivation of Well-Being*. Nueva York: W. W. Norton & Company, 2007 [*Cerebro y mindfulness: la reflexión y la atención plena para cultivar el bienestar*. Barcelona: Paidós Ibérica, 2010].

Siegel, D., & Berástegui, M. *Tormenta cerebral*. Barcelona: Alba, 2017.

Siegel, D., & Hartzell, M. *Ser padres conscientes*. Barcelona: La llave, 2014.

Siegel, D., Bryson, T., & Marrades, I. *El cerebro del niño* (7ª ed.). Alba Editorial, 2012.

Siegel, D., Bryson, T., & Soler Chic, J. *Disciplina sin lágrimas*. Barcelona: Ediciones B, 2016.

Stahl, Bob y Elisha Goldstein. *A Mindfulness-Based Stress Reduction Workbook*. Oakland, California: New Harbinger Publications, 2010 [*Mindfulness para reducir el estrés: una guía práctica*. Barcelona: Kairós, 2010].

Willard, Christopher. *Child's Mind: Mindfulness Practices to Help Our Children Be More Focused, Calm, and Relaxed*. Berkeley, California: Parallax Press, 2010.

En internet

http://www.mindfulexperience.org

http:// www.umassmed.edu/cfm/research/index.aspx?linkidentifier=id&itemid=42066

Bibliografía

Bach, Richard. *Ilusiones.* Barcelona: Pomaire, 1977.

Bakoula, C., Kolaitis, G., Veltsista, A., Gika, A y Chrousos, G. «Parental stress affects the emotions and behaviour of children up to adolescence: A Greek prospective, longitudinal study». *Stress*, 12(6), 2009, págs. 486-498. doi: 10.3109/10253890802645041.

Beauchemin, J., Hutchins, T. L. y Patterson, F. «Mindfulness meditation may lessen anxiety, promote social skills, and improve academic performance among adolescents with learning disabilities». *Complementary Health Practice Review*, 13(1), 2008, págs. 34-45. doi:10.1177/ 1533210107311624.

Biegel, G., Brown, K., Shapiro, S. y Schubert, C. «Mindfulness-based stress reduction for the treatment of adolescent psychiatric outpatients: a randomized clinical trial». *Journal of Consulting and Clinical Psychology*, 77(5), 2009, págs. 855-866.

Blackwell, L. S., Trzesniewski, K. H., y Dweck, C. S. «Implicit theories of intelligence predict achievement across an adolescent transition: a longitudinal study and an intervention». *Child Development*, 78(1), 2007, págs. 246-263.

Blair, C. y Diamond, A. «Biological processes in prevention and intervention: the promotion of self-regulation as a means of preventing school failure». *Development and Psychopathology*, 20(3), 2008, págs. 899-911.

Bögels, S., Hoogstad, B., van Dun, L., de Schutter, S. y Restifo, K. «Mindfulness training for adolescents with externalising disorders and their parents». *Behavioural and Cognitive Psychotherapy*, 36(2), 2008, págs. 193-209. doi:10.1017/ S1352465808004190.

Bootzin, R. R. y Stevens, S. J. «Adolescents, substance abuse, and the treatment of insomnia and daytime sleepiness». *Clinical Psychology Review*, 25(5), 2005, págs. 629-644.

Broderick, P. C. y Metz, S. «Learning to BREATHE: A pilot trial of a mindfulness curriculum for adolescents». *Advances in School Mental Health Promotion,* 2(1), 2009, págs. 35-46.

Brown, K., West, A., Loverich, T. y Biegel, G. «Assessing adolescent mindfulness: Validation of an adapted Mindful Attention Awareness Scale in adolescent normative and psychiatric populations». *Psychological Assessment,* 23(4), 2011, págs. 1023-1033.

Centro de Desarrollo Infantil de la Universidad de Harvard. «Building the brain's "air traffic control" system: how early experiences shape the development of executive function». (Documento de trabajo n. 11, 2011). Extractado de: thttp://www.developingchild.harvard.edu.

Crone, E. «Executive functions in adolescence: inferences from brain and behavior». *Developmental Science*, 12(6), 2009, págs. 825-830.

Davidson, R., Kabat-Zinn, J., Schumacher, J., Rosenkranz, M., Muller, D., Santorelli, S. F., Urbanowski, F., Harrington, A., Bonus, K. y Sheridan, J. F. «Alterations in brain and immune function produced by mindfulness meditation». *Psychosomatic Medicine*, 65(4), 2003, págs. 564-570.

Diamond, A. «The early development of executive functions». En: E. Bialystok y F. I. M. Craik (eds.), *Lifespan Cognitions: Mechanisms of Change.* Nueva York: Oxford University Press, 2006.

Ekman, Paul. *Emotions Revealed: Recognizing Faces and Feelings to Improve Communication and Emotional Life.* Nueva York: Henry Holt and Company, 2003. [*El rostro de las emociones: cómo leer las expresiones faciales para mejorar sus relaciones.* Barcelona: RBA, 2017].

Evans, G. W. y Schamberg, M. A. «Childhood poverty, chronic stress, and adult working memory». *Proceedings of the National Academy of Sciences*, 106(16), 2009, págs. 6545-6549.

Flook, L., Smalley, S. L., Kitil, M. J., Galla, B. M., Greenland, S. K., Locke, J., Ishijima, E. y Kasari, C. «Effects of mindful awareness practices on executive functions in elementary school children». *Journal of Applied School Psychology*, 26(1), 2010, págs. 70-95.

Garofalo, M. «A victim treats his mugger right». En: NPR (productor), *Weekend Morning Edition.* Extractado de http://www.npr.org/2008/03/28/89164759/a-victim -treats-his-mugger-right, 8 de marzo, 2008.

Goldin, P., Saltzman, A. y Jha, A. «Mindfulness meditation training in families». Ponencia presentada en la 42 Convención Anual de la Asociación de Terapias Conductuales y Cognitivas celebrada en Orlando, Florida, en noviembre de 2008.

Hölzel, B., Carmody, J., Vangel, M., Congleton, C., Yerramsetti, S. M., Gard, T. y Lazar, S. W. «Mindfulness practice leads to increases in regional brain gray matter density». *Psychiatry Research: Neuroimaging*, 191(1), 2011, págs. 36-43.

Jazaieri, H., Jinpa, G. T., McGonigal, K., Rosenberg, E. L., Finkelstein, J., Simon-Thomas, E., Cullen, M., Doty, J. R., Gross, J. J. y Goldin, P. R. «Enhancing compassion: a randomized controlled trial of a compassion cultivation training program». *Journal of Happiness Studies*, 14(4), 2012, págs. 1113-1126. doi:10.1007/s10902-012-9373-z.

Kabat-Zinn, J. «An outpatient program in behavioral medicine for chronic pain patients based on the practice of mindfulness meditation: Theoretical considerations and preliminary results». *General Hospital Psychiatry*, 4(1), 1982, págs. 33-47.

Kabat-Zinn, J. *Full Catastrophe Living: Using the Wisdom of Your Body and Mind to Face Stress, Pain, and Illness*. Nueva York: Delacorte Press, 1990. [*Vivir con plenitud las crisis: cómo utilizar la sabiduría del cuerpo y de la mente para afrontar el estrés, el dolor y la enfermedad*. Barcelona: Kairós, 2004].

Kabat-Zinn, J., Lipworth, L. y Burney, R. «The clinical use of mindfulness meditation for the self-regulation of chronic pain». *Journal of Behavioral Medicine*, 8(2), 1985, págs. 163-190.

Kabat-Zinn, J., Lipworth, L., Burney, R. y Sellers, W. «Four-year follow-up of a meditation-based program for the self-regulation of chronic pain: Treatment outcomes and compliance». *Clinical Journal of Pain*, 2(3), 1986, págs. 159-173.

Kabat-Zinn, J. y Chapman-Waldrop, A. «Compliance with an outpatient stress reduction program: Rates and predictors of program completion». *Journal of Behavioral Medicine*, 11(4), 1988, págs. 333-352.

Kabat-Zinn, J. y Kabat-Zinn, M. *Everyday Blessings: The Inner Work of Mindful Parenting*. Nueva York: Hyperion, 1997 [*Padres conscientes, hijos felices*. Madrid: Faro, 2014].

Kerrigan, D., Johnson, K., Stewart, M., Magyari, T., Hutton, N., Ellen, J. M. y Sibinga, E. M. «Perceptions, experiences, and shifts in perspective occurring among urban youth participating in a mindfulness-based stress reduction program». *Complementary Therapies in Clinical Practice*, 17(2), 2011, págs. 96-101.

Lee, J., Semple, R. J., Rosa, D. y Miller, L. F. «Mindfulness-based cognitive therapy for children»: Resultados de un estudio piloto. *Journal of Cognitive Psychotherapy*, 22(1), 2008, págs. 15-28.

Luthar, S. S. «The culture of affluence: Psychological costs of material wealth». *Child Development*, 74(6), 2003, págs. 1581-1593.

Luthar, S. S. y Barkin, S. H. «Are affluent youth truly "at risk"? Vulnerability and resilience across three diverse samples». *Development and Psychopathology*, 24(2), 2012, págs. 429-449.

Maccoby, E. E. *Social Development: Psychological Growth and the Parent-Child Relationship*. Nueva York: Harcourt Brace Jovanovich, 1980.

McCown, D., Reibel, D. y Micozzi, M. *Teaching Mindfulness: A Practical Guide for Clinicians and Educators*. Nueva York: Springer, 2010.

Meiklejohn, J., Phillips, C., Freedman, M. L., Griffin, M. L., Biegel, G., Roach, A. *et al.* «Integrating mindfulness training into K-12 education: Fostering resilience of teachers and students». *Mindfulness*, 3(4), 2010, págs. 291-307.

Napoli, M., Krech, P. R. y Holley, L. C. «Mindfulness training for elementary school students: The attention academy». *Journal of Applied School Psychology*, 21(1), 2005, págs. 99-125.

Neff, K. D., Hsieh, Y. P. y Dejitterat, K. «Self-compassion, achievement goals, and coping with academic failure». *Self and Identity*, 4(3), 2005, págs. 263-287.

Neff, K. D. y Germer, C. K. «A pilot study and randomized controlled trial of the mindful self-compassion program». *Journal of Clinical Psychology*, 69(1), 2013, págs. 28-44. doi:10.1002/ jclp.21923.

Raes, F., Griffith, J. W., Van der Gucht, K. y Williams, J. M. G. «School-based prevention and reduction of depression in adolescents: A cluster-randomized controlled trial of a mindfulness group program». *Mindfulness*, 2013. doi:10.1007/ s12671-013-0202-1.

Riggs, N., Jahromi, L., Razza, R., Dillworth-Bart, J. y Mueller, U. «Executive function and the promotion of social-emotional competence». *Journal of Applied Developmental Psychology*, 27(4), 2006, págs. 300-309.

Saltzman, A. y Goldin, P. «Mindfulness-based stress reduction for school-age children». En: S. C. Hayes y L. A. Greco (eds.), *Acceptance and Mindfulness Treatments for Children, Adolescents, and Families*. Oakland, California: Context Press/New Harbinger Publications, 2008.

Santorelli, S. *Heal Thy Self: Lessons on Mindfulness in Medicine*. Nueva York: Bell Tower, 1999. [*Sánate tú mismo: mindfulness en medicina*. Barcelona: Kairós, 2017].

Schonert-Reichl, K. A., y Lawlor, M. S. «The effects of a mindfulness-based education program on pre- and early adolescents' well-being and social and emotional competence». *Mindfulness*, 2010. doi:10.1007/s12671-010-0011-8.

Sibinga, E., Kerrigan, D., Stewart, M., Johnson, K., Magyari, T. y Ellen, J. «Mindfulness-based stress reduction for urban youth». *Journal of Alternative and Complementary Medicine*, 17(3), 2011, págs. 213-218.

Zylowska, L., Ackerman, D. L., Yang, M. H., Futrell, J. L., Horton, N. L., Hale, T. S., Pataki, C. y Smalley, S. L. «Mindfulness meditation training in adults and adolescents with ADHD A feasibility study». *Journal of Attention Disorders*, 11(6), 2008, págs. 737-746. doi:10.1177/1087054707308502.

Sobre la autora

La doctora Amy Saltzman es médica holística, *coach* de mindfulness, científica, esposa, madre, estudiante devota de la transformación, deportista nata y poeta ocasional. Su pasión es ayudar a gente de todas las edades a tener una vida más plena y a descubrir el *Lugar tranquilo* que se halla en su interior. Sus colegas la consideran una visionaria y pionera en el campo de la medicina holística y en la enseñanza del mindfulness a los jóvenes. Es la fundadora y directora de la Asociación para la Integración del Mindfulness en la Educación, miembro de la junta directiva de la Red de Mindfulness en la Educación desde sus comienzos, y cofundadora y miembro del Comité Asesor sobre Mindfulness del Norte de California. Vive en el Área de la Bahía de San Francisco con su marido y su hijo y su hija adolescentes. Encontrarás más información en www.stillquietplace.com.

El autor del prólogo, Saki Santorelli, es catedrático de Medicina y se ha retirado recientemente como director de la Clínica de Reducción de Estrés y del Center for Mindfulness in Medicine, Health Care, and Society del Centro Médico de la Universidad de Massachusetts. Saki Santorelli es miembro del Mind and Life Institute y uno de los formadores de mindfulness más influyentes a nivel internacional.

ÍNDICE TEMÁTICO

PRÁCTICAS GUIADAS

 Álbum completo: https://www.letraskairos.com/un-lugar-tranquilo

 1. Práctica sentada para adultos (16 min)

 2. Un lugar tranquilo. Práctica basada en la respiración (6 min)

 3. Observando los pensamientos (6 min)

4. Sentimientos (8 min)

 5. Estiramientos suaves / yoga (13 min)

 6. Escaneo corporal (15 min)

 7. Amor bondadoso (9 min)

editorial **K** airós

Puede recibir información sobre
nuestros libros y colecciones inscribiéndose en:

www.editorialkairos.com
www.editorialkairos.com/newsletter.html
www.letraskairos.com

Numancia, 117-121 • 08029 Barcelona • España
tel. +34 934 949 490 • info@editorialkairos.com